小学校英語の教育法
理論と実践

アレン玉井光江 著

大修館書店

はじめに

　近年，世界的に子どもを対象とした英語教育への需要が急激に高まっている。それは，英語圏においては移民の子どもたちへの教育として，また非英語圏においてはグローバル化へ対処するため，早い段階からの英語教育の重要性が再認識され始めているからである。
　しかし，日本における小学校英語教育への取り組みは始まったばかりであり，他のアジア諸国と比較しても，その遅れは明らかである。1992年より公立小学校で始まった英語活動は，19年の時を経て，2011年より「外国語活動」と名称を改め，5，6年生に週1時間実施されることになった。日本の就学児童の99％ちかくが公立小学校に通う現状からすると，「外国語活動」が必修となり，小学校に導入される価値は大きい。これによって日本での英語教育は本格的に新しい転換期を迎えたと考える人も多いだろうが，現実はそうではない可能性もある。それは，今まで「総合的な学習の時間」内で3年生以上の児童を対象に英語活動を実施していた小学校で，3，4年の英語活動の時間を削減する学校が出ている傾向にも現れている。また，他のどの国とも違い，日本では英語教育と言わず，あえて「外国語活動」という言葉を使い，中学校以降の英語教育と峻別している。つまり，小学校における「外国語活動」の目標は「コミュニケーション能力」を伸ばすことであり，英語のスキル獲得を目的とする中学校以降の英語教育とは異なり，スキル習得は二義的な扱いにされている。
　世界的な水準から見ると，残念ながら日本人の英語力の低さは明らかである。文部科学省は「経済・社会等のグローバル化が進展する中，子どもたちが21世紀を生き抜くためには，国際的共通語となっている『英語』のコミュニケーション能力を身に付けることが必要である」との認識を示し，2003年，具体的なアクションプランとして「『英語が使える日本人』の育成のための戦略構想」を作成し，行動プランを告示した。そのプランの中でも，小学校の英会話活動の充実が期待されている。今回の「外国語活動」の導入が，日

本の英語教育の根幹的な変革の礎となり,「英語ができる」日本人を育成するための大きな布石になる可能性は残されている。しかし,可能性を現実のものとするためには,理論に基づいた児童英語教育の実践が不可欠であろう。

　児童英語教育の分野では,多くの教材が開発・販売されているのに比べ,理論構築が立ち遅れている。それは大人の学習者を対象とした研究と比べると,その歴史が浅く,また現場のデータ収集も難しいためであろう。日本では,「国際理解教育としての英語活動」や「コミュニケーション活動としての英語教育」に関する本,もしくは英語活動を行うための教材やレッスンプラン等を載せた本は,出版されている。理論的なものとしては外国の出版社から出されている本を訳したものもある。しかし,日本人の児童を対象とし,理論に基づき,英語教授法や指導法について書かれている本は少ない。これは,私が思うだけではなく,民間の英語教室,私立小学校,および公立小学校で,熱心に英語を教えている先生方から聞かれる声であり,彼らは理論に基づき,明確なビジョンを示す実践本が出ることを強く望んでいる。

　そのような要望に応えるべく,本書では,外国語習得に関する理論に触れながら,具体的な教授法等について説明している。常に日本の子どもたちにどのように英語を教えればいいのかという立場に戻りながら,理論と実践について書いている。1章は,「子どもが英語を学ぶとは」とし,なぜ子どもたちが英語を学習しなければならないのかについて考え,彼らの英語獲得過程を理解するのに役立つ理論を紹介している。2章では教授法や活動について取り扱っている。その基本理念は「子どもの学びを中心にした英語の授業」である。3章,4章では具体的に言語スキルを伸ばすのに必要な教授法,教材について触れている。3章では「子どもの外国語学習におけるリスニングとスピーキング」と,音声言語の発達について,また4章では「子どもの外国語学習におけるリタラシー能力」と,読み書き能力の発達について述べている。そしてさらに英語の力をつけた子どもを対象に,5章では「子どもの外国語学習における語彙と文法」について述べている。3章から5章は活動編を用意しているので,具体的な活動例を参照していただきたい。最後の6章は「子どもの外国語学習の目標,測定,評価」とし,子どもの英語学習を促進するような評価方法について述べている。

本書は，現在すでに子どもに英語を教えている先生，もしくはこれから先生になろうとしている人のために書かれたものである。本書の隅々に私が今まで児童英語教育の実践者として経験した事柄，また児童英語教育の研究者として取り組んできた研究の結果を述べている。現場を踏まえた理論展開，または理論に基づいた指導法・教材をまとめていることが本書の特徴であるが，読者にとっても魅力的，かつ役立つものになると期待している。

専門用語については本文で説明するとともに，脚注でも取り扱っている。脚注での説明では主に『広辞苑』および『大辞泉』，また『ロングマン応用言語学用語辞典』を参考にした。多くの人に知られている理論については，原著からの引用というよりも，読みやすさを考慮し，私の言葉で説明することにした。

いまや世界中で，英語教育は特別なものでも，またぜいたくなものでもなく，必須なものになっており，日本においては喫緊の教育問題だと私は考えている。公民権運動の中心的な指導者であったキング牧師は有名な「I have a dream.」の演説の中で，"when all of God's children, black men and white men, Jews and Gentiles, Protestants and Catholics, will be able to join hands and sing in the words of the old spiritual, "Free at last, free at last. Thank God Almighty, we are free at last."と言われたが，私にも夢がある。日本の子どもたちが，アジア，アフリカ，ヨーロッパ，アメリカ，と世界の様々な人びとと手と手を合わせ，未来に向って，「地球市民」として強くそしてしなやかに，自由に羽ばたくことを心から願っている。英語を話すことでworld citizen になれるわけではない。しかし world citizen になるには英語を自分の言葉として駆使できる力は不可欠である。本書がそのような子どもの力を育む一助になれば，これほど嬉しいことはない。

最後になるが，本書を執筆するに当たって，企画段階から出版に至るまで，誠心誠意尽力して下さり，常に勇気付けて下さった大修館書店の須藤彰也氏，また初めに本書を書くきっかけを与えていただいた杉山惠子氏に，心から御礼を申し上げたい。また私が今までに出会った全ての教え子たちに幾重にも感謝を述べたい。彼らのおかげで私は先生になることができ，この本を完成することができた。表紙の絵は，アメリカでユニークな幼児教育を実践して

いる友人 Kamal 夫妻から頂いた絵（Carol Springer作）である。"See the world thru child's eyes.（子どもの目で世の中を見てごらん）" これは，私たちが幸せになれる秘訣ではないだろうか。

2010年1月

アレン玉井光江

目　次

はじめに　*iii*

第1章：子どもが英語を学ぶとは …………………………… 3
　1.1　英語人口　*5*
　1.2　世界で広がる小学校英語教育　*7*
　1.3　日本の小学校英語教育　*9*
　　1.3.1　公立小学校における英語活動の変遷　*10*
　　1.3.2　外国語活動　*11*
　　1.3.3　外国語活動の課題　*13*
　1.4　ことばの学び　*17*
　　1.4.1　第一言語習得理論　*17*
　　1.4.2　第二言語習得理論　*24*
　＜Glossary＞　*34*
　＜Discussion＞　*34*

第2章：学びを中心にした英語の授業 ………………………… 37
　2.1　日本の英語教育に影響を及ぼしたアプローチ（教授法）　*38*
　　2.1.1　文法・訳読法　*38*
　　2.1.2　直接教授法　*39*
　　2.1.3　オーディオリンガル・アプローチ　*40*
　　2.1.4　コミュニカティブ・アプローチ　*40*
　2.2　子どものための効果的な英語教授法　*43*
　　2.2.1　Content-based Approach　*44*
　　2.2.2　Activity-based Approach　*48*
　　2.2.3　Story-based Approach　*49*
　2.3　シラバス　*54*
　　2.3.1　構造シラバス　*55*
　　2.3.2　場面シラバス　*55*
　　2.3.3　概念・機能シラバス　*55*
　　2.3.4　タスクシラバス　*55*

2.4　授業活動　*56*
　2.5　教室運営　*59*
　2.6　言語選択　*63*
＜Glossary＞　*67*
＜Discussion＞　*67*
Further Reading 1（理論解説1）　*67*

第3章：コミュニケーション活動としてのリスニングとスピーキング ……… *71*
　3.1　第一言語習得における音声言語の発達　*72*
　　　3.1.1　前言語期　*73*
　　　3.1.2　初語から複語文へ　*74*
　　　3.1.3　小学校段階の子どもの音声言語—ディスコースの発達　*75*
　　　3.1.4　音声言語の発達を支えるもの　*76*
　3.2　第二言語習得における音声言語の発達　*78*
　3.3　リスニング指導　*79*
　　　3.3.1　Total Physical Response（全身反応教授法）　*79*
　　　3.3.2　Classroom English（教室英語）　*81*
　　　3.3.3　リスニングクイズ　*83*
　　　3.3.4　ストーリーテリング　*83*
　3.4　スピーキング指導　*88*
　　　3.4.1　英語の発音について　*88*
　　　3.4.2　英語の歌とチャンツ　*93*
　　　3.4.3　英語の会話練習　*99*
　　　3.4.4　ジョイント・ストーリーテリング　*101*
＜Glossary＞　*104*
＜Discussion＞　*104*
Further Reading 2（理論解説2）　*104*

第3章活動編：リスニングとスピーキングの活動実践 ………… *108*
　3.1　リスニングの活動　*108*
　　　3.1.1　Total Physical Response　*108*
　　　3.1.2　Classroom English　*109*
　　　3.1.3　Listening Quiz　*110*
　　　3.1.4　TPR Story　*111*
　　　3.1.5　Open Ending Story　*113*

3.1.6　ストーリーを使ったリスニング　*114*
　3.2　スピーキング活動　*118*
　　　3.2.1　歌　*118*
　　　3.2.2　チャンツ　*121*
　　　3.2.3　ジョイント・ストーリーテリング　*123*

第4章：子どもの外国語学習におけるリタラシー能力の発達……*125*
　4.1　リタラシー能力について　*126*
　　　4.1.1　リタラシー能力の必要性　*126*
　　　4.1.2　コミュニケーション活動としてのリタラシー能力　*127*
　4.2　第一言語習得におけるリーディング理論と指導　*128*
　　　4.2.1　ボトムアップ・アプローチに基づくリーディング指導　*130*
　　　4.2.2　トップダウン・アプローチに基づくリーディング指導　*131*
　4.3　第二言語習得におけるリタラシー指導の理論と実践　*133*
　　　4.3.1　アルファベットの指導　*134*
　　　4.3.2　音韻認識能力　*141*
　　　4.3.3　フォニックス指導　*151*
　　　4.3.4　サイト・ワード指導　*154*
　4.4　第二言語習得におけるリタラシー指導の理論と実践　*156*
　　　4.4.1　本を読む準備教育　*156*
　　　4.4.2　日本人を対象にしたホール・ランゲージ的指導　*158*
　　　4.4.3　ライティング指導――リーディング指導とともに　*165*
　　　4.4.4　リーディングの評価　*166*
　4.5　リタラシー・カリキュラム　*167*
　　　4.5.1　公立小学校でのリタラシー指導カリキュラム　*167*
　　　4.5.2　英語教室でのリタラシー指導カリキュラム　*169*
　＜Glossary＞　*172*
　＜Discussion＞　*172*
　＜付録＞　子どもと共に楽しく読んだ本のリスト　*173*

第4章活動編：リタラシー活動実践 …………………………… *176*
　4.1　アルファベット学習を促進させる活動案　*177*
　　　4.1.1　アルファベットの歌とアルファベット・チャート　*177*
　　　4.1.2　アルファベット文字と色　*178*
　　　4.1.3　逆アルファベット　*179*

         4.1.4　アルファベットカード（並べ替え）　*179*
         4.1.5　カードゲーム　1（アルファベットビンゴ）　*180*
         4.1.6　カードゲーム　2（カルタ取り，神経衰弱，ババ抜き等）　*181*
         4.1.7　カードゲーム　3（スペルゲーム）　*182*
         4.1.8　アルファベットゲーム　1（伝言ゲーム）　*183*
         4.1.9　アルファベットゲーム　2（人文字）　*184*
         4.1.10　アルファベットゲーム　3（ワード・サーチ）　*185*
         4.1.11　アルファベットを書く練習　*186*
   4.2　書き文字に対する意識を高める活動案　*186*
         4.2.1　世界のアルファベット　*186*
         4.2.2　アメリカの手話　*187*
   4.3　音韻(素)認識を高める活動案　*188*
         4.3.1　ローマ字学習　*188*
         4.3.2　アルファベットを使った音素認識活動　*189*
         4.3.3　音素認識を高めるワークシート　1　*192*
         4.3.4　音韻認識を高めるワークシート　2　*195*
         4.3.5　音韻認識を高めるワークシート　3　*196*
         4.3.6　音韻(素)認識を高めるゲーム　1　*197*
         4.3.7　音韻(素)認識を高めるゲーム　2　*198*
   4.4　フォニックス　*198*
   4.5　簡単なリーディング　*199*
         4.5.1　ライムを使った句レベルのリーディング　*199*
         4.5.2　サイト・ワードも含めた簡単な文のリーディング　*200*
         4.5.3　簡単な物語のリーディング——イソップ物語　*200*

第5章：子どもの外国語学習における語彙習得と文法学習 ……… *203*
   5.1　単語を知るとは　*205*
         5.1.1　単語の知識　*205*
         5.1.2　語彙サイズ　*206*
         5.1.3　語彙理解の深さ　*208*
   5.2　語彙獲得の過程　*209*
         5.2.1　第一言語習得における語彙獲得　*209*
         5.2.2　語彙のネットワーク　*211*
         5.2.3　語彙の習得を支えるもの　*215*
         5.2.4　第二言語習得における語彙獲得　*215*

5.3　語彙指導　*218*
　　5.3.1　意図的学習　*218*
　　5.3.2　付随的学習　*223*
5.4　文法獲得の過程　*225*
　　5.4.1　第一言語習得における文法獲得　*225*
　　5.4.2　第二言語習得における文法獲得　*228*
5.5　文法指導　*231*
　　5.5.1　文法に対する「気づき」の力を育てる指導　*231*
　　5.5.2　学校文法を意識的に教える指導　*233*
＜Glossary＞　*237*
＜Discussion＞　*237*

第5章 活動編：語彙習得および文法習得を進める活動実践 …… *238*
5.1　音声中心の語彙学習を進める活動案　*239*
　　5.1.1　カルタ取り　*239*
　　5.1.2　ジェスチャーゲーム　*239*
　　5.1.3　絵あてゲーム　*240*
　　5.1.4　Word Fight　*241*
　　5.1.5　Odd-man Out　*241*
　　5.1.6　I'm going to go on a picnic.　*242*
　　5.1.7　クイズ　*244*
5.2　文字を中心に語彙学習を進める活動案　*244*
　　5.2.1　連想ゲーム　*244*
　　5.2.2　辞書引き　*245*
　　5.2.3　単語カード作り　*245*
　　5.2.4　Spelling Puzzle　*246*
5.3　文法学習を進める活動案　*247*
　　5.3.1　文法事項を取り入れたチャンツの利用　*247*
　　5.3.2　語順を教える活動（1）　*248*
　　5.3.3　語順を教える活動（2）　*249*
　　5.3.4　語順を教える活動（3）　*249*

第6章：子どもの外国語学習の目標，測定，評価 …… *251*
6.1　小学生を対象とした英語教育の目標　*253*
　　6.1.1　英語学習の目標　*253*

    6.1.2 外国語（英語）活動の目標　*256*
  6.2 小学生を対象とした英語能力の測定　*256*
    6.2.1 テストによる測定　*259*
    6.2.2 観察による測定と課題に基づく測定　*260*
    6.2.3 子どもからの授業評価　*261*
    6.2.4 ポートフォリオ　*263*
    6.2.5 外国語（英語）活動の評価規準　*263*
  6.3 これからの小学校英語教育　*267*
    6.3.1 学びについて　*267*
    6.3.2 学びが中心の授業　*269*
  ＜Glossary＞　*272*
  ＜Discussion＞　*272*
  Further Reading 3（理論解説3）　*272*

参考文献　*277*
索　引　*286*

小学校英語の教育法

理論と実践

第1章

子どもが英語を学ぶとは

近年世界的に，児童を対象とした英語教育の需要が急激に高まっているが，最初に早期外国語教育の重要性が唱えられたのは1950年代であり，人類が2つの大きな戦争を経験した後のことであった。これらの戦争体験から，人類の未来には文化や宗教の違いを越えた人間理解が必要であり，そのために外国語能力を養うことが重要であると認識された。1962年および1966年に行われたユネスコ主催のハンブルグ国際会議で表明された早期外国語教育についてのまとめは，その当時の早期外国語教育に対する高い関心と期待を表すものである。まとめられた動向のうち，これからの日本の小学校英語教育にも大きな示唆を与えるものとして2点を紹介したい。

(1) 早期外国語教育は，「ぜいたくな教育」でもないし，教育上の選択の問題でもない。国によっては緊急な必要性の問題である。この必要性はある条件下では，どの国・地域でも生ずる可能性がある。

(2) FLES (Foreign Languages in the Elementary Schools) は単に一時的な"fashion"としてとらえられるべきではない。それは言語教育，ひいては初等教育の発展にとって重要な意味を持つ運動である。

(垣田，1983, p. 95)

　以上の2点については，40年以上も前にまとめられたものであるが，そのままこれからの小学校英語が進むべき道を示しているように思われる。私は日本における小学校英語教育は決してぜいたくなものではなく，むしろ緊急な課題であると考えている。また，小学校における英語教育を一時的なファッションとして捉えず，国語とともに言語教育の一環として，また国際理解もしくはコミュニケーション能力を育てるものとして小学校における根本的な教育の1つとして位置付け，さらには中学校以降の英語教育と連携するものとして，取り組むべきだと考えている。このような認識のもと本章では小学生に対する英語教育の動向について考えてみたい。

　また，本章の後半では英語を教えるにあたり必要な言語習得に関する理論を紹介する。最初に母語を獲得する第一言語習得理論について，次に第二言語習得理論について見ていくこととする。

1.1 英語人口

　数ある外国語の中でなぜ英語を学ぶのか，その理由をもう一度しっかりと把握しておきたい。英語とはヨーロッパの端の島国であるイギリスにおいてケルト語，ラテン語，ゲルマン語の融合によってできあがった言語であり，インド・ヨーロッパ言語[1]に属する言語の1つである。イギリス，アメリカという経済的に強い国の言葉として，英語は16世紀以降数世紀にわたり世界中に波及していった。その過程において接触した現地語に影響を与えるとともに，現地語からも影響を受けて「ピジン英語」[2]を形成し，現在では世界中の多くの人たちが意思伝達をする際に使う言葉——リンガフランカ（共通語），つまり「国際言語」として英語を使用している。

　正確な言語話者を数えることは難しいが，英語を母語とする人口は，下の表のように，アメリカ，イギリス，カナダ，オーストラリア，ニュージーランド，アイルランドなどの人口から単純に数えると，約3億5千万人になる。

表1-1　英語の母語話者数

Ranking	国と英語の母語話者数
1	アメリカ合衆国（307,212,123 × 82% = 251,913,940）
2	イギリス（61,113,205 − 778,600（Welsh）− 60,000（Gaelic）= 60,274,605）
3	カナダ（33,487,208 × 59.3% = 19,857,914）
4	オーストラリア（21,262,641 × 78.5% = 16,691,173）
5	ニュージーランド（4,213,418）
6	アイルランド（4,203,200）
⋮	⋮
Total	357,154,250

(*World Fact Book 2009*)

　英語を公用語として使っている国，つまりインド，シンガポール，フィリ

1　東はインド北部から西は大西洋沿岸に到り，北はスカンディナヴィアから南は地中海に及ぶ広範囲で用いられている諸語の総称。
2　植民地などで先住民との交易に使われた混成語。

ピン，ブルネイ，南アフリカ共和国などでの英語使用人口は，約3億5千万人と言われ，日本人のように英語が話されていない非英語圏に住む人たちで英語がある程度できる人の数を合わせると，21億もの人が英語を使用しているとされている[3]。世界人口を67億程度と想定すると世界中の30％程度の人たちが，生活に不自由のない程度の英語力を有することになる。また，英語の普及という観点からすると，世界で英語を実質的に公用語としているところが54か国，英語を通用語（working language）としているところが20か国，つまり世界に192あるといわれる国々の4割弱で，英語は日々使われていることになる[4]。

　小学校教員へのアンケートで「英語が話されている人口が少ないにもかかわらず，これほど英語教育がクローズアップされるのに抵抗がある」との意見もあるが[5]，このような認識は誤りであり，世界では多くの場面で英語がコミュニケーションのツールとして使われている。

　これほど1つの言葉が世界中に普及していくと社会言語学[6]的に興味深い現象が現れてくる。1つは前述した小学校教員の反応に見られるように，自国の言葉の中にあまりにも多くの英語が侵入してくることに危機感を抱き，その流れを阻止しようとするものである。彼らは母語を大切にし，母国特有の文化を愛し，英語偏重にならないようにするべきだと唱える。一方自分の国に入ってきた英語に「市民権」を与え，新しく作り変えようとする動きがある。これは1990年代から提唱され始めた考え方である。英語が公用語として生活の一部として使われている地域の人は，自分たちの話している英語はいわゆる「ネイティブ」ではないが，れっきとした英語であり，イギリスやアメリカの英語に匹敵するものだと主張する。このような英語はNew Englishes[7]と呼ばれることがある。

3　文部科学省中央教育審議会・外国語専門部資料2-2（2006a）。
4　本名信行「社会言語学と英語教育」（伊村他『新しい英語科教育法』2001, p. 151, 学文社）。
5　「第1回小学校英語に関する基本調査（教員調査）報告書」(2007, ベネッセコーポレーション)。
6　社会的要因との関連で言語を研究する分野。

1.2 世界で広がる小学校英語教育

英語が国際共通語としての地位を確立するのに合わせ，世界中で英語教育，それも早期からの英語教育の必要性が認識されるようになってきた。ここでは世界の英語教育について，特にアジア諸国での児童英語教育と英語圏における児童英語教育について現状を見ていく。

下の表で明らかなように，多くの国で小学校から英語を教科として扱って

表1-2 世界の国々での小学校英語教育[8]

国	英語教育の現状
シンガポール	英語は第一公用語。1年から英語は教科であり，母語と道徳以外の学科は英語で教授
フィリピン	ピリピノ語と英語の2言語での教育。英語は週に5時間
マレーシア	英語は小1より必修科目。数学と理科が英語で教えられる（2012年廃止予定）。英語は週8時間
ブルネイ	1～3年は英語として，以後はマレー語とともにバイリンガル教育の言語となり，数学や科学が英語で教えられる
インドネシア	1994年より都市部で4年より週1,2時間
タイ	1996年より都市部で開始。1～4年に週6回（20分×6），5,6年では15回（20分×15）
ベトナム	1996年ごろから都市部の高学年で週2時間
中国	2001年より施行，2005年度より完全実施を目指す。都市部で小学校3年，または5年より
台湾	2001年より5,6年の正課に，2005年度より中学年も開始
韓国	1997年より3年生以上に正規必修科目として導入
フランス	2002年必修科目として導入することを決定。2007年から小2より，週1～2時間
ドイツ	2003年より必修教科として導入。1年生から週2回（45分×2）

---

7 本名信行『アジアの英語』（1990，くろしお出版）。
8 本名信行，竹下裕子他6名「諸外国における英語教育の取り組みに関する研究」：「英語が使える日本人の育成のためのフォーラム2004」での発表資料，岡・金森（2007）「東アジア諸国の小学校英語教育の現状と課題」，および文部科学省中央教育審議会に出された参考資料（2006a）を参照。

おり，中学校段階から英語を導入する国の方が圧倒的に少ない。またシンガポール，フィリピン，マレーシアのように授業言語として英語を使用している国もある。

　これらの国の中でも中国，韓国，台湾は(1)極東圏に位置するため英語圏から遠く離れており，(2)漢字文化を保有し，(3)比較的高い教育水準を持つ，という点から日本と多くの共通点を持っているので，比較されることが多い。これらの国々では1990年代後半，もしくは今世紀初頭より本格的に小学校英語教育が始まっている。

　日本同様，学級担任が英語の授業を担当する韓国では，全ての小学校の教員にGeneral English Educationという120時間の英語と英語教育に関する悉皆研修が行われ，ソウルではそれ以外にも希望者には120時間研修，560時間研修，海外研修などの研修が用意されている。台湾では，英語は専任教員が担当し，高い英語の運用能力を持つ人（TOEFL[9] 550点以上：英語圏の大学に入学が許可されるレベル）でない限り小学校の英語の教師にはなれない。どちらの国も，英語教育に大変力を入れており，そこは日本と大きく違うところである。

　また子どもに対する英語教育の重要性が認識されているのは非英語圏だけではない。英語圏であるイギリス，アメリカ，オーストラリアなどにおいても英語教育は大きな関心事となっている。その理由は，それぞれの国が抱える移民問題と深く関わっており，移民の教育問題，特に言語教育は国家的な緊急課題となっている。アメリカにいながら，英語を話さない人の数はいまや全国民の18％[10]まで増えている。このような移民の多くはアメリカに居住しているスペイン語を母語とするヒスパニック系の人たちであるが，このまこの問題を放置していると英語がわからない労働者が増え続け，国際社会の中での生き残りが難しくなるのではないかと危惧され，アメリカでは，その対策に追われている。イギリス，オーストラリアにおいても同様で，英語教育，特にリタラシー教育において，移民の子どもたちの力を向上させよう

9　Test of English as a Foreign Languageの略で，英語圏の大学へ入学する場合に要求される総合的な英語力を測定するテスト。
10　*World Fact Book 2009*。

と，いわゆるESL（English as a Second Language）の研究が盛んに行われている。当然のことながら英語圏で市民権を得るためには英語のテストを受けるが，移民を大量に受け入れてきたオーストラリアでも2007年10月より市民権テストを実施している。移民にとっては市民権を得るため，英語習得は将来の鍵を握る大切なものである。

以上のように非英語圏においては国際共通語としての英語を身に付けることの重要性から，そして英語圏では移民問題に関連して，世界中で早期英語教育の必要性が高まってきた。もちろん子どもへの英語教育は今までも行われてきたが，大人の学習者と意識的に分けられ，その教授法が専門化されてきたのは，世界的にみてもここ20年ぐらいのことだと思われる。

1.3　日本の小学校英語教育

　私立小学校での英語教育の始まりは明治初期までさかのぼることができ，戦争により一時継続不可能な時期があったものの古い歴史をもつ学校もある。1995年度に実施された文部省（当時）の委託調査[11]によれば，回答をよせた153校のうち86.9％の私立小学校で外国語教育が実施されており，そのうち97.7％の学校が英語教育を行っていた。そのうち戦後に英語教育を始めた学校が7割強であり，週1〜2時間程度が主流である。英語教育の導入理由としては「楽しい雰囲気の中で，外国語に慣れ親しむ」（97.7％），「やさしい質問に答えられる」（70.7％），「国際理解や国際性の基礎を培う」（67.7％），「国際理解教育の推進のため」（63.9％）があげられている。しかしこのように私立小学校では英語教育の歴史があるものの，全体的にはその数は少ない。日本の就学児童の98.2％が公立の小学校に通う現状を考えると，公立小学校へ英語が導入されるインパクトが非常に大きいことが窺えるであろう（平成23年度の全国児童数 6,887,292名のうち公立小学校へ通う児童6,763,713名）。[12]

11　平成7年度文部省委託研究「私立小学校における外国語教育の実施状況に関する調査研究」（平成8年3月日本私立小学校連合会）。
12　文部科学省学校基本調査（平成23年度版）。

1.3.1　公立小学校における「外国語」への変遷

　1992年，日本で初めて公立小学校に英語活動が導入された。「英語学習を含む国際理解教育」を研究課題とした大阪の2つの研究開発学校で実験が始まった。それ以前から，クラブ活動や特別活動を含め，国際理解教育の一環として英語活動および英会話活動などに取り組んでいた地域や小学校は多く存在し，千葉県などでは1970年代より「国際理解教育」に取り組み，児童が英語に慣れるように聞く・話すことを中心とした英語活動が行われた。

　1996年にはすべての都道府県で少なくとも1つの小学校が研究の指定を受け英語活動の実験は続けられ，2002年度より新設された「総合的な学習の時間」の枠内で国際理解教育の一環として外国語会話などの実施が可能になった。「平成17年度小学校英語活動実施状況調査」によると93.6％の小学校がなんらかの形で英語活動に取り組んでおり，その数字は2006年度に95.8％，2007年度は97.1％に上った。しかし，このように英語活動を導入している小学校が全体の9割を超えるものの実質年間時数の全国平均は10〜15時間程度であった。文部科学省は当初「総合的な学習の時間では，国際理解，情報，環境，福祉，健康などの横断的・総合的な課題，子どもの興味・関心に基づく課題，地域や学校の特色に応じた課題などについて，学校の実態に応じた学習活動を行うものとする。」と指導していたため，英語活動に関しても当然のごとく各地域，また各小学校でばらつきが生じた。

　このような状況の中，文部科学省は2007年8月に学習指導要領改訂の基本的な考え方と小学校の教育課程の枠組みの素案を示したが，基本方針を「ゆとりの教育」から「確かな学力の向上」に転換し，30年ぶりに小学校の授業時間を増やし，主要教科の授業時間を約1割増やすこととした。英語活動に関しては，5，6年生を対象に週1コマの「外国語活動」という必修科目を新設することにした。

　その後，文部科学省は様々な諮問機関における討議をもとに，2013年12月「グローバル化に対応した英語教育改革」を発表し，小学校から高校における抜本的な英語教育の改革に乗り出した。その1つに小学校高学年への外国語の導入がある。それに沿う形で公布された学習指導要領では，2020年度には小学校高学年における外国語，さらに中学年における外国語活動の完全導

入が明記されている。

今回の外国語に関する学習指導要領の改訂では，Common European Framework of Reference for Languages: Learning, teaching, assessment[13]（CEFR；外国語の学習・教授・評価のためのヨーロッパ言語共通参照枠）が参照され，小・中・高等学校で一貫した目標を実現するため，段階的に実現する指標形式の目標（CAN-DO）を設定している。外国語教育において「外国語で何ができるのか？」という観点が重要視されている。さらにすべての教科の評価指標として「知識・技能」，「思考力・判断力・表現力」，「学びに向かう力，人間性等」の3つの資質・能力を明確にしている。

1.3.2 「外国語活動」

2011年度より完全実施された公立小学校での「外国語活動」の目標は「外国語を通じて，言語や文化について体験的に理解を深め，積極的にコミュニケーションを図ろうとする態度の育成を図り，外国語の音声や基本的な表現に慣れ親しませながら，コミュニケーション能力の素地を養う」であった。今回の学習指導要領では，文部科学省は中学年を対象とした外国語活動の目標を次のように示している。

外国語によるコミュニケーションにおける見方・考え方を働かせ，外国語による聞くこと，話すことの言語活動を通して，コミュニケーションを図る素地となる資質・能力を次のとおり育成することを目指す。

(1) 外国語を通して，言語や文化について体験的に理解を深め，日本語と外国語との音声の違い等に気付くとともに，外国語の音声や基本的な表現に慣れ親しむようにする。

(2) 身近で簡単な事柄について，外国語で聞いたり話したりして自分の考えや気持ちなどを伝え合う力の素地を養う。

(3) 外国語を通して，言語やその背景にある文化に対する理解を深め，相

---

13 ヨーロッパで30年以上かけて開発された外国語運用能力の参照基準であり，6つの段階（A1, A2, B1, B2, C1, C2）に分けられている。シラバス，カリキュラム，教材作成，外国語運用能力の評価に使われる包括的な基盤を提供している。

手に配慮しながら，主体的に外国語を用いてコミュニケーションを図ろうとする態度を養う。

今回の学習指導要領では全ての教科の目標に「見方・考え方」が含まれているが，外国語によるコミュニケーションにおける見方・考え方とは，「外国語によるコミュニケーションの中で，どのような視点で物事を捉え，どのような考え方で思考していくのかという，物事を捉える視点や考え方であり，外国語で表現し伝え合うため，外国語やその背景にある文化を，社会や世界，他者との関わりに着目して捉え，コミュニケーションを行う目的や場面，状況等に応じて，情報を整理しながら考えなどを形成し，再構築すること」と説明されている。文部科学省は中学年を対象とした外国語活動のスムーズな導入を考慮し，『Let's Try! 1』を3年生用，また『Let's Try! 2』を4年生用に作成し，2018年度から各小学校に配布している。

1.3.3 「外国語」

新しく教科として導入される小学校高学年を対象とした「外国語」では，その目標は次のように示されている。

外国語によるコミュニケーションにおける見方・考え方を働かせ，外国語による聞くこと，読むこと，話すこと，書くことの言語活動を通して，コミュニケーションを図る基礎となる資質・能力を次のとおり育成することを目指す。

(1) 外国語の音声や文字，語彙，表現，文構造，言語の働きなどについて，日本語と外国語との違いに気付き，これらの知識を理解するとともに，読むこと，書くことに慣れ親しみ，聞くこと，読むこと，話すこと，書くことによる実際のコミュニケーションにおいて活用できる基礎的な技能を身に付けるようにする。

(2) コミュニケーションを行う目的や場面，状況などに応じて，身近で簡単な事柄について，聞いたり話したりするとともに，音声で十分に慣れ親しんだ外国語の語彙や基本的な表現を推測しながら読んだり，語順を意識しながら書いたりして，自分の考えや気持ちなどを伝え合うことができる基礎的な力を養う。

(3) 外国語の背景にある文化に対する理解を深め，他者に配慮しながら，主体的に外国語を用いてコミュニケーションを図ろうとする態度を養う。

以上のような目標を達成するため，文部科学省は5年生用の教科書として『We Can! 1』，6年生用には『We Can! 2』を作成し，2018年度から各小学校に配布した。2020年度からは教科書会社が発行する教科書が使われる。

1.3.4 外国語活動および「外国語」に求めること

さて，ここでは1992年に公立小学校で外国語活動が始まって以来，様々な小学校での外国語活動を見学してきた経験に基づき，特に「授業内容」に焦点を絞り，これからの外国語活動および外国語に求めることについて意見を述べたい。

(1) 言語習得には意味のある文脈が不可欠

外国語学習環境においては目標言語の摂取量が極端に少ないため，ある程度の丸暗記，機械的な訓練は必要である。しかし，「言わせるために言葉（英語）を教える」方式では，特に小学校の子ども達の言葉（英語）は，残念ながら育たないであろう。私たちが言語を使うのはそこに相手とともに「意味を構築 meaning-construction」したいという希求があるからである。相手の意図を聞き（読み），意味を自分なりに解釈し，さらに深い意味のやり取りを求めて，意味を分かち合うために言葉を使う。言語学習者にとって「意味のある文脈 meaningful context」は不可欠で，それがないところでは本当の言語習得は成り立たない。

小学校では1年生から6年生，そこに6歳という年齢の差はあるものの，彼らは言葉を分析するのではなく，全体として，意味を想像しながら理解している。つまり，短くて簡単だから分かりやすいだろうと，1文レベルや単語レベルで言葉を教えていくと，子どもたちにとっては反って言語理解が難しくなる。1つのやり取りしかないような簡単なダイアローグだけでは，子どもはどのような文脈のもとで言語が使用されているのか想像できない。

中学校以降の英語教育では，学習者の認知力も高まり部分学習も可能となる。簡単な文法事項を少しずつ教えながら表現方法や単語などを増やしていく，それはあたかも積み木を積み上げるような手法であるが，このような部

分を練習し，それを組み合わせて全体を理解していく方法は中学生以上の学習者にとっては納得のいくものであり，小学生にとっても時には役にたつこともあるが，基本的には小学生またそれ以前の子どもにはあまり効果はない。子どもはあくまでも言語活動の内容に興味を持ち，全体の意味を理解したうえで，部分について注意を向けていくため，全体像を提示することが重要になってくる。子どもが理解できる「meaningful context（意味のある文脈）」を第二言語で作り上げるためには，難しい構文や単語を全て排除することができない場合がある，しかし子どもたちは彼らにとって意味のある文脈の中で様々な言語に触れていくことを好み，そのような文脈を通して培う力が基本的な英語学習の素地となっていく。

(2) 音声言語を土台にした読み書き指導

　2011年度から始まった外国語活動において，アルファベットの文字が導入されたものの，それ以上の読み書き指導はなかった。しかしメタ言語[14]・メタ認知の発達が進む高学年になると知的好奇心も手伝い，文字に対し大きな関心を示す。文科省の調査においても中学校に進んだ子ども達が「小学校のときに英語を読みたかった，書きたかった」と残念がる姿が浮き彫りとなった（文部科学省，平成26年度小学校外国語活動実施状況調査）。このような実態に対応すべく，文科省は教科となった外国語では文字学習に「名前」と「音」を教えることを明記したうえで内容面での目標を以下のように示している。

【読むこと】
ア　活字体で書かれた文字を識別し，その読み方を発音することができるようにする。
イ　音声で十分に慣れ親しんだ簡単な語句や基本的な表現の意味が分かるようにする。

【書くこと】
ア　大文字，小文字を活字体で書くことができるようにする。また，語順を意識しながら音声で十分に慣れ親しんだ簡単な語句や基本的な表現

14　対象について述べる言語を対象言語（object language）というのに対して，対象言語の表現内容について述べる言語。

を書き写すことができるようにする。
　イ　自分のことや身近で簡単な事柄について，例文を参考に，音声で十分に慣れ親しんだ簡単な語句や基本的な表現を用いて書くことができるようにする。

　長年公立小学校で学級担任とTeam Teachingを経験してきた著者は初期のリタラシー指導については下記の点が重要だと考えている（6章参照）。

① アルファベットの文字学習は全てのリタラシー教育の基盤となるため，十分に指導する必要がある。その指導では特に「読み方（名前）」を英語の音で十分に理解，産出することを最初の目標とする。

② 文字の認識は1文字の認識で満足せず，複数文字を早く，正確に反応する力を養うことを目標とする。自動化されたこの力が単語を理解するときに必要となる。

③ アルファベットの文字とその音についての学習を始める前に，「音」といわれている音素[15]についてたくさんの聞く体験を与え，単語の中で音がどのように使われているのかを意識する（音韻認識能力）。

④ フォニックスを指導することを通して，改めて英語の音にも意識を持たせながら指導を続ける。

⑤ フォニックスの学習はリタラシーを獲得する上で不可欠のものである。しかしそのルールを教えることに走りすぎず，全体的な言語力，とくに音声言語を育てることをおろそかにしない。

　母語習得においても，リタラシーを獲得することは簡単ではなく，専門の知識を持つ指導者からの細やかな指導と学習者たちの意識的な努力が不可欠となる。母語の場合は子どもたちはそれまで獲得してきた音声言語をもとに書き言葉の理解に挑戦していくが，外国語学習ではリタラシーの土台となる音声言語が発達していない。日本人児童の英語学習においても，リタラシーの基盤となる英語の音声言語がほとんどない状態にある。したがって，音声言語も同時に大切に育てていくことが必須である。

(3) 小中連携

15　ある1つの言語で用いる音の単位で，意味の相違をもたらす最小の単位。（広辞苑）

早期外国語教育に取り組む際，どの国でも問題とされるのは　(1)適切な指導力を持った指導者の数が絶対的に少ないことと　(2)中学校との接続が不十分であることである (Pinter, 2006)[16]。中学校でも2021年度から完全実施となる学習指導要領に従い，今まで以上の表現・構造・語彙が導入される。

　小学校に外国語活動が導入されて以来，「小中連携」に関しても討議されてきた。また小学校と中学校で連携がとられてきた地域もあったが，「外国語活動」との小中連携と，小学校でも教科として「外国語」が教えられるこれからの小中連携は異なる。前述したように小学校高学年外国語の目標は「外国語によるコミュニケーションにおける見方・考え方を働かせ，外国語による聞くこと，読むこと，話すこと，書くことの言語活動を通して，コミュニケーションを図る基礎となる資質・能力を次のとおり育成することを目指す。(以下省略)」であり，中学校の「外国語」の目標は「外国語によるコミュニケーションにおける見方・考え方を働かせ，外国語による聞くこと，読むこと，話すこと，書くことの言語活動を通して，簡単な情報や考えなどを理解したり表現したり伝え合ったりするコミュニケーションを図る資質・能力を次のとおり育成することを目指す。(以下省略)」である (著者下線)。このようにカリキュラムや教科書を中心とした教材による小中連携は今までと比べてもかなり進むことが可能であり，そのようになるであろう。また評価という観点においてはCan-Do評価を中心に地域の小学校，中学校，高等学校が連携しているところも多いと聞く。

　しかし小中連携の一番大切で，難しいのは教員同士の理解を深めることだと考える。小学校および中学校では学校文化が異なることは事実であるが，それぞれの良い授業を見合うのは重要である。学習者の立場からすると小中連携した授業目標，また授業スタイルで学習を続けることが望ましい。1人の学習者が「英語を使える」人物に成長するように異なる校種の先生方が連携していくことは先生方の勤務状況などを考え，大変であることは十分に理解できるが，その理想に向けて前進していくことがこれからの英語教育の方向性を決めていくといっても過言ではない。

---

[16]　Pinter, A. 2006. *Teaching Young Language Learners*. Oxford University Press

1.4 ことばの学び

　ドイツ新人文主義の代表者であるフンボルト[17]は「言葉を持つためには人でなくてはならない。人であるためには言葉をもたなければならない」と言った。人は太古の昔よりことばの存在を不思議に思い，ことばの起源を探ろうとする研究は時代を経ていろいろな形で行われてきた。昔の権力者たちは最初の言葉はどのようなものだったのかを調べるため，生まれたばかりの子どもを隔離して育て，最初に話す言葉が何であるかを突き止めようとした。彼らは人間にはある特定のことばが人類誕生のときから与えられていたと考えていたのであろう。このような実験の中でも重要なものが，13世紀にホーエンシュタウフェンのフリードリッヒ2世が行った隔離養育である（藤永，2001）。子どもたちは言葉を話す前に亡くなるという悲惨な結果に終わるのだが，この実験は，人は他者との関わりがなければ生きていけないということを物語る。生き物としては乳を与えられれば子どもたちは生きられるはずなのに，人は社会的な動物であるがため，人と共に生きるように創られている。そしてその「共に」を作り上げるのが言葉であり，「ヒト」が「人」になるために不可欠なものが「言葉」である。言葉を教える者として，人がどのようにして言葉を獲得していくのかを理解することは大切である。

1.4.1　第一言語習得理論

　子どもが外界を理解していく時に使用する最大の武器は，言葉である。大人になるとどのように言葉を獲得してきたのかを思い出すのは難しく，私たちがいかに多くの時間ととてつもないエネルギーをかけて言葉を獲得してきたのか忘れてしまう。しかし，その過程を理解することは言語教師としてとても重要なことであり，言語習得に関する理論を知ることにより，授業での活動が子どもたちに適切なのかどうか，児童の反応を読み取る力が今まで以上に深まるであろう。そして読み取る力が深まれば，活動を進めていく上で学習者が必要としているサポートについても正しい判断ができるようになる

17　Karl Wilhelm von Humboldt（1767〜1835），ドイツ新人文主義の代表者。プロイセンの政治家。言語の比較研究に基づく言語哲学を樹立。

であろう。

　言葉の発達は認知の発達を支え，また認知の発達が言葉を生み出していく。両者はお互いに影響し合いながら発達する。このことを踏まえて第一言語を獲得していく過程が理論的にどのように説明されているのか学習していくことにする。

1.4.1.1　学習理論

　学習[18]とは経験を通して起こり，ある一定の時間持続する行動の変化であるが，人間は学習を通して社会的存在になるといっても過言ではない。学習理論を使って言語習得を説明する人たちは，行動主義心理学者のスキナー (B.F. Skinner) が説く道具的条件付けやバンデュラ (Albert Bandura) の社会学習論を支持し，私たちは言語が使用されている場を通して，言語経験を重ね，言語を獲得していくと考える (Keenan, 2002)。

(1) 道具的条件付け　(operant conditioning)

　アメリカの心理学者であるスキナーはねずみや鳩を使って実験し，学習は強化による行動の習慣化であると説明した。彼は行動主義心理学を代表する学者であるが，行動主義心理学者たちは人間の行動を科学的に説明しようと試み，観察，記録，測定ができる行動を対象に研究を行い，客観的に観察できない意識の状態，思考，概念形成，などは研究対象外とした。

　道具的条件付け (operant conditioning) とは，ある刺激に対して反応した行動が強化されることによって，反応が促進され，習慣化され，行動が変容する学習過程をさす。つまり学習を刺激⇒反応⇒強化で説明しているが，これを繰り返すことにより行動が定着すると考えた。スキナーは下図のような仕掛けをしている箱にねずみをいれ，ねずみがどのような行動をとるのかを観察した。仕掛けとはレバーを引き下ろすとねずみの好きな餌や水が出てくるというものであるが，最初ねずみは箱の中をぐるぐる回り偶然レバーに触れ（自発反応：operant），餌（強化子）を得た。ねずみは何回かレバーを引き下ろし，餌が出ることを知るようになると，今度は餌を得たいがためにレバーを引き下ろすようになり，その行動を繰り返す。このように道具的条件

18　行動が経験によって多少とも持続的な変容を示すこと。

付けにおいては刺激よりも強化子が反応を引き起こす要因になる。ねずみは最終的に「(えさや水がほしいので) レバーを引き下ろす」という新しい行動を身につけ、学習が成立したことになる。

図1-1　スキナーの実験

　スキナーは人間の多くの行動は道具的条件付けの原理で説明ができると考え、子どもの言語獲得を次のように説明した。子どもは周囲の大人が話す言葉に反応し、反応がもたらす結果がよければ行動を維持し、繰り返すが、悪ければ次第に行動しなくなり、最後にはその言動を全くやめてしまう。子どもは言葉を発することで自分の意思を伝え、欲しいものを手に入れる、もしくは褒められるという自分にとって心地よい経験（報酬）を得ることができれば、その発話を続ける。反対に叱られたり無視されるなど否定的な反応が返ってきたりするとその発話をやめる。スキナーは、子どもはこのような繰り返しを伴う習慣形成によって言語を獲得していくと説明した。彼によると、親は子どもの正しい言葉にだけ肯定的に反応し、そうではないものには反応しない、そこで子どもたちは親から反応（肯定的な強化）がもらえるような言葉だけを身につけ、次第に大人の言葉が話せるようになるというわけである。

(2) 観察学習

　バンデュラはスキナーが説くように直接的な強化がなくても、適切なモデルがあれば、子どもはそれを観察し、真似ることでモデルの行動を獲得していくと考えた。彼は、人は模倣（imitation）を通して多くのことを学ぶと説き、このような学習を観察学習と呼んだ。しかし、学習者にとって全ての人

図1-2　道具的条件づけで説明する言語習得

の行動が観察対象になるわけではなく，学習者が魅力的だと感じる人の行動が模倣の対象になる。観察学習のプロセスとして，学習者はまず模倣したいと望むモデルの行動に注意する。その後モデルの行動を自分でも表現できるようにするため，視覚的，言語的，身体的に行動を保持し，その後その行動を再生するというものである。

　この理論では，子どもたちは回りの人たちが話す言葉とそれが話されている状況を十分に観察し，模倣することによって言葉を身につけると考えられている。模倣は子どもたちが複雑な文や長い文を学ぶ時には特に大切なプロセスとなる。

1.4.1.2　生得論

　子どもたちが使用している言語を分析してみると，学習理論的なアプローチだけでは説明できない言葉を発していることがある。例えば，かなり言葉が話せる幼稚園児でも，「きのうね。血ががでた」と言い間違えることが多い。回りの大人たちが「血ががでた」と発言しているとは考えにくいので，子どもは模倣するだけで言語を獲得しているわけではないことが想像できる。また「かににさされた」とかゆそうに蚊にさされた跡を見せる子どももいるが，どうしてこのように聞いたこともない言葉を発言するのであろうか。模倣，訓練を強調する学習理論もしくは経験論では，この2つの例のように今までどこからも聞いたことがない言葉を生み出す力について説明できない。

(1) 言語習得装置（Language Acquisition Device）

　言葉の獲得は行動主義心理学者が主張する学習理論では説明がつかないとし，人がある時期になれば歩いたり走ったりできるように，言語獲得も生まれながらに持っている能力を使って行う行動であると主張する学者がいる。彼らは言語獲得とは体内に創りこまれている生得的な言語機能が外界から聞こえる言語に対し，組織的に反応して1つの言語体系を作る過程であると考えている。その代表的な学者であるチョムスキー（Noam Chomsky）は言語を獲得する機能は人にだけ与えられた言語習得装置（Language Acquisition Device: これ以降LAD）で行われていると考え，人間の言語は遺伝的・生物学的基礎を持つと主張している。また，ヒトには全ての人間言語に共通してみられる普遍的特性を説明する原理的な枠組みである「普遍文法（Universal Grammar）」が組み込まれていると考えている。[19]

　言語機能の生得説を説明する根拠として，チョムスキーはpoverty of the stimulus（刺激の貧困性）について説明している。これは子どもたちが環境から受ける統語的言語材料は質的にも量的にも貧弱なものだとする考え方である。子どもに向けられる言葉には文法的に正しい文ばかりではなく，言い間違いや言いよどみ等を含め文法的に誤っている文が混在しており，また量的にも決して十分なものではない。生得論を支持する学者は，このように言語獲得に必要な外界からの言語材料や言語資料が乏しいにも拘わらず，子どもが複雑な言語体系を獲得していくのはLADがあるからだと考えている。また，彼らは子どもがどのような環境で成育しようとも生まれて5〜6年という極めて短い間に大人の持つ基本的な文法体系を獲得できるのもLADがある証拠だと主張する。

19　チョムスキー学派の研究者は言語の生得性について述べる際，LADではなくUGもしくはlanguage facultyという用語を使う。例「人間の大脳には言語機能（language faculty）または普遍文法（Universal Grammar: UG）と呼ばれる，言語に普遍的な文法の諸原理が生得的に備わっており，…」（萩原，1995，p. 110）。

(2) 模倣，強化，訓練の限界

　子どもの言語獲得過程を観察すると，言葉は模倣，強化，訓練だけで身につくものではないと思える例が多くある。さきほどの「血ががでた」や「蚊ににさされた」のような誤用もそうであるが，英語の例としては不規則動詞を規則的に活用する現象が見られる。英語を母語とする4～6歳ぐらいの子どもはsleeped, goedのように本来は不規則で活用される動詞に過去を表す-edをつけて話すことが報告されている。[20]　以上のような例からも，子どもは話されている言葉をただ模倣しているだけではないことがよく理解できる。

　強化については，大人は子どもの文法的な間違いには寛大で，それよりも内容の間違いの方により注意を向けているようである。つまり，文法的な観点からすると，子どもたちはいつも正しく強化を受けているわけではない。例えば先ほどの例の「ちががでた」は，本当に子どもの体から血が出ているとしたら，文法を直すどころではなくその対処に追われ，それが前日に起きた事の報告だったら「どうしたの？　たいへんだったね。どこから血がでたの？」と大人は発言の内容に反応する。確かに「血が出たの？」と正しい文法の形で返答をする場合もあるが，大人は発言の内容について反応する場合が圧倒的に多く，幼い子と話す場合は意味が通じるのであれば文法の使い方を指導することはあまりない。

　また訓練についても，親が誤りを直そうと何度も正しい言葉を言ったとしても，ある期間，子どもは誤りを直さないことがある。例えば「血ががでた」と言った子どもに「血が出た」と正しく言わせようと何回か練習したとしても，その子は自発的な発言場面においてはやはり「血ががでた」と言い，正しく言えるまでには時間がかかる。

　このように実際に子どもの言語発達を観察すると，子どもに向けられる言葉はスキナーが説いたように強化要因として必ずしも機能するわけではなく，子どもは全てを模倣しているわけでも，また訓練を受け入れているわけ

20　GEMCO ビデオプログラム（PE232-01）"Talking to Children"の中に収録されている子どもの会話より。

でもないことが明らかである。

　しかし，生得論に関してはいまだ生物学的な根拠を指し示す「言語専用の遺伝子，たんぱく質，脳神経細胞などというものはない」（藤田，2005, p. 34）と言われており，普遍文法とは何なのか，またどこまでが普遍文法で説明できるのか，具体的には表示されていない。更に，言語機能だけが他の認知機能と独立して自律的に働いているという説に反対する学者も多くいる。

1.4.1.3　相互作用論（Interactionist Theory）

　相互作用論を支持する学者は上記の言語習得に関する2つの理論（学習理論と生得理論）を統合し，言語習得において生得性の要因と環境要因がどのように相互に関わっているのかに関心を持ち研究を進めている。彼らは言語獲得には生得的に決められている人としての能力（LAD）が大きく関与していると認めつつ，同時に環境の大切さを強調している。ブルナー（Bruner 1983, Keenan 2002 に引用）は，親を中心とした大人たちが子どもに与える言語習得を補助するシステムを言語習得支援システム（language acquisition support system：LASSこれ以降）と呼んだ。BrunerによるとLASSは，子どもの言語習得がうまくいくようにと，大人が子どもに与える効果的な言語習得を支える工夫，計画，方法など全てを総称的に指したものである。例えば，LASSの1つとしてscaffolding（足場作り）がある。これは大人が意識的に子どもにとっては少し難しい言語材料を使い言語習得を促す行動を指すが，子どもは一人では理解できない複雑な言葉も親とのやり取りの中で，親に支えてもらって理解するようになる。Brunerは，親は遊びの中で子どもに物の名前を教えたり，子どもの理解を注意深くチェックしたり，子どもの理解が及ばなかったことを新しい方法で子どもに提示したりすることなどで，子どもの言語獲得をサポートしていると考えた。

　また，親が使う代表的なLASSに母親語（motherese）がある。これは，子どもに対する独特の話し方（child-directed speech）であるが，通常大人は子どもと話す時に①割と高めのピッチ[21]で，②ゆっくり，はっきりと感情をこめて話し，③繰り返しが多く，④難しい語彙や文法を使わないで簡素化し

21　音の高さ。

た言葉を使っている。このような言葉が子どもの言葉を育てる栄養源であり，子どもはこのような言葉のおかげで話されていることに興味を示し，理解することができる (Snow, 1977) と言われている。

また大人は子どもと話す時に expansion と recast というテクニックを使い，子どもの言語獲得を支援する。下の例のように大人は子どもの不完全な発話をうけて，文法を訂正したり (recast)，語句をそえて文章を完成させたり (expansion) する。

　こども：　きのうね。ちががでたんだよ。
　先生：　そう，たいへんだったね。どこから血が出たの？（recastの例）
　　　　　手から血が出たんだね。（expansionの例）

第一言語習得に関する理論として3つのアプローチを見てきたが，いまやこの中の1つのアプローチだけで第一言語習得を説明しようとする専門家はいない。彼らはそれぞれのアプローチが言語習得のある側面を説明していることをお互いに認め合っている。他のアプローチと比べ，自分たちの提唱するアプローチをより強く主張するところだけが互いに異なるのである。

1.4.2　第二言語習得理論

次に第二言語習得に関する理論を見ていくが，言葉は学習環境に従って次のように区別することができる。次の表では日本人を取り巻く言語環境について書いているが，第一言語をL1，そして第二言語をL2と呼ぶ。第二言語に関しては，習得を目標としている言語（ここでは英語）が話されている環境で学ぶかどうかで，第二言語（SL＝Second Language）と外国語（FL＝Foreign Language）に区別することがある。目標言語が話されている環境を Second Language Context（SL context）といい，話されていない環境を Foreign Language Context（FL context）と呼ぶ。この違いは目標言語への接触量，摂取量（exposure）であることは明らかであるが，言語習得に最も大きな影響を与える。

第二言語習得（Second Language Acquisition: SLA）の主な研究分野には

表1-3　学習者と言語学習環境の関係

第一言語 L1	母語と母国語が同じ	日本人が日本で日本語を第一言語として獲得する。
	母語と母国語が違う	外国籍の子どもが日本で日本語を第一言語として獲得する。
第二言語 L2	第二言語（SL）	日本人が英語圏で英語を第二言語として獲得する。
	外国語（FL）	日本人が日本で英語を第二言語として獲得する。

言語項目（形態素，音韻，語彙，文法）の習得，言語習得の諸要因（学習者要因，社会的要因など），学習者言語（誤り分析，中間言語，言語普遍性など）などがあるが，今までの研究の多くは英語が話されているアメリカやイギリス等で英語を学んでいる（ESL＝English as a Second Language）大人の学習者を対象としたものであった。従って数多い研究の中，日本の子どもたちの英語学習に直接関係するものは少なく，特に彼らの英語習得を検証したデータは少ない。ここでは，学習者が大人，子どもに拘わらず，第二言語習得を理解する上で大切な理論であるクラッシェン（Krashen）のMonitor Model，セリンカー（Selinker）の中間言語仮説，そして臨界期仮説を見ていくことにする。

1.4.2.1　第二言語習得のメカニズム──モニターモデル

1980年代，クラッシェン[22]は下のような5つの仮説からなる第二言語習得モデルを提唱した。

(1) Acquisition-Learning Hypothesis
(2) Monitor Hypothesis
(3) Affective Filter Hypothesis
(4) Input Hypothesis
(5) Natural Order Hypothesis

最初に(1) Acquisition-Learning Hypothesis（習得─学習仮説）について説明する。クラッシェンは第二言語を獲得するための2つの異なる過程があることを指摘した。1つは第一言語習得に見られるような自然な環境のもと

22　Stephen Krashen（1941-）第二言語習得の理論構築に貢献した学者。南カルフォルニア大学の名誉教授。

で無意識に行われる習得（acquisition）であり，もう1つは大人の外国語学習によく見られる人工的な環境のもとに行われる意識的な学習（learning）である。そして，習得（acquisition）のみが言語産出の流暢さ（performance fluency）を生み出し，学習（learning）はfluencyには何も影響を与えないと考えた。上記のSL（Second Language）とFL（Foreign Language）を当てはめると，SLは習得（acquisition）環境と考えやすく，FLは学習（learning）環境と考えやすい。

次は(2) Monitor Hypothesis（モニター仮説）である。学習（learning）で蓄えた力は，言語産出（production），つまり話したり書いたりする能力に直接寄与することはないが，修正，訂正を加える能力であるモニター（monitor）として働くと考えられている。モニターは学習者が訂正できる時間，訂正する知識，そして訂正するべきだという意識を持っている時のみ働くと説明されている。つまり，言語産出を担う力は習得（acquisition）から得られるもので，学習（learning）した力はモニターとしてのみ働くとされた。

次に学習者の心理的な側面を考えた(3) Affective Filter Hypothesis（情意フィルター仮説）がある。学習者は情意フィルター[23]を低くし，リラックスした状態でなければ言語を効果的には学ぶことはできないという考えであるが，図1-3でも明らかなようにフィルターを低くしなければ，せっかくのインプットも学習者に届かず，習得の役に立たないことになる。

そして，(4) Input Hypothesis（インプット仮説）では，言語習得を成功させるため学習者は現在のレベルより少し高いインプット（$i+1$[24]と表記）が与えられるべきだと提唱している。適切なインプット——最近はcomprehensible inputとも呼ばれる——が与えられれば発話に必要な能力が自然に獲得できるという仮説である。

最後に(5) Natural Order Hypothesis（自然習得順序仮説）であるが，言語習得にはある一定の自然な順序があると，Dulay & Burt（1973, 1974）の研

23　情意とは感情と意志をさすが，ここでは具体的に学習者の動機，自信，心配などが情意的要因と考えられる。
24　$i+1$のiは次に説明するinterlanguage（中間言語）を指す。

究を土台に提唱している。詳しくは5章で見ていくことにする。

　図1-3は上記の(2)〜(4)の仮説を合わせモデルをわかりやすく図解したものである。クラッシェンの仮説を実践すると仮定すると，まずは学習者に向ける言語，つまり授業で使う言語材料や教師が使う英語を子どもたちの現在のレベルより少し高めに意識して調整する（Input Hypothesis）。そして彼らの情意フィルター（affective filter）を低くするために，彼らが安心して学習ができる場所となるように教室作りを工夫したり，ペア活動またはグループ活動を促進したり，協働の場作りに努める（Affective Filter Hypothesis）。そして彼らがなるべく自然に，また無意識のうちに学習が進むように授業計画を工夫し（acquisition），学習した言語ルールなどを積極的に応用するように促す（learning）。また，教室内で使用する言語材料は英語学習者が自然に身につけていく順番に従って導入する（Natural Order Hypothesis）。

インプット
$i+1$
　　　　　　　学習者の言語を作り出す機能　→　モニター（learning）　→　アウトプット

情意フィルター

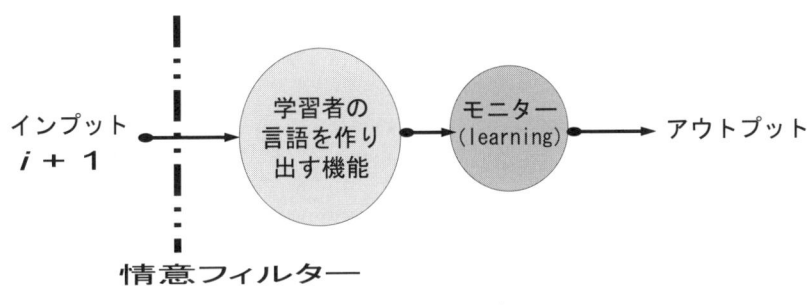

図1-3　モニターモデル

　以上がモデルの説明であるが，それぞれの仮説についてもう少し詳しく見ていこう。まずは習得と学習の区別であるが，この2つの言語獲得過程を分けているのが意識－無意識の差であるならば，無意識の言語獲得は可能なのであろうか。第一言語習得過程において子どもたちは無意識に言語に接することがあっても，言語の定着には意識的に取り組んでいる。ある知識を本当に自分のものとして認知するためには，無意識に獲得した知識を意識的に活用することが必要であるとも言われている（Karmiloff-Smith, 1992, Goswami & East, 2000）。したがって，モニター仮説では，意識的に獲得した言語知識

のみがモニターになると説明されているが，無意識のうちに触れた言語からもモニターとして働く知識が得られるのではないかと考えられる。

　また，クラッシェンは，最初意識的な学習によって獲得された知識はモニターとして働き，実際の言語産出（スピーキング，ライティング）のfluency（流暢さ）には影響しないと考えていたが，それに従うと，教室で意識的に英語を学習している多くの日本人学習者は，英語を流暢に話すことができないということになる。しかし，われわれは教室での学習を通して十分に英語の運用能力を身につけた人がいることを知っており，学習で獲得した能力が言語産出に結びつかないとは言い切れないのではないだろうか。

　次に，情意フィルター仮説についてであるが，大人の学習者であれば，しっかりとした動機をもち，自分自身に対して積極的なイメージを抱くことで自ら情意フィルターを適宜調節することも可能であろうが，子どもの場合，彼らが情意フィルターを低くし，リラックスして学習できる環境を作るのは教師の役目である。これは第二言語習得だけでなく，教室で行われる全ての学習に共通するもので，心が落ち着かない所では十分な学習は確保できない。1日の大半を学校で過ごす子どもにとって教室は大切な空間であり，学習環境である。ピアジェ[25]の説くように発達は「その個体と環境との相互作用」であるので，教室がどのような環境であるかは英語学習の大きな鍵となる。

　最後にインプット仮説についてである。これは一見ヴィゴーツキー[26]の提唱した「最近接発達領域説（Zone of Proximal Development：以降ZPD）」に似ているが，私はこの2つを根本的に違うものだと考えている。ヴィゴーツキーのZPDは，「子どもが自力で問題を解決できる水準」と「（同じ子どもが）大人や友達の助けを得て解決できる水準」の隔たりを指す（詳しくは5章参照）。子どもは大人（もしくは年長の子ども）との社会的な交わりを通して，最初は一人で解決できない問題を，周りの助けを得て解決するが，後にその力を内面化させ，自分一人で問題解決ができるようになるとヴィゴーツキーは考え，社会的な相互交渉の重要性を指摘した。一方クラッシェンは適切な

25　スイスの心理学者。
26　(旧)ソビエト社会主義連邦共和国の心理学者。

インプットを提供すれば，言語機能（LADのようなもので，図では「言葉を作り出す機能」と表されている）が作動し，自然に言葉が産出されると考えており，まるでコンピューターに情報をインプットすればそれなりのアウトプットが出てくるといった感じである。

学習者に適切なインプットを与えることは重要であるが，インプットだけでは言語習得は無理であることが指摘されている。第二言語学習が成功するためには学習者がインプットを自分の中間言語の中に取り入れなければいけないことが分かってきた。また，Swain（1985）はインプットだけでは学習者は正確な文法を身につけることができず，彼らは自ら言葉をアウトプット（産出）することで，自分の中間言語と目標言語の違いに気づき，発話を修正し，言語習得を促進させると考えた。

私も授業では子どもたちが理解できるように簡素化した英語を使い，comprehensible input（理解可能なインプット）になるように努力する。しかし今までの経験から音声言語に慣れ，かなりのリスニング力をもつ子どもたちでさえ，話したり書いたりという産出活動になるとうまくできない子どもが多くいる。Swainが指摘したように，知識の定着を促進するため言わせたり，書かせたりというoutputの活動をすることが重要で，子どもたちは自分たちの中間言語の未熟さに気づき，足りないところを伸ばそうと意識的に試みるようになる。

1.4.2.2　誤りから学ぶこと——誤り分析（Error Analysis）と中間言語仮説

学習理論によると，正しい反応は奨励され，間違った反応は早めに訂正されることが重要とされている。特に第二言語教育においては先生が教えて（刺激）⇒ 生徒が答え（反応）⇒ 先生は答えが正しければ賞賛し，間違っていると訂正する（強化）というサイクルを繰り返し，新しい言語習慣を作り上げることが大切だと考えられてきた。そこで第一言語と第二言語の対照・比較が盛んに行われ，間違いの元である第一言語と第二言語の違いを早めに教え，学習者が間違いをおこさないように指導するべきだと考えられた。

しかしCorder（1981）は，誤りは学習者が自ら仮説をたて，創造的に，また能動的に言語を習得していることを実証するものだと考えた。彼は，誤り

に対する今までの「正さなくてはいけない」という否定的な見方を根本的に変え，誤りは言語習得上不可欠であると主張した。誤りを分析していくと第一言語からの干渉でおこる interference error（inter-lingual error）と，学習者の第一言語，年齢，学習環境などに関係なく起こるdevelopmental errors（intra-lingual errors）があることがわかった。日本人学習者にとっては/r/と/l/の聞き違いや，冠詞のaやtheの誤った使い方などは日本語からの影響であるinterference errorと考えられるが，ネイティブでも最初は間違える三人称単数の使い方は英語という言語がもっている難しさによる誤りでdevelopmental errorと考えられる。

このような誤りに対する新しい見方を基に，セリンカー（Selinker, 1972）は，学習者は第二言語習得の過程で，第一言語でもなく，第二言語でもない両言語の規則が交じり合った新しい言語（interlanguage：中間言語）を生み出すと考えた。中間言語はそれなりの言語体系をもち，目標言語に近づきつつある言語であるが，その流動性を失うことがある。これを化石化（fossilization）と呼ぶが，いくら目標言語に接しても，もうそれ以上進展がない状態を示す。音韻的側面，意味的側面，統語的側面，それぞれに化石化を見ることができる。

教室で先生の後について，ただ繰り返すだけの活動の場合は誤りも少ないが，学習者が創造的に言語習得に取り組む時には必ず誤りはおこる。誤りは，学習者がどこまで理解できているかを教えてくれるよい指標になると肯定的に見ていくこともできる。

1.4.2.3　年齢と言語習得──臨界期仮説(Critical Period Hypothesis)
(1)　第一言語習得における臨界期仮説

臨界期とは「生物の発達期のうち，将来の特質が右か左に決定されようとしている時期，言い換えれば劇的変化が起こるかどうか決まる特別な発達期」を指す（藤永, 2001, pp. 165-166）。言語獲得の臨界期について述べたのはレネバーグ（Lenneberg, 1967）であった。彼は後天性小児失語症の回復事例から，患者が12, 13歳で発症すると成人の失語症と同様，言語の完全な回復は望めないことから，言語獲得に臨界期があると考えた。レネバーグは，子どもの脳は言語習得に関して柔軟さ（plasticity）を持つが，大人の脳はその柔軟さ

を年齢とともに失うと考え，2歳から思春期までを言語に関する臨界期と考えた。また，柔軟性の喪失はlateralization（一側化）が原因であると考えた。一側化とは脳の左右両半球にあった言語獲得を司どる部位が次第に左脳に集中し，定着してしまうことを指す。

脳の成長や可塑性は発達初期ほど大きいので，代償[27]の可能性もそれに合わせて大きいが，果たしてそれが12,13歳まで続くものなのか，またそれ以降，代償はなくなってしまうものなのか，など色々な疑問はあるが，「諸説入り乱れるなかでは，レネバーグ説がいまだに最も正統な臨界期説とされているのが現状」と言われている。（藤永，2001，p.198）。

第一言語習得においては年齢が高くなるにつれ言語学習が困難になり，12,13歳を言語習得の最終時期とする臨界期仮説は妥当なものかもしれないが，それを証明することはできない。何故なら12,13歳まで言語に触れず人が生きるということは人道上許されるものではなく，一連の野生児の報告[28]，もしくはジニー[29]のように虐待を受けた被害者のケースに限られるからである。脳科学は日進月歩の分野であり，これからも多くの知見がもたらされることであろう。ただ山鳥が指摘するように脳のある部分の血流が増加する[30]とか，機能画像[31]から反応が見られただけでは言語の働きを特定するのは難しく，個々のケースをじっくり検証し，臨床のデータと合わせて見なければ，脳の多くの部位を使う言語活動の実態を解明することは難しいであろう（山鳥＆辻，2006）。

(2) 第二言語習得における臨界期仮説

第二言語習得においてもこの臨界期仮説が応用され，年齢と言語習得との関連を探る様々な研究が行われてきた。そのような研究をまとめてHarley

---

27 損傷した場所の機能を他の場所が補う仕組み。
28 アヴェロンの森で見つかった野生児（古武，1975），インドの狼少女（高木，1986）など。
29 1970年アメリカで救出された女子。父親からの虐待のため生後20か月から幽閉され，発見された13歳まで外界と遮断された環境で育った（伊藤，1992）。
30 光トポグラフィーによる賦活実験。
31 fMRIの機能画像。

(1997) は英語圏で暮らす移民たちの入国した年齢と英語力を比較した研究からは言語の発音的側面，統語的側面，形態的側面，すべてにおいて7歳以前に英語を習得し始めた人はネイティブのようになったのに対し，それ以降の年齢で始めた人はネイティブのレベルに達した例は少なかったと報告している。しかし，反対にSnow & Hoefnagel-Hohle (1978) は，オランダでオランダ語を学習していた英語の母語話者のデータから年齢の高い学習者の優位性を報告している。

　第一言語習得以上に様々な要因が関係してくる第二言語習得では，脳から見た生理学的な観点からだけでは年齢の影響を説明することはできないであろう。前述の移民を対象とした研究結果も，彼らが置かれていた移民先での社会環境を考えると，彼らの英語習得が成功するかどうかについては年齢だけが要因ではないと推察できる。いまだ臨界期年齢に関しても定説はなく，Lightbown & Spada(1999) が指摘するように，第二言語習得の目的がネイティブに近い発音の獲得にあるのなら早期に始める必要があるが，そうでないのなら，早期に始める効果についてはまだ明らかにされていないというのが本当のところであろう。

　一方，外国語環境で第二言語を習得している子どもたちの研究からは，単純に開始年齢が早ければ早いほどいいとは言いきれない研究報告がある。英国で行われた大規模な研究では8歳から3年間フランス語を学んだ子どもたちと，11歳から3年間フランス語を学んだ子どもたちのフランス語能力が比較された。その結果，オーラル面では8歳のグループ，リーディング，ライティングに関しては11歳のグループの結果がよく，両グループが16歳になった段階でもう一度テストをすると，両グループにほとんど差がなく，3年間余分にフランス語を学んでいたグループは僅かにリスニングの力が優れていただけで，早期外国語教育の効果は少ないと言わざるを得ない結果が報告された (Burstall, Jamieson, Cohen & Hargreaves, 1974)。

　日本の子どものデータとしては樋口 (1987) の研究に小学校で英語の授業を受けていた子ども(A)グループと中学から英語を学習し始めた子ども(B)グループを比較したものがある。結果は中学校1年生段階では(A)グループの成績がよかったが，3年生では両グループに差は認められなくなり，高校2年

で再び(A)グループの優位性が見つかったというものであった。
　外国語環境においては，通常教室以外で目標言語に接する機会がないため，失語症からの研究で導かれた臨界期仮説に従って，「英語の学習は思春期まで」と考えるのはさらに危険である。英語学習における年齢の効果を考えるときには脳の発達だけではなく，それにともなう認知発達，心理的な発達，社会性の発達そして学習者を取り巻く言語環境など全ての側面から考えなければ正しい像は浮かび上がらないであろう。
　最近では，言語と年齢の関係について述べるとき，ある時期を過ぎると能力が発現しないという強いイメージを持つ「臨界期」という用語ではなく，ある時期に何らかの変化がおきるという緩やかなイメージの「敏感期」という用語が使われるようになった。私は外国語学習については基本的にいつ始めても，そのときがその人の「最適期」だと思っている。外国語環境においては長さよりも量，(もちろんその意味では早く始めることで量を確保することもできる)，そして質が大切である。2歳児，5歳児，8歳児，12歳児とそれぞれの年齢で始める子どもを教える時，何歳でその子たちが始めたのかということよりも，学び続けてくれること，そして先生がどのように指導し，子どもがどのような素養と英語環境を持っているか，ということの方がはるかに大切な要素だと思っている。

＊

　このセクションでは第二言語習得研究の中から子どもに英語を教える時に最も必要だと思える理論を選び，説明してきた。現段階では，全て仮説なので，いろいろな観点から議論が重ねられ，研究が続けられている。

<Glossary>
ピジン：植民地などで先住民との公益などに使われた混成語。母語話者はもたない。
クリオール：旧植民地で，植民者の言葉が先住民の言語と混ざって独自の言葉となり，その土地の母語となったもの。
道具的条件付け（operant conditioning）：学習は刺激⇒反応⇒強化の繰り返しであると考える。
言語習得装置（language acquisition device）：ヒトに生得的に与えられた言語を獲得するための装置。
言語習得支援システム（language acquisition assisting system）：子どもが言語を獲得するために親を中心とした周りの大人が与える援助システム，育児ことばやscaffoldingなど。
モニターモデル：Krashenが述べた第二言語習得に関する5つの仮説をまとめたもの。
中間言語：母語でもなく目標言語でもない独自のルールをもつ言語体系。
臨界期仮説：ある年齢をすぎると自然な言語習得は難しくなるとする仮説。

<Discussion>
＊世界の言語使用人口の表の空欄に適当な言語名を記入しなさい。

世界の言語使用人口（単位：百万　出典：*TIME ALMANAC 2005*）

順位	言語名（使用人口）
1	（1075）
2	English（514）
3	（496）
4	（425）
5	（275）
6	Arabic（256）
7	（215）
8	Portuguese（194）
9	（176）
10	French（129）

＊世界の潮流を考えて日本の公立小学校でも英語を教科として導入することが検討されている。それについて意見を述べなさい。
＊三重苦に苦しみながらも言語を獲得したヘレン・ケラーの言語習得過程を学習理論・生得論・相互作用論を使って説明しなさい。

第2章

学びを中心にした英語の授業

日本の児童を対象とした英語教育は大きく2つの分野から影響を受けてきた。1つは米国・英国で開発，実践されてきた英語を母語としない人たちのための英語教育法（TESL = Teaching English as a Second Language）からの影響である。日常生活の中で英語が使われている環境（ESL=English as a Second Language）での英語学習と，英語が使われていない環境（EFL=English as a Foreign Language）での英語学習は，獲得の速度，また定着度に差が出てくるのは当然のことである。そう考えると，ESL環境で開発された教授法が，そのまま日本のようなEFL環境でうまく機能するのかは慎重に検討されなければならない。

もう1つの影響は大人を対象としたESL/EFL教授法からである。英語という言語を学ぶのであれば年齢の違いに拘わらず，同様の段階を踏んで学習しなければいけないこともある。しかし，大人の学習者と子どもの学習者とでは身体的，認知的，精神的発達が異なり，さらに言語学習環境も異なるため，教育方法を変える必要がある。

児童に対する英語教育を考える際，今まで影響を受けてきた教授法を検証する必要があるだろう。そこで，この章においてはまず今までの英語教育の変遷を概観し，現在行われている主な英語教育についてまとめた後，日本人の子どもを対象とした教授法について考えてみる。章の後半では実際の授業を効果的に行うためのいくつかの留意点について述べる。

2.1　日本の英語教育に影響を及ぼしたアプローチ（教授法）

Anthony (1963) は，「approach（アプローチ）」を「言語の性質や言語教授・言語学習についての理論」であると定義した。ここでは，日本の学習者にも影響を与えている代表的な4つのアプローチをみていくこととする。

2.1.1　文法・訳読法（Grammar Translation Approach）

古くからギリシャ語やラテン語を教える方法として使われていた外国語教授法であるが，19世紀になって英語，フランス語，ドイツ語を教える教授法として使われるようになった。このアプローチでは第二言語を第一言語に，または第一言語を第二言語に訳す力を伸ばし，語彙や文法ルールを教えるこ

とが重要視された。母語を使って文法などのルールを教え，単語練習や訳読練習を行う。日本の多くの中学・高校で伝統的に行われている授業方法である。この教授法では，短期間に目標言語について効果的に学習することはできるが，専ら訳が中心になるため音声面の発達が軽視され，総合的なコミュニケーション能力は育たない。また，常に母語に訳すため目標言語をそのまま理解することが難しくなる。

2.1.2 直接教授法（Direct Approach）

　文法・訳読法の反動ともいえる教え方で，19世紀後半に開発された。第一言語を使用せず，授業の全てを第二言語で行うことが原則である。授業はネイティブかそれに近い力を持つ人が受け持ち，第一言語を使用しなくても学習者が理解できるように，動きや絵などで言葉の意味を明らかにする工夫がされている。文法構造については，提示される例から学習者が自分で理解すると想定され，指導の必要はないと考えられている。

　第二言語だけで授業をするという観点から見れば，第3章で紹介する全身反応教授法（Total Physical Response）もこの教授法の1つである。子どもが親の言うことを聞いて動作することによって言葉を覚えていくのをヒントに，Asher[1]は英語教育にもそのように体を使って言葉に反応させる方法を取り入れた。この方法は日本の幼児・小学生を対象とした英語の授業でも広く利用されている。

　また第二言語も第一言語のように自然に獲得すべきであると指導するのがNatural Approach（Krashen & Terrell; 1983）で，これも直接教授法の1つである。母語習得においては，子どもはまずは音に慣れ，少しずつ言葉を理解し，発話するようになる。発話といっても，最初からいきなり句や文で話し出すわけではない。その過程は緩やかで，彼らはゆっくりと段階を踏んで母語を獲得していく。第二言語習得も同様の過程を経て行われるべきだと考え，母語習得で見られるように何も話さない沈黙期（silent period）の後に最初は1語だけで，しだいに2〜3語で答えることができるように指導する。特

1　アメリカの応用言語学者で Total Physical Response という授業法を生み出した。

にこの教授法は，母語習得同様に学習者に適切な言葉，つまりcomprehensible inputを多量に与えることが大切だと主張する。

2.1.3 オーディオリンガル・アプローチ（Audiolingual Approach：音声重視教授法）

これは音声中心のアプローチで，1940年代から60年代にかけてアメリカで最盛期を迎えた。行動主義心理学[2]と構造主義言語学[3]に大きく影響を受けたが，特にオペラント条件付け[4]（詳しくは1章参照）の考えに影響を受け，言語学習は繰り返しによる一連の習慣形成であると考えた。

このアプローチの特徴は，(1)モデルダイアローグを正確に暗記させ，(2)習慣形成のため模倣と記憶が中心になり，(3)リスニング，スピーキングの指導が先でリタラシー指導は後から行われ，(4)文型を段階的に教え，(5)誤りやすい問題点（第一言語と第二言語の構造上の違い）を重点的に教え，(6)語彙を制限し，(7)発音の指導を徹底する，というものである。日本でも，この教授法は70年代から80年代にかけて普及した。

2.1.4 コミュニカティブ・アプローチ（Communicative Approach：コミュニケーション重視の教授法）

Hymes（1972）や機能主義言語学[5]者たちは言葉が社会的環境の中でどのように使用されているのか，その言語使用に注目した。彼らの理論を基礎に，

---

2 アメリカの心理学者ワトソンが提唱した心理学の客観性を高め，その科学化を目指した学説。心理学の対象を，刺激と反応だけに限定し，意思，動機などは研究外の対象とした。
3 言語に内在する構造を取り出し，各要素の機能的連関を明らかにする言語学の立場。ソシュールに始まる。つまり，それぞれの言語には独自の秩序だった音韻，統語，形態，意味の体系が存在するとし，それを解明しようとした。この学派ではとくに音韻論と形態論で研究が発達した。
4 道具的条件付けとも呼ばれ，動物がある特定の反応をしたとき，えさ(強化)をやると，その反応を生起しやすくなる。このような条件反応はえさをもらうための道具となっている。
5 ことばを社会現象として捉え，言語使用の側面を解明しようとした言語学派。

このアプローチでは学習者が自分の思いを第二言語で表現できること、つまり言語をコミュニケーションのツールとして使用できることを第一目的とした。このアプローチは四半世紀の間、世界中で最もよく使われ、日本の英語教育にも大きな影響を与えている。そこで、最初にこのアプローチの土台になっているコミュニケーション能力について考えてみる。

2.1.4.1 コミュニケーション能力（Communicative Competence）とは

コミュニケーション能力は、チョムスキー（Chomsky）[6]の言語能力（linguistic competence）に対抗する概念としてHymesによって提唱された。linguistic competenceとは母語に対する無意識の内在化された言語知識（文法）を指す。チョムスキーはこの理想化された言語知識と実際の言語使用（performance）を分け、言語知識についてのみ研究を続けている。したがって、彼らの研究は非常に抽象的かつ論理的で、現実の言語使用を説明するものではない。このような考え方に対し、言語は社会文化的文脈の中で実際にどのように使用されるのかを研究すべきであるとしたのがハイムである。

コミュニケーション能力についての説明は難しく思えるかもしれないが、現在主流の教授法であるコミュニカティブ・アプローチを理解するためには大変重要なので、少し詳しく説明する。ここでは日本の英語教育に大きく影響を与えたSavignon（2001）のモデルを次ページに紹介する。

(A)社会文化的能力（sociocultural competence）は、言語をその場に合わせて適切に使いきる力である。この能力にはその言語が使用されている社会的文脈——つまり、言葉のやりとりに参加している人たちの関係、彼らが共有している情報、そしてその交わりの機能など——についての理解が含まれる。

(B)方略的能力（strategic competence）は言語活動が続かなくなった時、または失敗した時でも何とかコミュニケーションを持続させる力を指す。ルールを十分に知らないとか、疲れなどでそのルールを十分に応用できないなど、

---

6 チョムスキーは、人は言語機能（language faculty）という自律的なシステムを生得的に持ち、それを使って言語を獲得すると考えた。母語話者が文を作るときに使う規則を生成文法とし、それを解明しようとしている。

```
A  社会文化的能力
B  方略的能力
C  談話的能力
D  文法知識・能力
```

図2-1　コミュニケーション能力 (Communicative Competence)(Savignon, 2001, p.17)

いろいろな要因でコミュニケーションが取りにくい文脈の中で対応していく力である。(C)談話[7]的能力（discourse competence）は，個々の発話や文を連結させて，まとまった発話やパラグラフなどに組み立てていく能力である。従って，文と文，または発話と発話をある1つの大きなテーマの下にまとめていく一貫性（coherence）[8]や，それぞれの文を局部的にしっかり連結させる結束性（cohesion）[9]が重要になってくる。(D)文法知識・能力（grammatical competence）は，言語の語彙的，形態素的，統語的，そして音韻的な特徴を理解し，使うことができる能力である。この能力は文法知識を持っているだけでなく，それを使って意味のあるコミュニケーションができる力を意味する。これら4つの能力は別々に発達するのではなく互いに関連し，1つが伸びるとそれに合わせて他の能力も伸び，総合的に発達すると考えられている。

2.1.4.2　コミュニカティブ・アプローチの特徴

　第二言語教育において，上記のコミュニケーション能力を伸ばす教授法であるコミュニカティブ・アプローチには次のような特徴がある（Celce-Murcia, 2001, p.8）。

7　文法は，節（clause），句（phrase），文（sentence）などの文法的転移を形成する言語の規則を表すのに対して，談話はパラグラフ，会話，対談などのより大きな言語単位を指す。
8　談話の発話の意味，またはテキストの文の意味を結びつける関係。
9　テキストの異なった要素の間の文法的関係または語彙的関係，あるいはその両方。

① 目標言語でコミュニケーションができる能力を育てる。
② 授業では，言語的構造（linguistic structure）だけではなく意味に関する概念（semantic notions）や社会的機能（social functions）を教える。
③ 学習者はペアやグループになり，自分しか持っていない情報を他の人に伝える課題を通して，目標言語による意味のやり取りを学習する。
④ 学習者は異なる社会的文脈の中で，目標言語を調整して使えるようにロールプレイやドラマを演じる。
⑤ 教材や活動は，現実に起こる状況に対応し，現実の要求に答えるため本物（authentic）の言語材料を用意する。
⑥ 最初から4技能は統合して教える。
⑦ 先生の役割は基本的にはコミュニケーションを促進させる補助役であり，誤りを正すのは二義的なものである。
⑧ 教師は目標言語を流暢に，かつ適切に使えなければいけない。

＊

この節で紹介したそれぞれの教授法はそれ以前の教授法の足りない部分を補う形で発達し，その時代の主流の心理学や言語学の考え方に大きく影響を受けた。日本における英語教育も時代の流れとともに，望まれる英語力が変わり，それによって教授法も変わってきた。英語が国際共通語として世界中に普及するにつれ，日本でも英語についての知識を持つことより，その知識をいかにうまく使いこなす能力を持つかが課題となってきた。「英語が使える日本人を育成」することは国家的な目標であり，また緊急の課題とされている。

2.2 子どものための効果的な英語教授法

子どもは言葉を覚える天才とよく言われる。確かに大人と比べると子どもは好奇心旺盛で失敗を恐れず，新しい事柄に関心や興味を示し，それらを吸収しようとする。これは外国語学習者としては優れた資質である。しかし一方で，彼らは飽きやすく次から次へと興味の対象を移し，じっくりと1つのことに取り組むことが苦手で，また認知的にも未発達のところが多く，物事の理解は浅い。大人の学習者と子どもの学習者を比べると，心理的，認知的

また社会性の発達が異なり、さらに英語を学習する際の言語環境が大きく異なる。それゆえ大人の学習者と子どもの学習者では英語を習得するアプローチが異なるのは当然のことであろう。

　大人は自分の経験から得た知識を生かし、言語を学ぶ際は論理的に仕組みを理解しようとする。また、メタ言語的な能力も発達しているので、分析的に言語学習に取り組むことができる。一方、子どもには大人のように長年の経験から得た知恵や知識、また「論理的に取り組む力」はほとんどないが、言葉を「全体（holistic）として」把握していく能力には長けている。

　ここでは、英語教授法の中でも、幼稚園生および小学生を対象としたクラスで注目されている3つの教授法について詳しく説明する。日常、英語が話されていない環境で英語のコミュニケーション能力を育てる場面を作りあげることは簡単なことではないが、不可能でもない。次の3つの教授法は、私たちに言語獲得に必要な「意味のある文脈・生きた文脈」を教室の中に作りだす方法を教えてくれる。

2.2.1　Content-based Approach（内容重視の教授法）

　この教授法では、「第二言語はその言語を使ってコンテント（内容のあるもので、多くの場合は教科を指す）を学ぶ時に最も効率的に学習される」という言語教育観に従って教育が行われる。コンテント（content）という言葉自体、英語教授法の歴史の中では様々な意味で使われてきたが、Snow（2001）は「大人を対象とした外国語としての英語教育環境では学習者の興味や要求に応じたトピックやテーマが含まれるもの、また小学生を対象としたクラスでは子どもたちが学校で学習している教科内容を指す」（p. 303）と定義している。

　Grabe and Stoller（1997）は従来の言語教授法とコンテントを中心にしたアプローチ（content-based approach: これ以降CBアプローチ）を比べ、CBアプローチが優れている理由を枚挙しているが、ここでは代表的なものだけを取り上げる。まずは第1章でも学習したクラッシェン（Krashen）のインプット仮説に基づき、CBアプローチが学習者にいかに良質のインプットを与えることができるかという点について説明している。CBアプローチでは

```
⇐ Content を中心に                                          言語教育を中心に ⇒
----------------------------------------------------------------
①イマージョン      ②シェルターコース   ③補助モデル       ④テーマ中心コース
Immersion         Sheltered Courses   Adjunct Model    Theme-Based Courses
```
Snow (2001: p. 305)

図2-2　SnowのCBアプローチの分類：教科教育と言語教育の統合カリキュラム

　学習者は単語を覚え，文型を教えられるという形で第二言語に触れるのではなく，学習している内容を通して言語に触れていく。彼らは言葉の仕組みなどを学ぶのではなく，何が言われているのか，または書かれているのかに関心を持ち，そのメッセージの内容に興味を持ち，意味を理解しようとする。学習者はこのような授業形態において，理解可能な言葉（comprehensible input）に接触する機会がより多く与えられる。

　またコミュニケーション能力を高めるには，聞いたり読んだりするだけではなく，話したり書いたりと自分で言葉を生み出し，使わなければならない。CBアプローチでは，例えば「芋の成長」「ひらがなの歴史」などのように，学習するもの自体に内容があるので，内容を理解した後，学習者は自分の意見を言いたくなる。Swain（1994）はある程度の言葉を生み出す（output）ためにはインプットだけでは不十分で，強制的な力（push）を加え言葉を産出させることが必要だと考えている。コンテントが中心の授業では学習者は自然と自分の考えを発表したくなり，また他の人の意見を聞きたいと思うようになる。こうして学習者同士の意見交換，相互の意味のやり取りが始まり，「意味のある文脈の中での」英語学習が可能になる。

　このアプローチには学習環境，プログラム，目的，学習者数などによって様々なモデルがあるが，全てのモデルに共通するのは言語教育と教科教育の統合である。Snow（2001）はこれらのモデルをその統合度によって分類し，図2-2で説明している。その内容は，
① 目標言語の使用度により全イマージョンと部分イマージョンがある。
② 中学生以上を対象としたESL専用の教科プログラム。
③ 言語教育と教科教育の統合された大学生用のプログラム。
④ テーマを中心にした言語教育コース。
　となっている。CBアプローチで進められている言語プログラムを総括的

に理解するのに役立つであろう。

　プログラムの中で最も内容を重視しているのはトータルイマージョンプログラム（total immersion program）であるが、この言語学習プログラムはカナダでフランス語イマージョンプログラムとして始まった。このプログラムでは子どもが第二言語に浸りきる（immerse）ということで、授業が全て第二言語で行われる。早期イマージョンは通例幼稚園から始まり、中期イマージョンは9,10歳より、また晩期イマージョンは11歳から14歳の間に始まる。トータルイマージョンの特徴は①子どもの発言を理解し、素早く動くことができるように先生自身がバイリンガルであること、②繰り返しやジェスチャーなどを多く使い、子どもたちが理解できるように第二言語のインプットが工夫されていること、そして③最初の段階を過ぎると、第一言語の読み書き能力を獲得できるようにプログラムが組み立てられていることである。日本では静岡県や群馬県に日本人の子どもを対象に、英語のイマージョンプログラムを導入している学校があるが、そこでは「国語」や「社会科」は日本語で授業が行われているので、全体の50〜70％の授業が英語で行われており、部分イマージョン（partial immersion）の形態をとっている。

　しかし、多くの日本の小学生にとって、イマージョンプログラムのように教科を英語で学ぶことはとても難しく、また指導する教員もいないのが現状である。従って通常の教室で実現可能なモデルは、図2−2では右側にある言語教育を重視した「テーマ中心コース」であろう。テーマ・トピックを中心にした授業を計画する時にはウェブ（Web）、またはマッピング（Mapping）というやり方が使われる。図2−3のように中央に取り扱いたいテーマ・トピックを置き、その回りに教科横断的な要素を想定して内容重視の授業を計画していく。私は通常次のような順番で授業計画をたてるが、ここでは例として「米」をテーマにした授業作りを紹介する。

⑴　子どもたちの興味・関心、または認知的、精神的、そして社会性の発達に合わせて適切なテーマもしくはトピックを選ぶ。

⑵　選択したテーマやトピックに関連した活動を準備するが、その際、選んだトピックからどのようにして数学的、理科的、家庭科的、音楽的、芸術的、言語的、社会科的な要素を取り出すことができるのかを考える。ここ

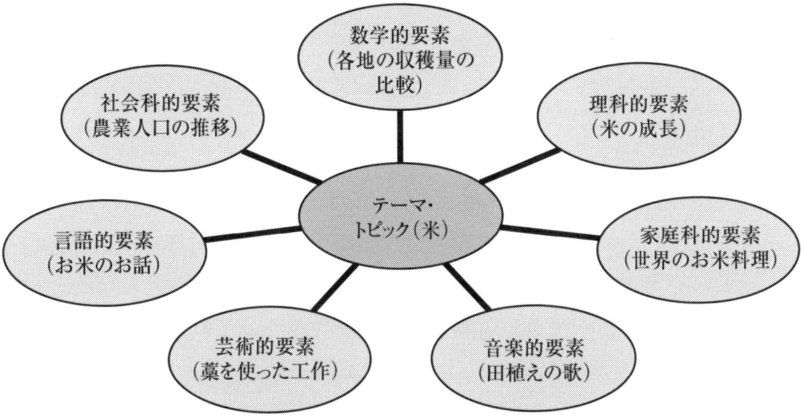
数学的要素
（各地の収穫量の
比較）
社会科的要素
（農業人口の推移）
理科的要素
（米の成長）
テーマ・
トピック（米）
言語的要素
（お米のお話）
家庭科的要素
（世界のお米料理）
芸術的要素
（藁を使った工作）
音楽的要素
（田植えの歌）

図2-3　米をテーマにしたWeb

では「米」に関連する活動をのせているが，全ての教科的要素を準備する必要はない。

このような授業作りは，最近日本でも注目されている教科横断的なものであり，「知の総合化」を目指し，従来の縦割り教科の枠を越えて学習を展開させようとするものである。日本では1989年の小学生1，2年の社会科と理科が融合した「生活科」，また2002年の小・中学生を対象とした「総合的な学習の時間」の導入がこの考え方を具現化したものである。これらの教育課程の再編成が示すように，急速に変化する現代社会のニーズに対応するには，従来の教科枠で断片的な知識を教えるのではなく，学問の連携を取り戻し，学習者中心のカリキュラムを立てるべきだと考えられている。

(3)　次に，準備した活動を通じてどのような言語材料を取り扱うのかを考えるが，子どもの英語力や活動内容に合わせて導入する言語の難易度を調整していく。高学年クラスでは，子どもの興味，関心に合わせると導入する語彙や文法が難しくなるので，言語材料を適切に処理しなくてはいけない。内容を重視した授業ではあるが，主目的は英語の力を伸ばすことなので，クラスで使用する言語材料の選択，および加工はとても重要なポイントと

なる。

(4) 子どもは内容重視の英語学習を通じてリスニング（またはリーディング）の力を伸ばすが，1つのテーマ・トピックに関する全ての授業（単元）が終わる段階で，スピーキング（またはライティング）の力も伸び，何らかの言語が産出できるように指導計画をたてる。

　内容を重視したカリキュラムを用意することで，児童の興味・関心に合わせた授業を行うことが可能になり，何よりも子どもは英語を「生きた文脈」の中で経験することができる。章末に，テーマやトピックを中心とした授業の重要性をサポートする理論としてMultiple Intelligences（複合的知性）を紹介しているので参考にしていただきたい。

2.2.2　Activity-based Approach（活動を中心とした教授法）

　活動を中心とした教授法（activity-based approach：これ以下ABアプローチ）の主目的はCB アプローチ同様，言葉を教えることではなく，学習している言葉を使って実際の課題を解決することにある。矛盾するようだが，言葉を教えることを主目的にすると，子どもの言語習得は進まない。例えば1回に10個の単語を教えて，1つの文型を教えるということを第一目的にした授業では，子どもは言葉を吸収する前に興味を失い，退屈してしまうことが多い。言葉を教えることを第一目的とする従来の教え方をVale & Feunteun (1996)は，言語中心アプローチ（language-based approach）と呼び，活動中心のアプローチと分けて，対照的に考えた。彼らは，ABアプローチでは子どもの興味・関心に合わせた豊かなインプットを与えることができ，子どもは仲間とともに与えられた問題を解決する方法を模索し，失敗を恐れることなく，間違いながらも自分たちの意見を言うことができるようになると説明している。

　例えば，形を現す英語（circle, square, triangle等）を教える場合，これらの言葉をそのまま教え込むのはlanguage-based approachであるが，子どもにとって面白い授業にはなりにくい。私の場合は，図2-4 で説明しているように「犬を描く」という課題にして，これらの形を表す単語を教えている。その際説明は英語で行うため，子どもが不安にならないように，モデルを見

せながら作業を行っている。子どもは「犬を描く」という活動を通して，何回も目標としている英語を聞くことができる。さらに彼らは活動の間，英語を学ぶというよりも「犬を描く」という課題を完成しようと英語を聞くわけだが，そうすることでより自然な環境，つまり生きた文脈の中で英語を聞く機会を得る。

〈説明英文の例〉
1. Draw one big oval.
2. Draw two triangles on top of the oval like this.
3. Draw three small circles.
4. Blacken the circles.
5. Draw a wavy line.
6. Draw three lines like this.
7. Draw another three lines on the other side.

図2-4　形を扱った活動

　個別に単語を提示し，丁寧に英語の音，単語の意味，また高学年であればスペルを教えることも大切であり，私もそのようなlanguage-based approach的指導をしている。重要なのは単語について機械的に練習した後，また練習と並行してそれらを文脈の中で「使う」体験をさせることであり，言語獲得はそのような言語経験なくては成り立たない。

2.2.3　Story-based Approach　（物語を中心とした教授法）

　「意味のある文脈」の中で言語を教えるという観点からすると，物語は非常に優れた教材であり，母語教育においても物語の「読み聞かせ」はよく行われている。物語は子どもに「言葉が育つ豊かな土壌」を与え，彼らの言葉を成長させる。ここでは物語の中でも「昔話」を主要教材とした英語教育について説明する。

2.2.3.1　昔話の特徴
　まずは，「昔話」の定義であるが，脇（2008）は「特定の作者が執筆した

ものではなく，民衆のあいだで語り伝えられてきた物語 … (略) … 歴史的事実ではありえないような物語」であり「伝説・神話と比べると昔話はもっと抽象的に語られた，素朴な人間たちや動物たちの物語」(pp. 17-19) としている。

昔話に関しては深層心理学の観点から興味深い分析が行われている。スイスの心理学者であり精神医学者でもあったユングは，無意識を創造の源として捉え，時代や文化を超えて存在する類似の昔話は，人が共通に持つ「普遍的無意識」を表現したものであると考えた。ユング学者の河合 (1998) は，人間の無意識と昔話の関係について次のように解説している。

「人間は他の動物と異なり，自我意識を持っている。確立された自我は，ある程度の主体性と統合性を持つが，それが人間の全存在をカバーするのではない。自我は合理的判断に基づいて，外界に自分を適応せしめ，その存続をはかる。しかし，一方では自我は死に至るものであることを知っている。ここに，人間にとって困難な問いが生じてくる。すなわち，われわれはどこから来てどこへ行くのか，ということである。この問いに対して，合理的な思考や判断のみでは答えを出すことができない。人間は世界の中に自分を位置づけ，その存在をゆるぎなきものとするために知恵を必要とする。無意識はそのような知を与えてくれるとユングは考える。夢はそのような知を蔵しているし，昔話も同様である。… (略) …昔話は合理的な観点からすれば，荒唐無稽に見えながら，前述したような知に満ち，人間の全体性を回復する働きを持つために，時代を超えて語り継がれ，喜んで聞かれてきたと考えられる。」(pp. 182-183)

また，昔話が言語教育において優れた教材になる理由は，次のような言語的特徴を備えているからであろう。

(1) 繰り返しとコントラスト

『3匹のコブタ』，『ブレーメンの音楽隊』，『花さか爺さん』等昔話と呼ばれる話にはあるパターンがあり，それが繰り返されることによって，聞き手はある程度話の内容を予測することができる。また，彼らは最終的にそのパターンが破られる時，驚きも経験する。このパターンの繰り返しが聞き手にある種の安心感や心地良さを与えるとともに，ストーリーに集中し，自然に

豊かな言語を聞き取る環境を与えてくれる。

　また，多くのストーリーには，「好いおじいさん」と「悪いおじいさん」，または「純粋無垢な赤頭巾」と「悪いオオカミ」のように登場人物，場所，または行動が対照的に配置されている。このように登場人物や出来事が対照的に設定されていたり，出来事が繰り返されたりすることで，幼い子どもでもストーリーをそのまま丸ごと，全体で理解することができる。

(2) 豊かな言葉

　聞き手や読み手を楽しませるために，昔話にはたくさんの擬態語，擬声語，音遊びなどが含まれている。また，教科書などには出てこない豊富な語彙が使われている。

(3) 文学性と文化性

　例えば『赤頭巾』での森は安全な家の向こうにある世界を現し，オオカミは安全性と純潔に対する脅威を象徴したものと解釈できる。表層的には子ども用の幼稚な話と考えられる昔話の中に大きな知恵を見つける人は多いが，それが可能なのはこのようなmetaphorがあるからである。現在でも，母親の言いつけを聞かないで，身を滅ぼすような体験をする赤頭巾のような少女は存在する。ストーリーを聞くうちに，無意識のうちに現実世界を描くことができ，またストーリーが現実世界での生き方を導いてくれることもある。このような比喩や隠喩が多く使われている昔話には高い文学性が認められ，またそれぞれの国の文化性も色濃く出ている。

＊

　昔話が英語教育においても優れた教材になる理由は，上記のように昔話がもっている魅力によるところが大きいが，特に第二言語教育の場合，子どもが全ての言語の意味を理解できなくても，文脈を頼りに意味を理解していく経験ができることにある。話の内容を日本語で理解していること，また十分な視覚教材などが準備されていることが条件であるが，子どもは英語で昔話を聞いているはずなのに話の内容を理解できるのである。このような現象を心理学者たちは「mentalese」という言葉を使って説明している（Cameron, 2001; p. 40）。子どもは英語で昔話を聞いても，内容を理解する時に，言葉以外の認知力，つまり「〜語」と特定されない脳の中の言葉（mentalese）を使っ

て理解しているのではないかと考えられている。私はこの「mentalese」を経験できる環境こそが，自然な言語習得環境に近い，最適の外国語学習環境ではないかと考えている。

2.2.3.2 授業計画の作り方

　授業は図2-5で示しているようにストーリーテリングから始まる。クラッシェンの説くインプット仮説に基づき，ストーリーテリングをする際は，子どものレベルより少し高めのインプットになるように工夫し，彼らのリスニング能力を高める。通常，ストーリーテリングは1回であるが，話の内容によっては数回行うことも可能である。次にジョイント・ストーリーテリングと名付けた活動に移る。スウェインが説くアウトプット仮説に基づき，この活動では子どもが言葉を産出できるように指導する。また，ジョイント・ストーリーテリングを指導しながら，関連活動を行っていく。関連活動は，物語に関連するトピックを選定し，活動を通して子どもが英語に触れるように工夫する。次にそれぞれの活動についてもう少し詳しく説明を加える。

(1)　ストーリーテリング

　子どもの年齢，興味，英語習得度にあわせて昔話，または文学作品を選択する。子どもが英語で話を聞いても不安にならないように，彼らが既に知っている話を選び，適当な視覚教材を用意する。この活動の第一目的は，子どもが豊かな英語に接し，大量の英語を聞くことに慣れていくことであり，1つ1つの単語や文法を理解することではない。子どもが全体的に話の内容を理解できたと思えば成功である。

(2)　ジョイント・ストーリーテリング（アレン玉井，2011）

　ストーリーテリングとは異なり，この活動では意識的な言語教育を行う。教師は子どもが発話できるレベルに書き直したシナリオを準備し，毎回の授業で少しずつ練習を重ね，最終的には子どもが教師との掛け合いも含め，ストーリーテリングができるまでその定着を図る。従って，子どもがおおよその意味を理解し，また発話できるようなレベルまで英語を調節しなければいけないが，シナリオを作成する時には，下記のような点に留意する。

① 　学習目標である言語材料（表現，文法，語彙，言語機能など）を選択し，それらをシナリオの中に入れる。

```
         ┌─────────────────┐
         │ ストーリーテリング │
         └────────┬────────┘
                  ▼
       ┌───────────────────┐
       │   ジョイント・     │
       │ ストーリーテリング │
       └─┬──────┬──────┬───┘
         ▼      ▼      ▼
      ┌────┐ ┌────┐ ┌────┐
      │関連│ │関連│ │関連│
      │活動1│ │活動2│ │活動3│
      └────┘ └────┘ └────┘
```

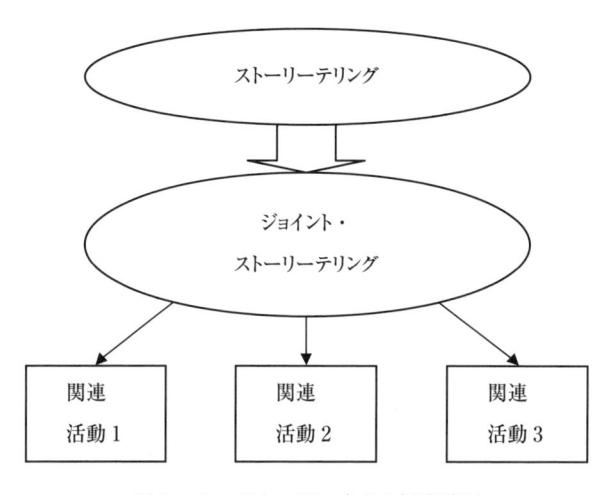

図2－5　ストーリー中心の授業計画

② 原作で使われている音遊びや原作ならではの台詞は，少し難しくても使用する。(例：『3匹のコブタ』の"Not by the hair on my chinny-chin, chin."等)
③ 子どものレベルに合わせて英語を簡素化するが，彼らが覚えやすいようにチャンツ風の台詞や替え歌を用意する。
④ シナリオはダイアローグを中心とし，ナレーションの部分をバランスよく入れていく。ナレーション部分は教師が担当してもよい。

(3) 関連活動

　CBアプローチ同様，選んだ「ストーリー」にどのような社会科的要素，芸術的要素，音楽的要素，家庭科的要素，理科的要素，数学的要素等を取り入れることができるのかを考え，具体的な教室活動案を作成する。その際，導入する言語材料を十分に吟味し，活動を通じて教えるべき言語と活動内容のバランスを取る。

　ここでは『赤頭巾ちゃん』を例に，ジョイント・ストーリーテリングと関連活動について少し具体的に説明する。ジョイント・ストーリーテリングでは，子どもが英語を言いやすいように，また覚えやすいようにとの考えから，替え歌を使うことが多い。次の例は，お母さんに「Never speak to any stranger!（誰とも話をしてはいけない）」と言われていた赤頭巾（R. H.）がオオカミと話し始める場面を取り上げて，「Peas Porridge Hot」のメロディーで歌うように作ったものである。

  Wolf： Hello, little girl. How do you do?
  R.H.： Hello, Mr. Wolf. How do you do?
  Wolf： Hey, little girl, what's your name?
      Hey, little girl, where're you going?
  R.H.： I am Little Red Riding Hood.
      I am going to see my grandmother.

　また，昔話と関連する活動として，私は病気のおばあさんのために食べ物を買って，持って行くという設定を作り，買い物をする時に使う表現など教える活動（関連活動1），おばあちゃんに化けたオオカミに赤頭巾が Why are your eyes so big? など顔の部分についてたずねる場面があるが，それを利用して顔にある器官がどのような役割を果たすのかを学習する活動（関連活動2），またはオオカミが乱獲された写真などを見せながらオオカミについて考える活動（関連活動3）を行った。

*

　この節で紹介したアプローチでは，英語がツールとして教室内で使われるので，子どもは自然に「生きた文脈」の中で英語に接することができる。しかし，これらのアプローチに基づいて授業を計画する場合，適切な活動を考えることは難しく，またそれに必要な教材を作るのにも時間がかかる。実際に活動する場合も，活動に必要な時間配分が想定しづらい。教科書中心の授業と比べると，準備に多くの時間とケアが必要なだけでなく，教師に高い教室運営能力と英語能力が要求される。しかし，子どもの「本物の」英語力を伸ばすという観点からは，大変魅力的なアプローチである。

2.3　シラバス

　シラバスは授業で何を教え，またどのような理由で言語材料が選ばれ，それらがどのような順序で提示されるのかを記述したものである。ここでは代表的な4つのシラバスについて簡単に見ていくことにする。

2.3.1 構造シラバス（Structural Syllabuses）

　原則的に，取り扱われている言語項目は文法構造によって配列されている。文法構造の簡単なものから難しいものへ，また使用頻度の高いものから低いものへと組み立てられている。このシラバスに基づく教科書は1課：現在形，2課：進行形，3課：3人称単数現在のように文法項目によって構成されており，従来の教科書はこのようなパターンのものが多かった。

2.3.2 場面シラバス（Situational Syllabuses）

　異なった状況や文脈のもとでは異なる言葉が話される一方，場面によってはある程度決まった言葉が話されるという考え方に基づき，このシラバスではパーティー，レストラン，ホテル，空港など学習者が行きそうな場面を想定し，それによって言語材料が配列されている。例えば，1課：At the airport，2課：In a bus，3課：At a hotel，4課：In a restaurant，5課：At a theater　など，旅行者として海外を訪れたという設定で，時間の流れに沿って場面が配列されているテキストは場面シラバスに従ったものである。

2.3.3 概念・機能シラバス（Notional-functional Syllabuses）

　コミュニケーション能力の育成が大切であるとの認識によって生まれたシラバスであるが，言語で行うことができる伝達目的（例：「謝罪」「助言」）を中心に言語材料が配列されている。中学校外国語科の学習指導要領では「言語の働き」という項目で取り扱われている。この考え方に従うテキストは，例えば1課：名前と出身地の紹介，2課：相手の情報を聞く，3課：友達の描写，4課：道を尋ねる，などと言葉によってどのような活動ができるのかという観点で作られている。

2.3.4 タスクシラバス（Task-based Syllabuses）

　言語を使わなければできないような様々なタスク（課題）を配列して作られているシラバスであるが，これも言葉によるコミュニケーション能力の育成を目指している。タスクの選定に関しては，予め学習者に彼らの望むことを尋ねる場合が多く，例えば，1課：就職の面接，2課：履歴書の書き方，

3課：ホテルから地下鉄の駅への行き方，など現実に遭遇する課題，または問題を取り上げ，それを解決するようにテキストが作られている。

その他に言語材料などだけではなく学習内容の習得に重点が置かれたコンテントシラバス（content-based syllabuses）や取り扱われるトピックやテーマを中心に作られた話題中心シラバス（topic/theme-based syllabuses）などがある。これらのシラバスはいくつかを合わせて複合シラバスとして使用したり，学習段階によって中心となるシラバスを変化させる総合シラバスとして用いたりと，柔軟に使われている。

文部科学省は小学校外国語活動及び外国語に関する研修が円滑に行われるように『小学校外国語活動・外国語研修ガイドブック』（文部科学省c, 2017）を作成した。その中で「小学校における外国語活動，外国語科のねらい・趣旨から，場面シラバス・機能シラバス・内容シラバス・話題シラバスの混在型が望ましい」(p.21)とし，混在型シラバスについては「「道案内」や「クイズ大会」のような場面を中心の単元が組まれていたり，「数」や「外来語」のような話題・題材を中心に組んだりした単元があるなどの様々なシラバスから構成されているものであり，児童にとっても，学習に飽きることなどなく集中できるように考えられているものである。」と説明している。表2-1は著者が5年生・6年生用の『We Can!』の内容を分析し，どのようなシラバスに基づいているのかを示したものである（タスク活動が含まれているユニットが多く，ここでは「タ」と表記している）。

2.4 授業活動

クラスには我慢することが苦手な子ども，自分の感情を出すことが苦手な子ども，大きな音に反応できない子ども等，様々な性格を持つ子どもがいる。彼等が安心して，また興味を持って活動できるように，教師はいろいろな授業活動を用意し，それらを適切に組み合わせて授業を作っていくことが大切

10　外国語教育の4つの領域である「聞くこと」「話すこと」「読むこと」「書くこと」の下位技能を適切な順で配列し，学習内容を決定する。(『小学校外国語活動研修ガイドブック』p. 22)

表2-1 『We Can!』に含まれているシラバス

5年	タイトル	シラバス	6年	タイトル	シラバス
Unit 1	自己紹介	機・タ	Unit 1	自己紹介	機能・タ
Unit 2	行事・誕生日	機・タ	Unit 2	日本の文化	機能・タ
Unit 3	学校生活・教科	話題・タ	Unit 3	人物紹介	文法
Unit 4	1日の生活	機能	Unit 4	自分たちの町	話題・タ
Unit 5	友達紹介	機能・タ	Unit 5	夏休みの思い出	話題・タ
Unit 6	行ってみたい国	話題	Unit 6	オリンピック	話題・タ
Unit 7	位置と場所	場面	Unit 7	小学校生活	話題・タ
Unit 8	料理・値段	場面・タ	Unit 8	将来の夢・職業	機能・タ
Unit 9	あこがれの人	話題・タ	Unit 9	中学校生活	話題・タ

である。Vale & Feunteun (1995) が紹介している活動の中から日本の英語教育で通常行われているものを選び，p.58の表2-2にまとめてみた。

Vale & Feunteun は，さらに活動を整理するため次のようなガイドラインを提示している。これは静と動のバランスの取れた授業を作る際大変役に立つものなので紹介する。

(1) Stimulate or excite pupils（生徒たちに刺激を与える）
(2) Quiet pupils（生徒たちを落ち着かせる）
(3) Encourage spoken communication（生徒たちの口頭によるやりとりを促す）
(4) Discourage spoken communication（生徒たちの口頭によるやりとりをすすめない）
(5) Encourage social interaction（生徒たち同士が交わるように仕向ける）
(6) Discourage social interaction（生徒たち同士が交わらないようにする）
(7) Dynamic activity（活動的な活動）
(8) Passive activity（受身的な活動）

例えば，TPR（Total Physical Response）などのaction gameを例にすると，これは生徒たちを興奮させるが，口頭のやり取りは要求しないし，子どもたち同士が交わることもなく，体を動かす能動的な活動なので，前述の指標番号の(1)，(4)，(6)，(7)が当てはまる。自分で授業プランを立てる時，または反省

表2-2　授業活動

	活動内容	活動に関するコメント
聞く・話すが中心の活動	listening to instructions（指示を聞く）	先生のClassroom English
	cutting, coloring and sticking（工作）	作業を通して自然に英語を聞く
	miming（マイム）	体を動かすことで，自然に英語を学ぶ。
	action game (TPR)（アクションゲーム）	
	listening to a story（お話を聞く）	豊富な英語を聞く。
	chanting or singing（チャンツまたは歌）	英語の音やリズムに慣れる。
	listening and repeating（聞いて復唱）	通常教室でよく行われる活動である。
	listening and responding（応答）	
	question and answer practice（質疑応答の練習）	
	role play（ロールプレイ）	役割を決めて会話など
活動形態	pair work（ペアワーク）	活動の種類によって，どの単位で練習するのがいいのか考え，実行する。
	group work（グループワーク）	
	team games（チーム対抗ゲーム）	
	relaxation（リラックス）	緩急をつけるためにも重要
	puzzles and board games（クイズやゲーム）	最も使われている活動
リタラシー活動	copying（書き写す）	現在の公立小学校の活動ではアルファベットの文字に親しむ程度以上の読み書き指導は基本的にはしないことになっているが，これから真剣に取り組まなければならない課題であろう。
	filling in blanks（空欄埋め）	
	sequencing sentences or pictures（文や絵の順番並べ）	
	dictation（ディクテーション）	
	silent or co-operative reading（一人もしくは協力して読む活動）	
	individual or co-operative writing（一人もしくは協力して書く活動）	
	setting homework（宿題の説明）	公立小学校では出さない。
評価	testing（テスト）・振り返りカード	スキルの評価はしない。

する時にこれらのガイドラインを使ってそれぞれの活動をチェックすると，授業活動に偏りがなかったかどうか調べることができる。

2.5　教室運営（Classroom Management）

　指導が効果的に行われるためには学習者の行動，言語活動等を教師がしっかり理解し，把握することが大切になってくる。私立小学校で英語の専科教

員が教える場合や民間の英語教室で英語を教える場合と比べ，担任が主たる指導者となる公立小学校での英語活動では，通常の担任による教室運営が特に大きな影響をもたらすであろう。公立小学校の英語活動は担任と外国語指導助手（Assistant Language Teacher: これ以降ALT）とのティーム・ティーチングが望ましいとされているが，このALTが授業をしやすいかどうかも学級担任の教室運営技術にかかっている。

　小学校教員は理論的にも，また実践においても教室運営に関しては多くの研鑽を積まれていると思うので，ここでは英語活動を行う上で役に立つと思われる教室運営技術について述べるが，最初に授業運営全体に関わる重要な事柄をVale & Feunteun（1995）から引用したい。表2-3にまとめているように，彼らは教師がコントロールできる要素とできない要素をしっかり見極めることが大切であると指摘している。自分がコントロールできる要素に関しては努力して変えていくべきであり，自分が変えることができない要素に関しては実態を正確に把握し，受け入れるしかない。重要なことはコントロールができない要素で悩み続けるために，コントロールできる要素を改善する力を失わないようにすることではないだろうか。実にこの見極めが重要であり，また同時に難しいところである。

　これ以降はVale & Feunteunの指摘（枠内）に私自身の経験を踏まえて，具体的に授業運営技術について述べる。

表2-3　教室運営にかかわる要素（Vale & Feunteun, 1995, p.100）

教師がコントロールできる要素	教師がコントロールできない要素
＊教室の机の並べ方	＊天気
＊授業内容	＊子どもがもっている天性の才能
＊授業の進め方，その速度	＊子どもがすでに持っている経験
＊教室での規則	＊クラスの人数
＊子どもたちの決定権（自主権）	＊クラスの設備
＊クラスでの公正さ	＊教室外の騒音
＊教師と生徒の相互間の尊重	＊子どもの家庭環境
＊グループ活動の活性化	＊指定されている教科書，教材

(1) 子どもの注意をひきつけ，静かにさせる方法

＊子どもたちの注意を喚起する方法を決めておく。(例：手を叩く，右手を上げる)
＊簡単なAction Gameをおこなう。
＊咳払いをしたり，手を組んで仁王立ちになってクラスを見渡したりする。
＊うるさくしている子に近づいて小さな声で話しかける。
＊「Silent（沈黙）」カードを作る。Silentと英語で書かれたものでも，絵が入ったものでもいいので，カードを作り，そのカードが出ると静かになることをみんなの約束にする。
＊先生自身が常に静かな声で話す。静かにさせようとして決して声を大きくしない。その代わりにうるさい子どもに目でコンタクトを取ったり，その子どもの名前を普通の声で呼んだりする。

ここで私が実際に行っている方法も紹介する。

① 右の人差し指だけを立てて，低い声で"Excuse me."と言って，クラスが静かになるまで腕を組んで待つ。

② これは韓国の先生の授業を見て取り入れているのだが，下のように先生が"One"と言って1回手を叩き，"Two"と言って2回手を叩くことを繰り返し，子どもはそれを真似る。

"One"（CLAP）
"Two"（CLAP, CLAP）
"One"（CLAP）
"Two"（CLAP, CLAP）

この繰り返しをリズムよく続けると，3〜4回程度繰り返すうちに自然に静かになる。

③ 低学年の児童に対しては，次のようにaction gameを行うことが多い。これは体をほぐしながら子ども達の集中力を高めていく良い方法であるが，1つの活動から次の活動へ移る時などに気分転換としてもよく使うテクニックである。

　1) 簡単な動作であるが，「stand up, jump, swim, fly, walk, run, sit down」のように一連の動作を指示する。

　2) またはすこしストーリー性をもたせ，「Now, you become a tiny, tiny

seed（ほら，小さな種になって）」と言ってしゃがんで小さくなり，「Let's grow higher, higher, and higher.（高く高く伸びるよ）」と言って少しずつ大きくなり，手足を伸ばし，「Now, relax（じゃあ，リラックスしよう）」と言って椅子に座らせる。

3) Clap your hands.（3回手拍子）。Stomp your feet.（3回足踏みをする）その後，Touch something（red, yellow, softなど）を下記のように繰り返す。

"Clap your hands."（CLAP, CLAP, CLAP）
"Stomp your feet."（Stomp, Stomp, Stomp）
"Touch something red."
"Clap your hands."（CLAP, CLAP, CLAP）
"Stomp your feet."（Stomp, Stomp, Stomp）
"Touch something soft."

子どもたちを静かに落ち着かせるには，上記のように約束事を決めて，先生は穏やかな普通の声で子どもに約束に従うように促すことが大切である。幼稚園や小学校低学年の授業を見学していると，子どもたちを静かにさせるため先生が「静かにしなさい」と大きな声で言っているクラスを見ることがある。私は，次に子どもたちがうるさくなる時は，「静かにしなさい」といった先生の声より大きな声が響くだろうと想像する。矛盾しているようだが，子どもたちを静かにさせるには穏やかに，静かに話す方が効果的である。

(2) クラス全体を落ち着かせる方法

＊心が落ち着くような音楽をかけて子どもに目を閉じさせて，先生が言う体の部分を「tense（緊張させる）」「relax（緩める）」を交互に繰り返させる。または深呼吸させる。
＊「melting snowman（雪だるま溶かし）」ゲームを行う。子どもたちは太陽にあたって溶けていく雪だるまを想像してゆっくりリラックスする。
＊今行っている活動を中止し，次の活動に移る。
＊2分間沈黙時間をとる。子どもたちにその間どのような音が聞こえてくるのか，よく聞くように指示をする。沈黙時間が過ぎると，自分のパートナーに聞いた音を説明するように指示を出す。

私もよく，目を閉じさせて，深呼吸をさせることで子どもたちの気持ちを

リラックスさせたり，反対に集中させたりする。私が見学した小学校1年生の授業では，先生がオルゴールを使って子どもたちをリラックスさせると同時に彼らの集中力を高めていた。多動児が混じる落ち着きのないクラスであったが，子どもたちはオルゴールが鳴るとたちまち静かに目を閉じて，指示されていないのに呼吸を整えていた。低学年の子どもの中には，自分の感情をコントロールできない子どももいる。時々，次々と活動が繰り広げられる英語の授業を見て疲れることがあるが，活動には緩急が必要で，集中するためにもリラックスする時間を取ることは大切である。

また，Vale & FeunteunはTime-out chairについて述べている。教室の隅のほうに特別な椅子を用意し，興奮しすぎたり，反対に活動についてこられない子どもをそこに座らせ，自分の気持ちが落ち着くまでそこにいるように指示を出す方法は，イギリスやアメリカの学校などでよく行われているようである。私も一時期試みたことがあるが，日本の子どもたちは集団から離されることを極端に嫌う傾向にあり，彼らは友達と離されることで不安とストレスを感じるようである。また他の子どもも仲間が気になるようで集中できなくなり，落ち着くどころか反って不安をあおり，あまり効果のあるものではなかった。決して罰として行っているわけではないと説明しても，彼らには罰を与えられたと受け取られたようで，私はこの方法は取らないことにした。

(3) 子どもたちに責任ある行動を取らせる方法

＊子どもと一緒にクラスでどのような行動をとるべきかを話し合い，みんなが賛成した規則を張り出す。この規則には先生も参加する。
＊子どもが上手にできたところに気づくこと。どんな小さなことでも，いいことをほめることで授業を妨害する子どもをケアする。その子どもの悪いところではなく，良いところをリストアップするように努力する。
＊クラスのルールを作り，子どもたちにそのポスターを描かせる。教室にそれを貼り，必要なときにはそのポスターを指して，ルールを思い出させる。時折ポスターは新しいものに変える。

教室の中で責任を持って行動ができるようになるためには，子どもたち自身がある程度成長することが必要である。子どもが責任のある行動を身につけるためには，時には叱ることも必要となる。叱ることはほめることよりも

難しく，より大きなエネルギーを必要とする。よく「他律から自律」と言われるが，まずは大人が正しい価値観を教えることが大切で，そうしなければ子どもは自分を律することはできない。子どものself-esteem（自尊感情）を傷つけることなく叱ることができるように教師自身も成長していくことが要求される。

　子どもの自律を促がすため，私は次の２つのことを彼等自身に確認させるようにしている。１つは，"What are you doing now?"「今何しているの？」であり，もう１つが"What are you supposed to do now?"「今何をしなければいけないの？」である。この２つに違いがあるのかを，子ども自身が気づくことが大切である。その違いに気づいて初めて子どもたちは自分の行動を律する必要性を感じる。教師は直接的に，また時には間接的に子どもたちを導くが，子どもにとってはより身近なクラスメイトからの導きも効果的である。

2.6　言語選択

　日本で英語を学ぶ場合，目標言語である英語の摂取量（exposure）は極端に少なく，それだけに教室内で先生がどちらの言語を使うのかが大きな問題になる。直接教授法（Direct Approach）のように授業は全て目標言語で行うというアプローチを取り，授業では日本語使用を禁止するべきだと考える指導者も多い。彼らは子どもが聞く英語が多ければ多いほど英語獲得が進むと信じている。もちろん，英語を身につけるにはたくさんの英語に接することが大切で，先生が教室内で話す英語は子どもたちの英語学習に大きな影響を与える。英語で授業の全てを行うとすると，クラス運営，しつけ，フィードバック，英語についての説明，授業に関係のない普通の会話等，つまりformal talkからinformal talkまでをこなす能力が必要となる。しかし，そのような力があり，英語でも十分授業ができる先生であっても，子どもの学びのために教室内でどちらの言語を使うべきか，考えてみる価値がある。子どもの学びという観点から彼らの学習を促すために果たしてどちらの言語を使うべきなのか。英語だけで行われる授業は子どもの学びにどのように役立っているのか，また英語獲得のために果たすことのできる日本語の役割とは何

であるのか，このセクションで考えていきたい。

　Cameron（2001）は，「授業内でできるだけ目標言語を使うべきであるが，子どもたちの言語学習を補助する第一言語の役目を忘れてはならない」（p.209）と指摘する。私もこの意見に賛成で，子どもの学びを促進させるために教師は常に子どもの第一言語（日本語）と第二言語（英語）のどちらを使用するのかを慎重に選ばなければいけない。具体的にはどのように英語と日本語を使っていけばいいのだろうか。授業中では，通常教師が最も多くの言葉を話すので，教室でどちらの言語を使うのかその決定権を持っているのは教師であり，教師が中心となって言語選択が行われる。教師が意識的に外国語(英語)を使い，常に英語を中心に授業を進めていくと子どもたちもそのような態度を育成していく。子どもの理解のために日本語で話すことがあったとしても，基本形は英語で授業を行うことであるというスタンスを明示することは大切である。子どもが日本語で話しかけてきても，英語で話し返す，そのような技術を身につけていくことも必要になるであろう。ここで少し，私自身の授業を分析した研究から得られたデータ[11]を使いながら，英語教室における日本語の役割について具体的に見ていきたい。

(1)　子どもとの信頼関係を築くための日本語使用

　子どもは英語力の不足から日本語で自分の意見を述べることが多い。英語の理解が進む小学校中学年以上であれば，私は英語で応答するが，幼児や低学年の子どもであると，彼らとの信頼関係を築くために日本語で対応することが多くなる。彼らが自分の思いや考えを率直に発言できるように，日本語でサポートすることもある。彼らをよりよく理解するため，また彼らが私と連帯感を感じることができるように日本語を使用している。そのため授業を始めて最初の数か月は日本語での応答が多くなるが，子どもにとっては，自分の思いを素直に話し，それを十分に聞いてもらうことで，教室が安心できる場所になっていく。

---

[11]　著者の5歳児を対象とした授業を1年間にわたり収録，録音したデータを分析した研究「EFL環境における（日本人）英語教師の言語選択について」（石川優，2007）を参考にしている。

(2) ユーモアもしくは打ち解けた話をするための日本語使用

　私は日本語の機能ではこれが一番大切だと考えている。日本語でのユーモアやジョークが緊張感をほぐし，授業全体の流れをスムーズにしてくれることが多くある。

(3) 子どもに注意するときの日本語使用

　英語でもトーンを変えたり，声のボリュームを調整したりすると十分に感情は伝わる。騒がしい子どもを制する程度であれば英語で行うことは可能であるが，それ以上に不都合なことが起こった時は日本語を使うことにしている。特に相手が年少の子どもの場合，授業態度や社会的なルールを教える必要性が高まるので，日本語での指導の方が効果的な時が増える。

(4) 理解を確認するときの日本語使用

　効果的に授業を進めるためには子どもが授業の内容，また，指示を理解しているのかを常に確認する必要がある。通常，活動の仕方等については絵などを使用して英語で説明し，多くの場合は日本語を使用する必要はない。しかし，幼稚園児や低学年の児童を対象とする場合は，時折日本語でも確認をすることにしている。ただその確認の仕方は英語で言った指示を訳すのではなく，「今先生はなんて言ったのか，日本語でいいのでまとめてください」という指示を出し，子どもが自分の言葉でまとめていくという活動にする。このようにすることで，子どもの日本語の表現力を育成することもできる。

(5) 英語についての説明のための日本語使用

　年少の子どもに対しては，発音や語彙を中心に日本語と英語の違いを説明する時に日本語を使用することがあるが，その頻度は低い。この機能で日本語を使用するのは，主に言語に対して意識が高まりメタ言語も理解できるような小学校の高学年の子どもに対してである。説明する全てをその段階で理解させる必要はないが，英語と日本語の違い，または単語の由来を話す等，彼らの学習がさらに深まるために必要な情報の整理や追加を日本語で行う。

(6) 学習について話をするための日本語使用

　これも高学年の子どもが対象であるが，どのように英語を学ぶべきか，または学びたいのか，または英語を学ぶことがどのような意味を持つのかなどを子どもと話す時に日本語を使用する。特に彼らが今やっていることが中学

校以降の英語の学習とどのように関連しているのかを意識的に伝えることで，彼らの学習動機を高めることができる。

　英語の授業での言語選択は非常に大切な問題で，そのつど教師はどちらの言語を使用するのか十分に意識して使用しなければならない。基本的には英語で大量のインプットを与えることは重要で，それは私たち教師の役目である。しかし，同時に子どもたちの学びを中心に考えると日本語が大きな役割を果たしていることにも気づくはずである。どちらの言語をいつ使用するのか，私たち言語教師は常に意識的に適切な判断を下すことができるように，子どもたちの学習状況をしっかり把握しておく必要がある。

<Glossary>
マッピング：ある情報に対して他の情報を対応付け，情報をまとめていく。様々な分野で使われているが，この章ではカリキュラムを作成する際，中心にテーマを置き，それに関連する活動を位置付けていく作業を指す。

<Discussion>
＊授業で使用されている英語の教科書がどのようなシラバスで組み立てられているのか話し合いなさい。
＊図2-3を参考に，適当なテーマを選び，それを中心としたカリキュラムを作りなさい。

Further Reading 1 （理論解説1）
1．Multiple Intelligences（複合的知性論）

　ハワード・ガードナー[12]（Howard Gardner）は知能を「An intelligence is an ability to solve a problem or to fashion a product which is valued in one or more cultural settings.（知能は問題を解決する能力であり，1つもしくは複数の文化的環境において評価される結果を生み出す能力である）」(Gardner, 1995, p.85)[13]と定義している。ガードナーは知能と呼ばれる能力があたかもすでに存在し，それを正確に測ることが心理学者の務めであるという従来の考え方に疑問を持ち，知能は文化的な相対性を有し，文化的な文脈の中で定義されなければならないものであると考えている。例えばガードナーがよく引用する例であるが，南太平洋で星座や潮の微妙な流れなどを手がかりに何百，何千もの島々を自由自在に駆け巡る船乗りの持つ知能は，いわゆる標準化された知能テストで測れるものではないが，確かに優れた能力である。
　ガードナーはある才能は異常に秀でているが他は通常である子どもたち，

12　Howard Gardner (1943-) ハーバード大学教授。
13　Fogarty & Bellanca (1995) の中のHoward Gardner自身が書いた論文 The theory of multiple intelligences より引用。

またはある能力は失っているが，他は正常である大人たちとの出会いから，私たちの知能は既に定まっている大きな1つのもの（一般因子G)[14]ではなく，下に述べる8つ（発表当初は7つ）の複合的な知能から成り立っていると考えた。[15]

①Linguistic intelligence（言語知能）
　話し言葉や書き言葉に敏感で，目的を達成するために言葉を使いこなせる能力をさす。言葉を使って自分自身をうまく表現し，情報を記憶するための手段として効果的に言葉を操る能力でもある。作家，弁護士，詩人などがこの能力に優れた人になる。

②Logical mathematical intelligence（論理的・数学的知能）
　問題を論理的に分析し，それに対して数学的な処理を行い，科学的に課題を研究する力である。パターンを読み取り，演繹的に理由を考え，論理的に思考ができる力をさす。科学者や数学者はこれらの能力に優れた人たちである。

③Musical intelligence（音楽的知能）
　音楽的なパターンを作り，演奏でき，また鑑賞できる力で，音楽的なピッチ，トーン，そしてリズムを認識でき，作り上げることができる力である。ガードナーはこの知能は言語知能とほとんど構造的に似たものだと考えた。

④Spatial intelligence（空間認識知能）
　空間に存在するパターンを認識し，それを使いこなせる潜在力をさす。前述の南太平洋の船乗りなどはこの知能が優れていることになる。

⑤Bodily kinesthetic intelligence（身体的・運動感覚的知能）
　自分の体全部，もしくは一部を使って問題を解決しようとする潜在力であり，体のそれぞれの動きをうまく調整して動かす知能をさす。

⑥Interpersonal intelligence（対人に関する知能）
　他者を理解し，関係を築くことができる知能であるが，他の人が持ってい

14　知能の構造については「知能活動に共通して働く一般因子（General Factor, Gと命名される）があるという一般因子説と，「知能は個々の活動についてのみ働く特殊因子（Specific Factor）から構成されている」という多因子説がある。
15　http://www.infed.org/thinkers/gardner.htmより。

る意図，動機，望みなどを理解できる力である。これによって人は他の人たちと効率的に働くことができる。教育者，宗教または政治のリーダー，カウンセラーなどはこの知能が必要である。

⑦Intrapersonal intelligence（自己に関する知能）

自分自身のことをよく理解し，自分が持っている感情，恐れ，動機などを大切に考える力である。⑥と⑦の能力をあわせてpersonal intelligencesとも呼ばれ，多くの文化の中ではこの2つの知能はとても密接に動いているが，ガードナーはあえてこの2つは分けて考えるべきだと主張している。

⑧Naturalist intelligence（自然に関する知能）

この知能は後に付け加えられたものであるが，自然の中に存在する特徴に気づき，それらを分類できる能力をさす。例えば森の中などで足跡からいつ動物がそこを通過し，またどのような状態だったのかが読めるような力を持つ人がいるが，そのような能力をさす。

知能を複合的に捉えているのはガードナーだけではないが，彼は他の学者の理論と比べ，自分の理論は次の3つの点で異なると主張している。

● いわゆる知能を測るペーパーテストの結果から多因子説をとったのではなく，彼が長年関わってきた脳と言語の研究データから導き出したものであり，そこには生物学的な基盤がある。

● それぞれの知能が独自の開花期，最盛期，減退期をもち，成長していくものであると考えた。

● 異なる文化，環境において知能がどのように成長しいくのか，知能の現実化における文化の役割について言及している。

上記の8つの知能は別々に働くのではなく，人が技能を獲得したり，問題を解決したりするときにお互いを補い合い同時に使われると考えられている。

2．Multiple Intelligencesと教育

ガードナーのMI理論は心理学関係の研究者もしくは学会ではまだ反駁も多く，認めていない学者もいるが，教育学界および教師には大変肯定的に迎えられた。この理論によって，教師たちは自分たちの日々の体験に意味を見出すことができた。つまり，熱心な教師たちは様々な能力をもち，また様々な要求をする子どもたちに対応するためいろいろな教授法，教材を用意，授

業に臨む。MI理論はこのような現場の教師たちの活動を理論的にバックアップするものである。またカリキュラムの評価，教育的な実践の評価の枠組みとしてもこの理論が大変有効であると現場の教師たちは考えている。

通常学校教育においては言語知能と数学的知能が高く評価されるが，そのような傾向に対し，ガードナーがMI理論で紹介したこれら8つの知能は，授業内でもそれぞれ同等に取り扱われ，尊重されるべきだと考える教師が増えてきた。MI理論を信じる教師たちは，音楽活動，美術活動，共同学習，ロールプレイ，課外学習，メディア学習など幅広い方法で授業を展開するように自らの改革に取り組み始めている。

MI理論に従った授業は，従来の縦割り授業の形態ではなくプロジェクト授業といわれ，あるトピックにあわせていろいろな活動を用意する。英語教育にもそのような考え方を導入することは可能であり，下記の例が示すように1つのテーマ（ここではくも［蜘蛛］）に合わせて，言語的な課題（task），数学的な課題，音楽的な課題，芸術的な課題（工作課題），体を動かす課題などで授業を構成していくことができる。このようなトピックもしくはテーマを中心に展開させる授業は，従来の英語のクラスと違い，異なる知能をもつ子どもたちに，より適合したものになる。これからの小学校での英語活動，および中学校，高等学校での英語の授業でも，このようなテーマを中心にした授業作りは注目を浴びていくのではないだろうか。

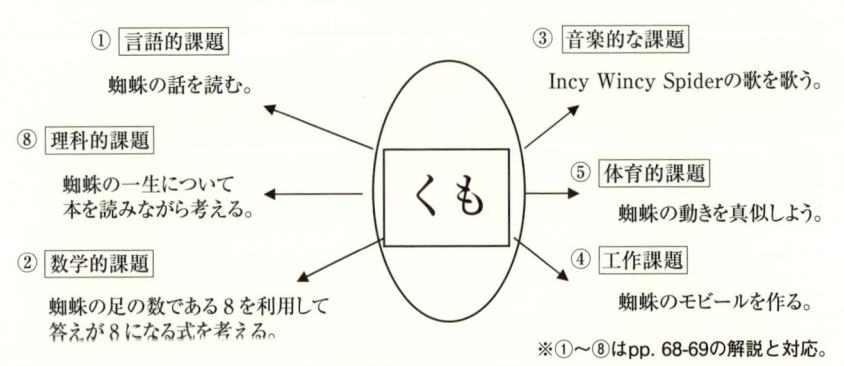

① 言語的課題
蜘蛛の話を読む。

⑧ 理科的課題
蜘蛛の一生について本を読みながら考える。

② 数学的課題
蜘蛛の足の数である8を利用して答えが8になる式を考える。

③ 音楽的な課題
Incy Wincy Spiderの歌を歌う。

⑤ 体育的課題
蜘蛛の動きを真似しよう。

④ 工作課題
蜘蛛のモビールを作る。

※①〜⑧はpp. 68-69の解説と対応。

図：MI的なレッスンプラン

第 3 章

コミュニケーション活動としてのリスニングとスピーキング

＋活動編

第2章では英語教授法やシラバスなど，カリキュラムやレッスンプランを作成する上で必要な理念について見てきたが，本章と次章ではそのような理念のもと，具体的に言語技能を伸ばす指導法や教材について考えてみたい。

　この章ではリスニングとスピーキングという音声に関わる言語スキルの発達と指導について述べていくが，初めにリスニングとスピーキングをどのように扱うのかを説明したい。なぜならば音声言語に関わるスキルをどのように解釈するかでその指導法，評価法等が変わってくるからである。

　英語教育では，リスニングは受動的なスキル（passive skills）で，スピーキングは能動的なスキル（active skills）と考えられていた時代がある。しかしリスニングは決して受動的な技能ではなく，話されていることに関して自分の経験や体験を基に，考えながら聞くという活動的な技能であると考え直されるようになり，リスニングを受容的スキル（receptive skills），スピーキングを生産的スキル（productive skills）というようになった。しかし，これでもまだコミュニケーション活動としてのリスニング，スピーキングの説明にはなっていない。

　第2章でも述べたように，現在の英語教育の目的は学習者がコミュニケーションの道具として英語を獲得することにある。コミュニケーション活動としてリスニングとスピーキングの役割を考えると，この2つの技能には相互性があり，別々のものではないことに気づく。つまり，話し手は次の瞬間に聞き手に変わり，反対に聞き手は話し手になる。このように話し手と聞き手がその役割を自由に交換しながらメッセージのやり取りを行い，二人の協働作業を通して意味が作られていく。一人の人がリスニングとスピーキングを交互に行うのだから，今までのようにリスニングだけ，またはスピーキングだけを教えるという指導法は実際の言葉の使用を考えると不自然であることがよくわかる。この章ではリスニングとスピーキングをそれぞれ補完し合う技能として関連付けて考えていく。まずはリスニング能力とスピーキング能力が第一言語，第二言語でどのように発達するのかをみていくことにする。

3.1　第一言語習得における音声言語の発達

　第一言語，第二言語に拘わらず，子どもは通常音声を通して言葉を学んで

いく。ここで第一言語習得における音声言語の獲得について見ていくことにする。幼児，小学生を対象に英語を教える場合，彼らの日本語がどのように発達していくのか，また日本語ではどのくらい表現できるのかを把握することはとても大切である。

3.1.1 前言語期

　通常母語においては，音声言語の獲得は生まれる前から始まるといわれている。ヒトの聴覚は誕生前から発達しており，8か月の胎児は母親のお腹の中ですでに外界の刺激を認識し，聴覚感受性を備えている（正高，2001）。音声の発達については，産声を上げて肺呼吸を始めた子どもは最初の1か月近くはコミュニケーションの道具として泣く，叫ぶという叫喚音を使い，クーイングと呼ばれる鳩音や，またはガーグリングというのどを鳴らす喉音も出す。1か月ぐらい過ぎると機嫌の良い時などに喃語と呼ばれる意味のない発声音を出すようになる。最初は母音が中心だが，子音も加わり，半年もすると母音と子音の構成がはっきり聞き取れる「規準喃語（canonical babbling）」

表1　前言語期における特徴的な子どもの発達（内田，2002, 正高，2003,など参照）

	音声	認識	コミュニケーション	身体発達
誕生	産声・泣き声・叫び			反射
3〜4か月	クーイング・ガーグリング 「独語的喃語」と「社会的喃語」の分化が始まる	人の表情を読み取る 「対象の概念」の形成 隠された物には反応なし	自発的微笑 社会的微笑	首がすわる
5か月				物を握る
6か月 8か月	規準喃語 ジャーゴンを発する	モノを持ち上げては下ろす 隠された物を探す	共同注視 社会的参照 指差し	一人で座る 這う つかみ歩き
9か月		「社会的自己」 「対象の永続性」の認識	「3項関係」の確立	指でつかむ
10か月			自発的模倣	伝い歩き
12〜15か月	1語文	わざと物を落としてみる		歩行開始

を発するようになる。また3か月ごろになると発声遊びとしての「独語的な喃語」と人の前で発する「社会的な喃語」の違いが出てきて，コミュニケーションの意図が感じられる。8か月以降の子どもは，母語の特徴をもつ音声パターンが含まれるジャーゴン（jargon）を話すようになる。これは言葉としては何も意味を持たないが，子どもは音調パターンをうまく真似ているので，あたかも言葉を話しているかのように聞こえる。このように乳児は発声器官の発達とともに徐々に言語を音声化できるように準備を整えている。

　言語能力の発現は，調音器官の発達のみでなく認知の発達，身体の発達，そして社会性の発達がともなって初めて可能になる。次にそれぞれの基本的な発達の特徴を示した。個人差はあるものの発達の進み方は言語，文化を超えて同様のものである。

3.1.2　初語から複語文へ

　子どもは通常10か月から13か月の間に最初の言葉（初語）を発する。発声器官も未成熟なため発音は明瞭でなく，喃語との区別は難しいが，子どもはある物を指すのに一貫した音の連続を使うようになる。初語の多くは子音―母音の連続で，親もその限界を知っているので語りかけには，ブーブー（車），ワンワン（犬），tum-tum（英語のおなか意味するtummy）など省略形を使う。文化の違いを超え，初語にでるのは子どもにとって大切な人や物，または動作である。

　その後18か月～24か月になると，子どもは2つの言葉を合わせた文（2語文）を使用するようになる。英語ではBird gone（鳥がいっちゃった）や日本語では「アメ，チョーダイ」のような言葉を話すようになる。英語圏の子どもたちはおよそ18か月（1歳半）～24か月（2歳）頃まで，1週間に10～20の単語を覚えるという驚異的な語彙増加期（naming explosion）を迎え，6歳には10,000語を理解できるということである。これから計算すると子どもたちは，1歳～6歳まで毎日5つずつ新しい言葉を覚えていることになる。そうして2歳を過ぎるころには3～4語を合わせた複語文（multiple word sentence）を話すようになる（Keenan, 2002）。

3.1.3 小学校段階の子どもの音声言語——ディスコースの発達

　小学校に入る頃には子どもたちの音声言語もかなり発達しているが，大人の聞く・話す能力と比べると十分に発達しているとは言えない。Cameron (2001) は様々な第一言語習得に関する研究を引用し，子ども達の音声言語がまだ未熟であることを指摘している。例えば，7歳までの子どもは相手の言っていることが理解できない場合，相手の言い方が悪いとか，話の内容が適当なものではないと考えず，自分に聞き取り能力が足りないと考える。10歳，11歳の子どもでも，話が理解できない時に相手に対して「もっと明確に言ってほしい」などと要求することはめったにないとしている。

　また，話し手としても子どもたちの能力は未熟で，5歳から10歳の子どもは相手に合わせて話すことが苦手である。彼らは出来事を時間軸に沿って話すとか，筋道を立てて話す，また原因と結果について述べるなども十分にはできない。言語を使って自分の思いや感情をうまく伝えるように訓練をしても，8歳までの子どもには効果がないとの指摘もある。これはピアジェが説く前操作期の特徴であるEgocentrism（自己中心性），つまり認知的にまだ相手の立場に立って物事を考えることができないという発達の特徴によるのかもしれない。ピアジェの発達に関する理論については章末に載せているので参考にしていただきたい。

　英語を母語とする子どもたちの音声言語の発達についてCameron (2001) は次のように書いている。「11歳の子どもでもwhose や前置詞と関係代名詞（例：in which）で始まる関係節を使わないとPerera (1984) は報告している。…子どもたちは原因と結果のように論理的な関係を表す言葉を使うのも難しいようで，11歳を過ぎてやっとbutやyetを含めた逆接の等位接続詞を十分に使いこなせるようになり，15歳の子でもalthoughやunlessが含まれる文を使うのは難しい」。(p.12)

　以上のように小学校に入学した後も子ども達は音声言語を発達させていくが，ここでその発達を支える言語環境について少し見ていきたい。なぜなら第一言語習得を支えている次に述べる3点は第二言語習得においても同様の役割を持つと考えられるからである。

3.1.4 音声言語の発達を支えるもの

(1) 意味のある文脈の中で

言語は，言葉が使われている実際の状況において，つまり意味のある文脈の中で獲得される。例えば犬に興味を示している子どもに対して大人は「これは犬です」「言ってごらん。これは犬です」というように言葉を教えようとするよりも「マー君，ワンワンだね。大きいね〜。ホラ，しっぽがふさふさしているね。かわいいね。こんにちはって言ってみようか」など1つの実物（ここでは「犬（ワンワン）」）に関し，多くの言葉の投げかけをしている。このような豊かな言葉の提供が子どもの言葉を育てていく。

言語障害を持つ子どもたちを長年治療されていたスピーチセラピストの先生が，ある日，「ある言葉を教えようとしてその言葉ばかりを繰り返してもだめ。その言葉の説明をしたり，文脈の中で使ったりして，初めて子どもたちは言葉を知るきっかけができる。もちろんその語りかけで使った全ての言葉を子どもたちが理解し，覚えてくれるわけではないけれど，意味のある文脈を成り立たせるために必要な言葉なんだね。これを私は「捨語」と呼んでいるんだ」と言われたことがある。言葉を育てるためには，文脈の中でその言葉を提示することが不可欠の条件であるという重要な指摘であり，英語教育にも通じるものである。

(2) マザーリーズ（Motherese, 母親語）

子どもは豊かな文脈の中で言葉に触れていくが，言葉を提供している親，特に母親の言葉には特徴がある。それはマザーリーズ（母親語）と呼ばれ，2章でも述べたが，次のような特徴を持つ。

①ゆっくり，はっきりと感情をこめて話すため，音調が上下に大きく変化し，大げさなイントネーションも含まれる。
②ポーズの回数が多く，またその間も長く，同じ言葉の繰り返しも多い。
③擬態語の使用が多い（特に日本語では多い）。
④語彙は少なく，従属節を使わず，疑問文，命令文が多い。
⑤ジェスチャーが多い。
⑥子どものレベルに合わせて語彙や文法などを調整している。

このように，母親語は音声に関しては，抑揚が豊かでゆっくりとした，優

しげで独特な話し方である。このような言語が子どもの言語発達を促しているのは明らかである。第二言語教育においては，このようなマザーリーズ的な音声を与えるのが教員の役目となる。子ども達の年齢が低ければ低いほど，マザーリーズ的な音声特徴を持つ言語による語りかけは子どもの第二言語発達に効果的に働くであろう。

(3) 言葉遊び

　子どもの言語発達を促す環境要因（文脈，母親語）を見てきたが，子どもは自分の言葉を育てていく上で何か特別なことをしているのだろうか。それともただ聞いているだけで，話せるようになるのだろうか。回りの大人たちとの交わり，また子どもたち同士の交わりの中から彼らはたくさんの言葉に触れていくが，自分でも話す練習をしているようである。彼らは言葉を遊び道具にして楽しみながら習得しているように思われる。

　幼稚園児や小学校の低学年の子どもたちが仲間同士で話したり，または独り言を言ったりする時に，話し言葉がいつのまにか歌に変わっているのを聞いたことがないだろうか。私は，5歳の女の子が「今日は，パパはいない，今日はママもいない，いるのはジージだけ」と2拍子で歌っているのを聞いて感心したことがある。子どもは話し言葉を発達させる中で，音声パターンに興味をもち，それを遊び道具にして即興曲を作っていく。乳児期において言語の始まりと歌の始まりは密接な関係にあるが，梅本（1999）は人間の本性を「言葉をもった二足歩行の動物」であると定義し，「言葉の遊び」としての「歌」と「歩行の遊び」としての「踊り」が，人間の本性と最も密接に結びついた遊びの活動であると述べている。子どもにとっては自分の声自体が遊びの対象になり，イントネーションやリズムをうまく使って言葉を遊びの道具として，遊びを通して言葉を成長させている。

　大人の第二言語学習者にはこの言葉遊びという現象はあまり見られないが，子どもの学習者の場合，数少ない英語のインプットから言葉遊びをしているのを聞いたことがある。例えば，『3匹のコブタ』の話をし，狼とコブタの掛け合いのところでコブタの台詞として "Not by the hair on my chiny-chin-chin." を教えた直後，3年生の男の子が「先生グロテスクなバージョンを考えたよ」と言って "Not by the hair on my guillotine-tine." と自分のバー

ジョンを教えてくれた。また，教室でよく "May I borrow an eraser?" とか "May I borrow your scissors?" などと言っていると "May I borrow ぽろかさ?" と子どもから返ってきた。子どもはやはり言葉と遊ぶ天才である。

3.2 第二言語習得における音声言語の発達

英語を母語としない子どもは，どのように英語を獲得していくのであろうか。まずは，英語圏で英語を学習している（English as a Second Language: ESL）子どもの音声言語の発達について見てみる。Tabors and Snow (1994) はヒスパニック（アメリカに住みスペイン語を母語とする人）の子どもたちの音声言語の発達を 1. Home Language Use（母語使用期），2. The Nonverbal Period（非言語期），3. Telegraphic and Formulaic Speech（電報文と定型表現），そして 4. Productive Language Use（産出期）という4つの連続する段階に分けて説明している（表2参照）。もちろん発達には個人差もあり，Tabors and Snowはこれがどの子どもにも当てはまるというものではないとしているが，第一言語の発達と類似しており，改めて言語習得における文脈の大切さを教えてくれるものである。

表2 第二言語習得の過程

	段階	特徴
1	母語使用期	母語が通じない環境でも母語でコミュニケーションを取ろうとする。
2	非言語期	母語が通じないと理解し，話すことをやめる。言葉を使わず活動に参加する。この時期の子どもに特徴的な行動として，目標言語の母語話者に近づき，熱心に言葉の使い方を見ている "Spectating"（観察）とコミュニケーションは取れないが，言葉を発声し，話す準備をしているような "Rehearsing"（リハーサル）がある。
3	電報文と定型表現	第一言語習得でも見られる複語文のように内容語だけの文やチャンクで覚えた定型表現を使う。これらによって子ども達はネイティブの子どもたちと交わることができる。
4	産出期	チャンク表現から正しい文法規則，また言語システムを理解し，発話し始める。

一方日本における子どもたちの英語の音声言語発達を考えてみると，英語の母語話者やESL学習者に見られるように自然発生的なものではなく，教え

られた言語項目を発話しているのがほとんどである。つまり，使用しているテキストや教材に出てきた単語や表現などを覚えて言っているだけの活動が多い。しかし，どのようなテキストや教材を使おうとも，最も大切なことは子どもたちが「意味のある文脈（meaningful context）」の中で言葉に接することができているかどうかである。意味のない，文脈のないやり取りの中では言語は発達しない。話したいメッセージがあり，聞きたいメッセージがあるところで言葉は育っていく。

　しかし，ここが外国語教育の難しいところで，母語である日本語では十分な文脈の中で子どもに言葉を提供することができるが，英語となると文脈から切り離された形で言葉だけが教えられる場合が多くなる。ややもすると母語で得られた知識を転用し，訳を教えるだけに終わる授業を見ることもある。クラスの活動が子どもたちにとって「意味のある文脈」を作るものでなければいけない。第2章で紹介した「コンテントを中心にした授業」，「活動中心の授業」，また「ストーリー中心の授業」，これらに共通するのは言葉が「生きた文脈」の中で提供されるということであり，これらの授業では言語教育に最も必要な条件である「文脈」が整備されるのである。

3.3　リスニング指導

　リスニングとスピーキングは連動して成長する力ではあるが，母語話者やESL学習者の音声言語の発達をみてもわかるように，自発的なスピーキング力を養うには大変時間がかかる。ここでは，顕在化されていないが，潜在的に育っているスピーキング能力のことも考慮に入れつつ，リスニングの力を伸ばすための指導法について述べる。実際の教材については実践編で紹介する。

3.3.1　Total Physical Response（全身反応教授法）

　第2章で，第二言語のみを使った教授法であるDirect Approachの1つとして触れたTotal Physical Responseは，通常TPRと略して呼ばれ，全身反応教授法と訳されている。児童英語教育ではよく使われる指導法であるが，アメリカの応用言語学者アッシャー（Asher）によって開発された。その基本

的な考えは外国語学習の初期段階においては，リスニング技能を伸ばすことに集中するが，リスニングだけではなく体を同時に動かすことで学習効果を上げようというものである。体を動かすことで緊張がとけ，仲間同士で積極的に関わり合いながら英語を学習する。

　教師は命令や指示の形で目標言語（英語）を導入し，子どもは指示が解れば体で反応していくというものである。基本的には口頭で反応することは求めず，体を動かすことだけを要求するので，学習者の精神的な負担が軽減される。低学年の子どもの場合は，要求しなくても指示語を繰り返すことが多いが，そのような場合は繰り返しが彼らの負担にならないのであれば，口頭反応を含めて体を動かす方法を取ってもよい。体を動かすことを喜ぶ年齢（約3～7歳）の子どもにとっては，「jump」，「walk」，「run」などの動作を続けていくだけでも楽しい活動になり，授業が活性化する。

　また，TPRを通して教室でよく使う指示語を教えておくと，後に英語で授業をスムーズに行うことができる。次にそれらの例をあげておく。

Stand up, please.	Sit down, please.
Listen to (　　　), please.	Raise your hand.
Look at (　　　).	Point to (　　　).
Go to (　　　).	Open (　　　).
Close (　　　).	Pick up your pencil.
Put your pencil down.	Put your hands on your (　　　).
Make a line.	Make a group of (　　　).
Make a circle.	Count (　　　).
Draw a line.	Draw a circle.
Cross out (　　　).	Erase (　　　).
Draw a line under (　　　).	Color (　　　).
Write your name.	Draw a circle around (　　　).
Touch something red (yellow, blue, purple....)	
Write "cat" on your notebook.	

　学年が進むにつれてただ体を動かすだけの活動は減少していき，上記のような先生の指示Classroom Englishによって動作が促されるようになる場合

が多い。

3.3.2 Classroom English (教室英語)

　Classroom Englishとは教室でよく使われる英語の表現を集めたものであるが，下記がその代表的なものである。文部科学省が作成した『研修ガイドブック』(文部科学省，2009)には「クラスルーム・イングリッシュは，児童のリスニング能力を飛躍的に向上させるというものではなく，外国語活動の雰囲気づくりとしての意味合いが強い。また多用することにより，児童が一生懸命に教師の英語を聞こうとする態度を引き出すことになる。指導者（日本人の教師）も英語を使うよいモデルとして，児童の前でできるだけ英語を使うように努力したいものである」(p.86)と書かれている。
　以下に代表的な表現を挙げる。

〈あいさつ〉

Good morning.　　　　Hello, everyone.　　　　It's time for English class.
（おはよう）　　　　　（みんな，こんにちは）　（英語の授業です。）
Is everybody here?
（みんないますか？）

〈授業開始〉

Stand up.　　　　　　Go back to your seat.　　Sit up straight.
（立ちなさい）　　　　（自分の椅子に戻りなさい）（まっすぐ座りなさい）
Are you ready?　　　　Let's begin.
（準備はいい？）　　　（初めましょう）

〈ほめる〉

That's right.　　　　Good!　　　　Excellent!　　　　You did a good job.
（その通り）　　　　（いいですね）（素晴らしい）　　（良いできです）
Congratulations!　　　Super!
（おめでとう）　　　　（すごい！）
You're getting better.　You're doing fine.
（うまくなってるね）　（上手ですよ）

Let's give (him/her) a big hand.
(～さんに拍手！)

〈励ます〉

Don't give up.　　　Don't worry.　　　It's OK to make mistakes.
(あきらめないで)　(心配しないで)　　(間違ってもいいよ)

Close!　　　　Almost!　　　　Start over.
(惜しい)　　(あともう少し)　(やり直し)

〈ゲーム活動〉

Line up.　　　　Make two lines.　　　　Make four teams.
(並びなさい)　(2列に並びなさい)　　(4つのチームを作りなさい)

Make a group of five.　　　Sit in a circle.
(5人のグループになりなさい)(円になって座りなさい)

Face each other.　　　　Walk around and find a partner.
(お互いに顔を見て)　　(歩き回って相手を見つけてください)

Move forward.　　　　Come to the center.
(前に動きなさい)　　(真ん中に来なさい)

　英語で授業をするために，上記のような典型的な表現を覚えることも最初のうちは効果的であるが，子どもたちに「生きた文脈の中」で英語を提供していくためにはそのような Classroom English だけでは足りない。つまり先生が Classroom English を勉強したからといって，教室で英語を使う力がつくことを保証してくれるものではない。また実際のクラスでは先生自身の英語力を上げない限り，決まり文句を覚えていても対処できないことが多くある。第2章の言葉の選択のところでも述べたように英語で授業をするには，英語についての説明（発言の仕方や単語の説明等），英語での活動，クラス経営，しつけ，フィードバック，授業に関係のない冗談やユーモアなど，これら全てをこなす英語力が必要となる。基本的な英語力をあげるとともに，英語で授業ができるように総体的に英語運用能力を上げる必要がある。

3.3.3 リスニングクイズ

英語に慣れ，ある程度の単語や文型を理解している子どもに英語のクイズ等をすることでリスニング力を高めることができる。小学校現場では次のような「ヒントゲーム」などがよく行われ，子どもにも人気がある。
〈例〉
Hint Game

①What is this animal?　　　　　1．It is very big.
　　　　　　　　　　　　　　　　2．It is strong.
　　　　　　　　　　　　　　　　3．It is gray.

②Who is this?　　　　　　　　　1．This is a woman.
　　　　　　　　　　　　　　　　2．She is Japanese.
　　　　　　　　　　　　　　　　3．She is a young singer.
　　　　　　　　　　　　　　　　4．She sings "……"

Quiz
③What number comes before 10?　答：9
　Who is Tara-chan's mother?　　　答：サザエさん

　それぞれのクイズに文脈などはないが，既習項目の復習として，活動の合間，または授業初めのウォームアップなど時間のある時に活用できる。簡単なクイズからストーリーを取り入れたものまで，具体的な例を実践編にまとめて載せている。

3.3.4 ストーリーテリング (Storytelling)

　最近では小学校の国語教育においても「読み聞かせ」は重要な項目になっているが，第2章でも述べたように「意味のある文脈の中で」言葉を教えるという観点からすれば，第二言語習得においても物語は優れた教材である。しかし，ストーリーテリングを成功させるためには次のような点に気をつけるべきであろう。
　①子どもが集中して「お話」を聞くことができるような環境を確保する。

② 「お話」の前に長すぎる説明は避ける。
③ 「お話」を中断して，横道にそれないようにする。
④ 「お話」を終えたときには少し余韻を残し，すぐに次の活動を始めない。
⑤ 自分が好きな「お話」を選ぶ。

ここでは，ストーリーを使ってリスニング力を高める方法として，私がよく使っている (1) TPR Storyと (2) Open Ending Storyという方法を紹介しよう。

3.3.4.1 TPR Story

これは先ほど述べたTPRとストーリーを合わせたもので，話に合わせて体を動かし，ジェスチャーで話を表現していくものである。一方ではトピックに合わせて数種類の動作を続けて行う観点から，Theme-Based TPR, またはTopic-Based TPRとも呼ばれる。例えば朝起きてから学校にでかけるまでというテーマで次のような動詞を続けて1つの流れを作ることができる。

〈例1〉　　　　　　　　　　話として

get up,	Eri gets up early this morning.
get dressed,	She gets dressed.
wash (your) face,	She washes her face (in the bathroom).
eat breakfast,	She eats breakfast.
brush (your) teeth/hair,	She brushes her teeth and hair.
go to school	She goes to school.

または「お弁当を食べる」というテーマで，次のように展開するが，これらの例のように話を長くすることも，また反対に短くすることも可能である。

〈例2〉　　　　　　　　　　話として

Open your lunch box.	Ichiro opens his lunch box.
Say, "Itadakimasu."	(Yummy! Her mother prepares a wonderful lunch.)
	He says, "Itadakimasu."
Take your sandwich,	He takes his sandwich. (It's a ham and egg sandwich.)
Eat some of your sandwich,	He eats his sandwich. (Yummy!)

Get your milk.　　　　　　He gets his milk.
Drink some milk.　　　　　(He loves milk and drinks it every day.)
　　　　　　　　　　　　　He drinks some milk.
　　　　　　　　　　　　　(Oh, no. He spills it on his shirt.)

3.3.4.2　Open Ending Story

　Open Ending Storyとはその名前のとおり，話の最後を子どもが創造する活動である。子どもは先生が話したお話を「自分の物語」へと作り上げていく喜びを感じ，創造力と想像力を養う。話の最後（ending）を英語で表現するのが難しい場合は，絵で表すこともできる。この活動を通して子どもはその話を自分のものとして感じるようになり，よく言われるlanguage ownership（言葉の所有権）を得ることができる。この活動は，英語が話されていない言語環境において，英語を自分のものとして経験できる数少ない機会を与えてくれるものである。

〈例〉ここではVale & Feunteun（1995）に書かれている Willamena the Witch (p.109) に手を加えたものを紹介する。

(1)　Once upon a time there was a witch. She loved black. So all her things were black. She had a black desk, a black sofa, black boots, and a black cat named Blacky.
　　　（昔魔女がいました。魔女は黒が大好きで，持っているものは全て黒。黒の机，黒のソファー，黒のブーツそして，ブラッキーと呼ばれる黒猫。）

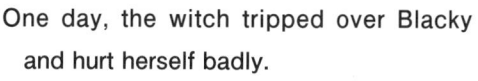

(2)　One day, the witch tripped over Blacky and hurt herself badly.
　　　（ある日，魔女はブラッキーにつまずいて，かなり痛い思いをしました。）

(3) She got very angry and changed Blacky into a white cat.
(彼女はとても怒ってブラッキーを白猫に変えてしまいました。)

(4) But she again tripped over Blacky when she walked on the snow.
(でも，魔女は雪の上を歩いていた時，またブラッキーにつまずいてしまいました。)

(5) Then, the witch changed Blacky into a blue cat.
(それで，魔女はブラッキーを青い猫に変えてしまいました。)

(6) Poor Blacky, she got sad and so she climbed up the castle and was sleeping on the roof.
Blacky said "Meow!" so loudly, which surprised the witch flying in the sky. So the witch fell off her broom.
(かわいそうなブラッキー。彼女は悲しくなってお城に上り，屋根の上で寝ていました。ブラッキーが「ニャー」と大声で叫んだので，空を飛んでいた魔女は驚いて，ほうきから落ちてしまいました。)

第3章　コミュニケーション活動としてのリスニングとスピーキング　87

(7) Oh! This time, the witch hurt so bad again and she got so angry, like a steaming pot. She used her magic again and gave Blacky all colors—red, yellow, green, purple, blue, indigo, and orange.
（まあ，魔女はまたまたひどく傷つき，かんかんになりました。魔女はまた魔法の杖を使って，ブラッキーを色々な色の猫にしてしまいました。）

(8) Now, Blacky looked so strange and actually looked pretty stupid. Blacky felt very sad and walked into a little box in the garden and did not show herself again.
（ブラッキーは奇妙というか，実際かなり間抜けな猫に見えました。ブラッキーはとても悲しくなって庭にあった小さな箱の中に入ったきり出てこなくなりました。）

(9) 何も書いていない白紙

The witch felt sorry for Blacky, so she thought about it a lot. Now she had a brilliant idea.
（魔女はブラッキーのことがかわいそうになりました。いろいろ考えた末に，魔女はとてもいい考えを思いつきました。）

allentamai©

　この活動を1年生の子どもたちと行った時，男の子たちは猫にリボンを付けたり，鈴をつけたりしていたが，女の子たちは協同で魔女を描いていた。私が，「あれ，魔女を描くんじゃなくて，Blackyがどうなったのか描いてほしいんだけど」と言ったところ，「そうだよ。Blackyを魔女にしてあげたんだよ。そうしたら，黒猫にもなれるし，魔女にもなれるし，好きなときに好

きなものになれるから，一番いいでしょ」との答えが返ってきた。あまりにbrilliantな答えに驚いたが，魔女が大好きな女の子たちならではの反応だったのかもしれない。

3.4　スピーキング指導

　次にリスニングとスピーキングは連動して成長し，コミュニケーション活動という観点からは切り離すことができない能力であるという基本的なスタンスをもちながら，スピーキング指導について考えていく。

　前述したように第一言語習得においても，また第二言語習得においても，リスニングの発達に比べるとスピーキングは遅れて発達する。これは，リスニングに比べスピーキングでは①相手の言っていることを正確に理解し，②適当な語彙を選択し，③文法を正しく使い，さらに④その場にふさわしい話し方（大人の場合は特に大切）ができる能力が求められるからである。このような高度な能力を発達させるためには時間がかかり，第二言語習得においてはリスニング以上の練習が必要となる。したがって，初めから子どもたちにスピーキングを要求すると，繰り返して覚えるだけの意味のないやり取りに終わってしまう可能性があることを指導者としては覚えておきたい。

3.4.1　英語の発音について

　発音によってその人の外国語能力が評価される場面をよく見受ける。学生たちに英語が上手だと思う人を考えてもらい，どうしてその人を選んだのかを聞くと，おおかた発音の良さをあげる。保護者，生徒，そして教師自身も教師の英語力を評価する場合，発音が1つの大きな要素になっているようだ。

　第1章で英語を使用する人々が増えるにつれ，様々な英語（New EnglishesまたはWorld Englishesという考え方）が誕生していることについて述べたが，最近の英語教育ではネイティブのような発音を身につけさせることは必ずしも重要であるとは考えられていない。私も英語使用者としては「通じる程度」の発音を身に付ければよいのであって，ネイティブのような発音をする必要はなく，それよりも伝えるべきメッセージを持つことがより重要だと考えている。

しかし，矛盾するようだが，私は英語教師としては，いわゆるネイティブに近い英語の発音を身につける必要があると思っている。これは子どもの反応を見ていると痛感するのだが，外国語を学ぶ時，彼らは新しい世界への憧れを持つ。外国語学習を続けるにはその憧れや興味を持ち続けてもらうことが必要であり，そのために「音」は大変大きな意味を持つ。小学校で英語に触れる場合，音声言語が主になるが，子どもは母語とは違う音の響きに敏感に反応する。多くの日本人の子どもにとって英語の世界への第一歩は教師の英語から始まる。小学校の段階では音声指導が中心であるだけにどのような音を与えるかは教師が最も考慮しなくてはいけない点である。

英語らしく発音するためには英語の音声についてある程度の知識を持つことが必要で，次に述べるような音声学[1]の知識を持っていると役に立つであろう。

3.4.1.1 英語の音（音素）

英語という言語の音声的な基本単位は音節である。音節とは母音と子音の結合，もしくは母音のみで作られる音のかたまりである。英語を母語とする人たちは英語を聞く時に音節を自然な音の単位として感じるので，monkeyと聞けばmon/keyと2つの音のかたまりがあると感じ，a big elephantと聞けばa/big/e/le/phantと5つの音のかたまりがあると理解する。

この音節をさらに小さく分けると，音素といわれる音の最小単位に分解することができる。例えばpigという言葉は1音節であるが，/p//i//g/と3つの音素から構成されている。次に述べる英語の音の説明はすべてこの音素レベルの音についてのものである。

(1) 有声音と無声音

私たちが発する音声は有声音（voiced sound）と無声音（voiceless sound）に大きく分けられる。有声音というのは息を出すときに声帯を振動させ，「声」となって聞こえる音で，母音や子音の半数以上は有声音である。一方無声音は，声帯の振動を伴わず，「息」が外に出される音である。有声音の場合は喉のあたりに手をあてると，若干喉が震えているのを感じることができる。

---

1 人間が発する音声を聞き取り，それを分類し研究する学問。

「あいうえお」と言って触ってみるとこの感触がよくわかるであろう。

(2) 母音

母音とは肺に吸い込んだ息が何の妨害も受けないで発音される音で，音節を作る。日本語には5つの母音があるだけだが，アメリカ英語には次のように15の母音[2]がある（Goodwin, 2001）。母音に似た性質を持つものに半母音（semivowel）があり，それらは母音と子音の両方の特徴を持つ。どちらにしても私たちが英語を話すときには，日本語で使われている母音の3倍近くの母音を発音していかなければならないことになる。

1. /iː/　eat, bee
2. /ɪ/　ink, myth
3. /eɪ/　aid, gate
4. /e/　egg, head
5. /æ/　apple, happy
6. /ɑ/　odd, top
7. /ɔː/　walk, saw
8. /oʊ/　old, rose
9. /ʊ/　put, book
10. /uː/　pool, fruit
11. /aɪ/　ice, line
12. /aʊ/　owl, cow
13. /ɔɪ/　boy, oil
14. /ʌ/　up, but
15. /əːr/　bird, curtain

(3) 子音の特徴

子音は母音とは異なり，肺にためた息を出すときに様々な調音器官の妨害を受けながら発音される。子音は (a) 有声音か無声音か，(b) どの調音点を使うか，また (c) どのような調音方法で発音されるかにより—破裂音，摩擦音，破擦音，鼻音，側音，半母音—のように分類される。母音と違い，子音は特殊なもの（例：/f/, /v/,/l/, /r/ など）を除くと日本語の音でも十分代音できるものが多くあるので，英語の音素習得では母音の習得が鍵になると思われる。

破裂音：　吸い込んだ息を一時的にためて，その後急激に外へ出す。
　　　　　/p/, /b/, /t/, /d/, /k/, /g/

---

2 短母音5つ，長母音4つ，二重母音5つ，弱母音1つとアメリカ英語独特のr色の母音をいれて22と数える学者もいる（川越，1999）。
　現在では世界の言語の発音表記は国際音声記号（International Phonetic Alphabet：IPA）が使用されているが，この本では読者に解りやすいという観点から，IPAを簡略化した辞書（本書では *Genius*，大修館）の発音記号を使うことにした。また，音素を表す//を使用している。

表 3-1　子音の特徴

	両唇音	唇歯音	歯音	歯茎音	硬口蓋音	軟口蓋音	声門音
破裂音	/p//b/			/t//d/		/k//g/	
摩擦音		/f//v/	/θ//ð/	/s//z/	/ʃ//ʒ/		/h/
破擦音				/tʃ/dʒ//			
鼻音	/m/			/n/		/ŋ/	
側音				/l/	/r/		
半母音	/w/				/j/		

摩擦音：　口の中の調音器官を，空気がせばめられた状態で通過する。
　　　　　/f/, /v/, /θ/, /ð/, /s/, /z/, /ʃ/, /ʒ/, /h/
破擦音：　破裂音と同時に摩擦音が発せられる。/tʃ/, /dʒ/
鼻音：　　吸い込んだ空気を鼻腔から出す音。/m/, /n/, /ŋ/
側音：　　舌先が上歯茎に接触した状態で，舌の両側面から音を出す。/l/
半母音：　母音に近い性質をもつが，音節を形成せず，後続の母音にわたる音。/w/, /r/, /j/

3.4.1.2　超分節的特徴（suprasegmental features）

　英語が英語らしく聞こえるために必要なのは個々の発音とともに，suprasegmental featuresと呼ばれる発話中の子音や母音にまたがるような音の特徴を身につけることが重要である。個々の音素にかぶせるように付加された超分節的特徴とは，強勢（stress），イントネーション，そしてリズムであり，これらを獲得することが大切である。

(1) 連結する発音（linking）

　意味的にまとまった語を続けて発音する時，先行する語の最後の子音と，後続する語の最初の母音をつなぎ，ひとまとまりの語のように連結させて発音する。このことをリンキング（linking）という。1つの単位のように発音するため，語と語の間に息つぎを入れない。

① far away　　　cheer up　　　a pair of　　　for example
② an orange　　 on and off　　 turn over　　　run away
③ look at　　　 pick up　　　　put up with　　let him in

(2) リズム

強勢が置かれている音節は普通長く，強く発音され，置かれていない音節は短く，弱く発音される。この組み合わせにより英語のリズムが生まれる。強勢のある部分は文中で時間的にだいたい同じ間隔で現れる。これを等時間隔性（isochronism）という。英語はこのような特質をもつ言語である。そのため「強勢拍リズム」（stress-timed rhythm）をとるといわれる。それに対し，日本語は音節1つ1つが同じように読まれる「音節拍リズム」（syllable-timed rhythm）をとるといわれる。下の文では強勢が置かれている部分を大きな黒丸●であらわし，置かれていない部分を白い丸○であらわす。

① Go there.　　　　　　③ It's time to run.
② I'm happy.　　　　　　④ Tom will go to school on Monday.

文が長くなっても強勢数が変わらなければ，ほぼ同じリズムで発話される。強勢の位置を■であらわしている。

1. ■　　　　■　　　　■　　　2. ■　　　■　　　■
　　　　She likes the　　　sweater.　　My father　　　shows　　　a picture.
　　　　She likes the red sweater.　　My father will　　show　　　a picture
　　if she likes the red sweater.　　My father will　　show us　　a picture.
I wonder if she likes the red sweater.　My father will be showing us a picture.

(3) イントネーション

イントネーションとは，発話の中で生じる声の高低のことで，抑揚または，音調とも言われる。文全体，または句全体にかかり，意味を生じさせるものであり，個々の単語にかかるトーンとは異なる。イントネーションは，話者の発話時の態度や心理状態を反映している。

英語のイントネーションには大きくわけて5つの型がある。基本をしめるFalling（下降調），Rising（上昇調），およびLevel（平坦）の3つの型に加えて，Fall-Rise（下降上昇調）およびRise-Fall（上昇下降調）がある。

これらのsuprasegmental features（超分節的特徴）を学ぶのに適しているのが次に紹介する歌，チャンツである。歌，チャンツから英語の流れを全体的に学習し，リズムやイントネーションを体得するとともに，歌の中の単語を使って個々の音素を練習することもできる。個々の音素に関しては，意識

的に練習しなければその習得は難しい。

3.4.2 英語の歌とチャンツ

　英語の歌というと代表的なものが「マザーグース」と呼ばれる英国伝承童謡を集めたものである。この名前の起源はフランスにあるが，17世紀にフランスの作家ペローが，童話集『昔物語』の副題を「鵞鳥おばさんのコント」としたところから始まったようである。フランスではガチョウ（goose）の世話をするのはあまり手がかからないので年をとったおばさんでもできる仕事と思われているようだが，これがガチョウのおばさん，つまりMother Gooseという名前の由来である（平野, 1972）。

　マザーグースの歌には，曲に合わせて体の動きが決まっているものもあれば，ないものもある。動作がない場合は自分で動作をつけたり，手叩き歌（clapping song）にしたりして取り組ませることもできる。動作をつける場合は，子どもが歌に集中できるように，動作をあまり細かいものにせず，シンプルなものが望ましい。子どもっぽいジェスチャー等を好まない高学年の子どもには，私はアメリカ英語の手話を利用している。

　幼児や児童を教える多くの教師がマザーグースを利用しているが，その人気の理由は次に述べる3点ではないだろうか。

(1) 脚韻やたくさんの繰り返しがあるので，英語独特の音やリズムを教えやすい。
(2) 多くの歌の場合，短くてもテーマがあるので導入しやすく，物語にもしやすい。
(3) 英語圏の人々の生活，文化について歌を通して自然に教えることができる。

　ここでは(1)と(2)について少し説明を加えたい。

3.4.2.1　マザーグースの中の脚韻

　詳しくは4章で述べるが，cat - mat, house - mouse, pig - fig, book - hook, dish - fishのようなペアの言葉を脚韻（ライム：rhyme）と呼ぶ。この脚韻こそが英語の音遊びとして最もよく使われ，英語話者が好ましく感じる英語の音の流れであり，下の例のようにマザーグースなど多くの童謡，または詩な

どにふんだんに使われている。マザーグースの中でも最もポピュラーな下の歌「Jack and Jill」では，Jill - hill, water - after, down - crownに脚韻が踏まれている。

Jack and Jill
Went up the hill,
To fetch a pail of water;

Jack fell down,
And broke his crown,
And Jill came tumbling after.
（ジャックとジルが一杯のバケツの水を汲むために丘に登った。ジャックは転んで頭を打って，ジルもその後から転がり落ちてきた。）

3.4.2.2 マザーグースの中のストーリー性

「ロンドン橋おちた」（London Bridge Is Falling Down）は，実は12番もある長い歌である。8番からは内容が複雑になり，ロンドン橋を建て直すために使う材料が次々に変わり，最後には金と銀になり，その金銀を守るために番人を置き，番人が居眠りしないようにタバコを吸わせるというように話が発展する。最後に出てくる「番人」は実は人柱を表しており，この歌は昔の恐ろしい儀式である橋梁工事の生贄について歌っているとも言われている（平野, 1972）。このような物語性の高い歌は歌詞に合わせて絵を描き，適宜にナレーションを加え，歌詞とうまく融合させながら，ストーリーとして子どもたちに提供することもできる。児童に歌わせるのはよく知られている1番だけでもいいが，歌からストーリーへと展開させることで，想像の世界が豊かに広がり，豊富な言葉を与えることが可能になる。

また，London Bridgeのように長いものでなくても，ストーリー性をもった歌はたくさんある。例えば「In a Cabin」は次のようにストーリーとして利用できる。

In a cabin in the woods,
A little man by the window stood,
Saw a rabbit hopping by,
Knocking at his door.
(森の中の一軒家，小さな男が窓の側に立っていた。
男は，跳んできてドアを叩くウサギを見ていた。)

Help me, help me, let me in,
Or the hunter shoot me dead.
(助けて，助けて，中に入れて，そうしてくれなければ，
猟師に撃たれて死んでしまう。)

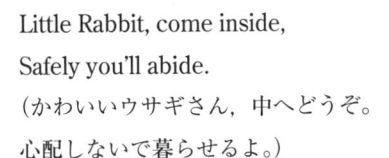

Little Rabbit, come inside,
Safely you'll abide.
(かわいいウサギさん，中へどうぞ。
心配しないで暮らせるよ。)

上のような絵を使い，歌詞をうまく話の中に入れ込むと（下線部分が歌詞），次のようなストーリーテリングができる。

　　Once upon a time, there was a little man living in a cabin in the woods. One day, the little man stood by the window and watched outside. Suddenly, there came a rabbit hopping by and she looked so desperate. "Help me, help me, let me in, or the hunter will shoot me and I will be dead," shouted the rabbit while knocking at his door. The little man looked outside from the other window and he saw the hunter aiming at the rabbit. He soon opened the door and said, "Come inside, little rabbit. Now you are safe and you can live here with me." What a nice man he was!
　　　　　　　　　　　　　　　　　　　　　　　　　allentamai©
（昔，森の一軒家に小さな男の人が住んでいた。ある日，彼は窓の側に立って外を見ていた。すると，急にウサギが跳んできた。ウサギはとても焦っていた。「助けて，

中に入れて，そうしてくれなきゃ，猟師に撃たれて死んでしまう」とウサギはドアを叩きながら叫んでいた。小さな男が外を見ると猟師がウサギを狙っているのが見えた。すぐにドアを開けてウサギに「中へお入り，かわいいウサギ。もう大丈夫だよ。僕と一緒に住もうね」。なんて素敵な人なんでしょう。）

また，歌の中には「重ね歌（Ladder Song）」と呼ばれ，次々に新しいフレーズが追加されながら，同じフレーズが何度も繰り返されるものがある。内容が面白いものが多く紙芝居などにすることもできるので，授業でいろいろな活動に発展させることができる。よく知られている重ね歌 "There was an old lady who swallowed a fly." は，次のようなものだが，コルデコット[3]金賞を受賞した Simms Taback がこの歌に絵をつけ面白い絵本にしている。

There was an old lady who swallowed a fly.
I know an old lady who swallowed a fly;
I don't know why she swallowed a fly!
I guess she'll die
（昔，ハエを飲みこんだおばあさんがいた。私はハエを飲み込んでしまったおばあさんを知っている。なんでハエを飲み込んだかは知らないけれど。きっと死んじまうさ。）

I know an old lady who swallowed a spider
that wriggled and wriggled and tickled inside her.
She swallowed the spider to catch the fly,
But, I don't know why she swallowed a fly!
I guess she'll die.
（私はクモを飲み込んでしまったおばあさんを知っている。おばあさんのお腹の中

---

[3] 19世紀の英国のイラストレータ，Randolph Caldecott に敬意を表して作られ，毎年アメリカ図書館協会の下部組織である子ども図書館協会から最も優れた絵本に与えられる賞。

でピクピク，ゴソゴソ。おばあさんはハエを取るためにクモを飲みこんだんだよ。でもどうしてハエなんか飲み込んだんだろうね。きっと死んじまうさ。）

I know an old lady who swallowed a bird!
Now, how absurd, to swallow a bird!
She swallowed the bird to catch the spider
that wriggled and wriggled and tickled inside her.
She swallowed the spider to catch the fly,
But, I don't know why she swallowed a fly!
I guess she'll die.
（私は鳥を飲み込んでしまったおばあさんを知っている。まあ，なんてばかな，鳥を飲み込むなんて。おばあさんはクモを取るために鳥を飲み込んだんだよ。おばあさんのお腹の中でピクピク，ゴソゴソ。おばあさんはハエを取るためにクモを飲みこんだんだよ。でもどうしてハエなんか飲み込んだんだろうね。きっと死んじまうさ。）

［この後，おばあさんは猫，犬，ヤギ，牛などを飲み込み，歌は続くが，バージョンによって飲み込む動物が若干違ってくることがある。］

3.4.2.3　英語のチャンツ

　チャンツはもともと単調なリズムが繰り返されるメロディーをもつ聖歌などを意味していたが，児童英語教育においては，英語独特のリズムを学習するための，リズミカルな言葉の流れを持つ言語材料を指す。前述したように英語ではストレス（強勢）が置かれている音節は長く，強く，置かれていない音節は短く，弱く発音される。この組み合わせによって，英語には日本語にない独特のリズムが生まれるのだが，そのようなリズムを楽しみながら学

習するのに最適な教材がチャンツである。個人差はあるが，高学年になると子どもたちは子どもっぽい歌を歌うことを嫌い，また人前で歌うこと自体を敬遠するようになるため，彼らには歌よりもチャンツのほうが使いやすい教材となる。

よく公開授業などで，導入したい単語（例えばbaseball, basketball, swimming等）の絵を見せながら，"Chant, OK?"と先生が子どもに尋ね，リズムボックスなどを使って10程度の同類の単語を教える風景を見ることがある。子どもたちも楽しそうに単語をリピートし，単語のストレスを学んでいるようであるが，チャンツを入れるのであれば，次に紹介するような伝統的なチャンツを使い，文レベルでのリズムの練習をする方が効果的ではないだろうか。

Five Little Monkeys（5匹のおサルさん）

Five little monkeys jumping on the bed,
One fell off and bumped his head,
Mama called the doctor and Doctor said,
"No more monkey jumping on the bed"
（5匹の小さな猿たちがベッドの上で跳んでいた。1匹が落ちて頭を打ったのでお母さん猿がお医者さんに電話したら，お医者さんが言いました。「もう誰も跳んじゃいけないよ」。）
[Four little monkeys…., Three little monkeys….
*Two little monkeys, One little monkey*と続く*]*

Five Little Fishes

Five little fishes swimming in a pool,
First one said, "The pool is cool."
Second one said, "The pool is deep."
Third one said, "I want to sleep."
Fourth one said, "Let's dive and dip."

Fifth one said, "I'll spy a ship."
（5匹の魚がため池で泳いでいた。1匹目は「ため池はとっても冷たい」と言った。2匹目は「ため池はとても深い」と言った。3匹目は「眠たいな」と言った。4匹目は「飛び込もうよ」と言った。5匹目は「船の偵察をしてくる」と言った。）

Fisherman boat came, chug-a-chug-chug
A line went in with a big ker-splash
Five little fishes dashed away.
（漁師の船がダッダッと音を立てながらやって来て，大きくバッチャンといって釣り糸が水の中に入ってきた。5匹の魚はまっしぐらに逃げてった。）

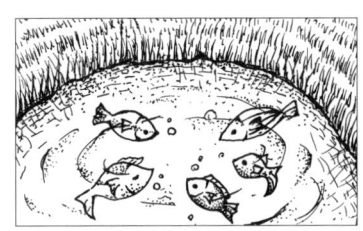

3.4.3　英語の会話練習

　最後に英語の授業でよく使われる会話練習について考えてみたい。多くの英語のクラスで会話練習が行われているが，実際の生活場面でテキストに書かれているような会話をする人は，まずいないだろう。会話は実際の会話を書き写しているというよりも仮想の会話であり，新しい単語や文法を教えるために会話の形をしているものも多くある。

　例えばよく使われる How is the weather today? It's sunny.という会話文にしても，授業では誰がどこで，どんな時に，どのような理由で話すのかなどがあまり考慮されず，文だけが紹介される。果たして「今日のお天気は？」「晴れです」という会話はどのような時に成り立つのだろうか。電話で「そちらの天候はどうですか」という会話は起こり得るが，実際の face - to - face のコミュニケーションでは考えにくい会話である。小学校の子どもに対しても，このような答えが明らかな問いかけをするのは「今日の天気は？」「晴れです」「そうですね。やっと晴れました。待ちに待った遠足に出かけましょう」のように天気の会話の後に出てくる話の準備として使われる場面に限られる。短い会話を教え，それを訓練することで音声によるコミュニケーション能力を育てていると思っているとしたら，それは再考する必要がある。

　Cameron（2001）は，テキストにある会話は①音声言語のサンプルであり，

②実際の会話とはかなりかけ離れているが文型に文脈を与え，③通常，人が言うと思われる言葉が文字になっているものであり，④文型の練習，つまりは文法ドリルが形を変えたものであり，⑤劇の台詞のようなものと指摘している（p. 69）。そうすると例えばハンバーガーショップでの会話の練習から身につくのは会話で使われた語彙であり，文型である。誰が，どのような理由で，またどんな場面で話しているかという文脈設定がしっかりしていれば，例えば Where is the post office? May I have some potatoes? What's this? などの会話の初めの部分（starter）だけは本当の会話でも使うことができる。しかし，このような会話練習がその場で英語を使う目的（例ではハンバーガーを注文し手に入れる）を果たす力を保証するものではない。授業の中で会話練習をすることを反対しているわけではないが，教室の中での会話練習によって本当に獲得される力は何なのかを，教師がしっかり把握することが大切である。

「名前を尋ねる」，「自分の好きな動物を言う」，「年齢を聞く」，「物の場所を尋ねる」など，様々な形でのダイアローグがあるが，ダイアローグといっても通常下記の例のように話し手と聞き手のやり取りが1〜2回程度，また多くても4〜5回行われるものが多い。これは1章でも述べたように子どもたちに英語を言わせたいという配慮から，学習者の負担にならないように発言が抑えられているからであろう。

A： What animal do you like?
B： I like dogs. How about you?
A： I like cats.

しかし，このような短い会話からは，しっかりとした文脈を与えることはできない。どんな人が，何故，どのような場面で言っているのかが不明なので，このようなダイアローグの練習は発音練習や，文型練習にはなっても，本当にコミュニケーションを取る力につながるかどうかについては検証しなければならない。

それでは，どのようにすれば文脈をもった会話練習が可能になるのだろうか。今ある教材やテキストを使うのであれば，教師が文脈に配慮し，追加の視覚教材，聴覚教材を伴って文脈に意味を持たせる配慮をするだけでも授業

は随分違うものになると思う。私はここで再びストーリーを使うことの有効性を提案したい。子どもはストーリーテリングで聞いた「お話」を先生や仲間と一緒に語る，Joint Storytelling（第2章参照）を通して自分の言葉として英語を活かす経験を得る。

3.4.4　ジョイント・ストーリーテリング（Joint Storytelling）

　第2章で紹介したJoint Storytellingについてここでもう1度説明したい。ストーリーを子どもが発話できるレベルの英語で語っていくが，部分的に歌，チャンツを入れて，彼らが発話しやすいように，また記憶の定着を助けるように，工夫する。前述したように話し言葉を獲得するには歌，チャンツ，そして体を動かすことが効果的であるが，英語に接する機会があまりない日本人の子どもたちにとっては，その効果は倍増する。導入したい単語や文型，または表現を厳選し，シナリオに取り入れていく。ストーリーを中心にしたカリキュラム（第2章参照）では，毎回の授業で10分ずつ学習を重ねていくと，単元（1つの話に関連した一連の活動）を終える頃には子どもは英語で「お話」を語ることができるようになる。ここでは私がやっているものの中から「3匹の子豚」の一部を紹介する。

|場面1|

　子豚が家を建てるところを「森の熊さん」のメロディーを使い，先生と子どもの掛け合いで導入する。最終的には子ども同士の掛け合いができるようになる。

　　子豚1：One sunny day,　　　　　　　　ある晴れた日，
　　　　　 I met a man,　　　　　　　　　 男の人に会いました，
　　　　　 Selling some |straw|,　　　　　　藁を売っていました，
　　　　　 So I bought some |straw|.　　　 それで藁を買いました。
　　　　　 I'm going to build a house of |straw|.　藁の家を建てよう。
　　　　　 I'm going to build a house of |straw|.　藁の家を建てよう。
　他の子豚については括弧の中を|wood|と|bricks|に変えるだけである。

$\boxed{\text{場面2}}$

　次に狼が子豚を見つけ，食べに行こうとする場面をチャンツ風にリズムを取りながら練習する。
　　オオカミ：I'm hungry, very hungry. Look over there.
　　　　　　　I can see a pig. I'll go and get him.

$\boxed{\text{場面3}}$

　狼は3匹目の子豚の家を吹き飛ばすことができず，考えたのち屋根に上り，煙突から家に入ろうとする場面を，家の中でスープを作り始める豚たちと対比させ，次のようなチャンツのやり取りを3～4回行う。
　　オオカミ：Ha, ha, ha. I will go down the chimney. （チャンツ風に）
　　子豚たち：Boil, boil, boil. Boil the soup. Boil the soup. （チャンツ風に）

　最後に次のような先生のナレーションで終わる。
　He went down the chimney and landed right into a boiling soup in a pot. He jumped out of the pot and ran to the door. And he never came back again. This is the end of the story.

©allentamai

　実はこの劇を幼稚園生に指導したが，子どもは大変喜んで行った。30名の子どもたちに毎週20分の授業の中での指導であったが，5年後にその中の一

人に偶然にも小学校見学をしていたときに出会った。そうするとすっかり成長したかつての教え子は「先生，今でも劇のことは覚えているよ。とても楽しかった。あの子豚に言った言葉，なんだったっけ。思い出せないの」というので，「Not by the hair on my chinny-chin-chin.」と答えると，「そうだった。そうだった」と大喜びしていた。ストーリーの強さを改めて感じさせられた経験だった。

＊

この章では英語を使うという観点から音声言語に関わるリスニングとスピーキングの指導理念，そして具体的な指導法について述べてきた。キーワードは子どもにとって「意味のある文脈」であり，その中で英語を提供していくことが重要であることを繰り返し述べてきた。歌，チャンツ，ストーリーテリング，TPRなどはすでに教室で行われている活動だと思うが，教師はこれらの活動を通して子どもたちが一体どのような力を獲得しているのかを十分に把握する必要がある。子どもたちが楽しそうに歌って，またはチャンツを言っていたとしても，文脈のない，意味のないところでは言葉は育たない。教室という限られた環境ではあるが，少しでも子どもたちにとって英語との出会いが意味を持つように授業を創造していくのが私たち教師の仕事である。

<Glossary>
喃語（なんご）：赤ちゃんが機嫌の良い時に出す音声。

<Discussion>
＊自分の好きな歌，もしくはチャンツを3枚の絵で表すとすればどのような絵を作りますか。絵を描き，歌やチャンツをストーリーテリング風に紹介しなさい。
＊5，6名のグループになり物語を1つ選び，その中から重要なシーンを3つ選びます。選んだシーンを協同で体で表現しなさい。
＊グループで1つオリジナルのTPR storyを作りなさい。
＊グループで1つオリジナルのOpen Endingストーリーを作りなさい。

Further Reading 2 （理論解説2）
ピアジェの発達理論

　ピアジェは子どもが成長するに従い，彼らの思考に質的な変化が起こると考え，図1のように誕生から青年期以降を4つの段階に分けた。ピアジェは発達の速度は個人差があり，年齢区分はあまり重要ではないとしながらも，この発達の順序性は普遍的で絶対的なものだと考えた。

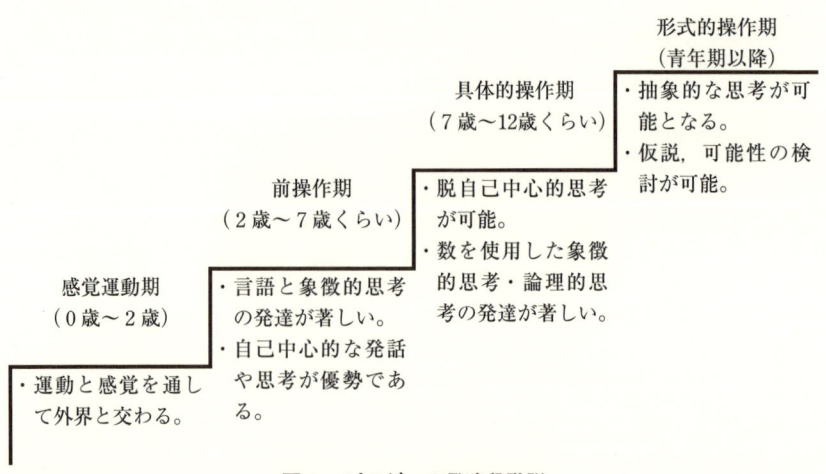

形式的操作期
（青年期以降）
・抽象的な思考が可能となる。
・仮説，可能性の検討が可能。

具体的操作期
（7歳～12歳くらい）
・脱自己中心的思考が可能。
・数を使用した象徴的思考・論理的思考の発達が著しい。

前操作期
（2歳～7歳くらい）
・言語と象徴的思考の発達が著しい。
・自己中心的な発話や思考が優勢である。

感覚運動期
（0歳～2歳）
・運動と感覚を通して外界と交わる。

図1　ピアジェの発達段階説

第3章 コミュニケーション活動としてのリスニングとスピーキング　105

　ここではピアジェの発達段階説に従い，この本が対象にしている前操作期（2〜7歳くらい），および具体的操作期（7歳〜12歳くらい）の子どもの認知発達に焦点を当て，それぞれの時期の特徴的な行動について見ていく。

(1)　前操作期の特徴について（The Pre-operational Stage: 2〜7歳くらい）
　前操作期の子どもは本格的に象徴活動を始める。象徴活動とは，実物とは異なるものを使って実物を表す活動を意味する。その良い例が他の人の行動を真似して行う「ごっこ遊び」であり，それができるようになるのがこの頃である。エプロンをつけてお母さんがお掃除をしているところを真似たり，積み木を使って車の動きを真似たりするようになる。頭の中にお母さんや車のイメージがあり，それを子どもが再生しているのである。枯葉をもってきて，「はい，おいしいごはんができました」などと言ってくるのもこの時期で，子どもたちは，頭の中に対象とするもののイメージを描くことができるとともに，言葉が爆発的に発達していく。特に4歳〜6歳という幼稚園時期には，子どもは，仲間同士で「ごっこ遊び」を通して言葉や多くの事柄を学び合う。
(1)-1.　自己中心性（Egocentrism）
　この時期の子どもの特徴として挙げられるのは，自己中心性（egocentrism）である。これは子どもの「自分の視点が唯一絶対的なものであり，他の人の視点を考えることができない」という特徴を指す。この時期の子どもは，自分が見たり，感じたり，考えたりするように他の人も見たり，感じたり，考えたりするだろうと思い込む傾向にある。ピアジェはこの傾向を「3つの山問題」という認知発達を測定する方法で明らかにした。この実験では，子どもは3つの高さの異なる粘土でできた山が置いてあるテーブルの回りを歩き，椅子に座る。反対側の椅子には人形が置いてあり，子どもは自分が見ている風景と人形が見ている風景を写している写真を選ぶように指示される。全ての子どもが自分の見ている風景として正しい写真を選ぶことができたが，人形が見ている風景に関しては，実験に参加した4歳から12歳の子どものうち4歳から6歳の子どもだけ人形が見ている正しい風景ではなく，自分が見ている風景を選んだ。
　つまり，この時期の子どもにとって「相手の立場に立ってものを考える」

ということは認知的に難しいことなのである。例えば，私は母の日に合わせて「お母さんへのプレゼントを描こう」という活動を幼稚園児の英語クラスでよく行うが，できあがった絵をみると，お母さんが好きなものというよりも，明らかに自分が好きなものが描かれている。微笑ましい現象ではあるが，彼らにとって自分の好きなものがお母さんの好きなものであり，自分の見方が唯一絶対なのである。

(1)-2. アニミズムと実念論

また，この時期の子どもたちは全てのものに命が宿ると考え，無生物にも命や意識があると考える。ピアジェはこの傾向をanimisticと呼んだが，「岩がしくしく泣いている」「えんぴつさんがかわいそう」など，この時期の子どものつぶやきにはその傾向を表すものが多い。またこの頃の子どもには空想と現実の区別がつかず，夢で見たこと，またはおとぎ話の中の出来事は実存すると信じている。

このようにanimisticな考え方をし，自分の想像や夢が本当の世界だと思う子どもだからこそ，「お話」を通して豊かな言葉に接していくことがとても重要になってくる。空想の世界が現実の世界と同じくらい意味を持つ前操作期の子どもにとっては，たとえ語りが英語で行われても物語が持っている力によってどんどん話の中に引き込まれていき，物語を通して豊かな言葉を育むようになる。

(2) 具体的操作期の特徴について (The Concrete Operational Stage: 7～12歳くらい)

ピアジェによると，子どもは7歳ぐらいになるとその思考プロセスに質的な変化を見せる。ピアジェは自ら開発した一連の実験で，この時期の子どもの認知の質的変化を明らかにした。これらのテストは，通常「保存課題」もしくは「保存のテスト」と呼ばれる。これらの課題に対して，前操作期の子どもと違い，具体的操作期の子どもは知覚的なまどわしに影響されなくなる。

例えば，子どもは図2のような同じ大きさの入れ物の中に入っている同じ量の水を見せられる。実験者は必ず「どちらも同じ入れ物の中に同じだけ水が入っていますね」と確認する。それから子どもの前で1つのグラスに入っ

ている水を，違う形のグラスに移し変える（変形操作）。その後実験者は「さあ，どちらも同じだけ水が入っていますか？それともどちらかが多いですか？」と質問する。

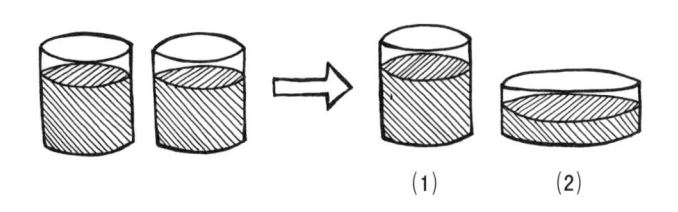

図2　量の保存の課題

　前操作期の子どもは，目の前で表面上の変形操作（違う容器への移し変え）が加えられるのを見ているにも拘わらず，「同じ量ですか？」の質問に対し，「(2)の量が多い」と答える。一方具体的操作期の子どもは，変形操作が加えられたとしても量の不変性を認識し，保存課題をクリアすることができる。他に数，長さ，面積，などの保存課題が開発された。これらの課題を解決できるのは，子どもが可逆性[4]，補償性[5]の論理に従って物事を認知できるということを表している。

4　「もとに戻せば同じであることがわかる」というように，変形操作の前後の自体を表象のレベルで逆行させることができる（前田，1991, p.73）。
5　対象の欠如した部分を補い，認知的により理解しやすいものへと考える傾向（前田，1991, p.73）。

第3章 活動編: リスニングとスピーキングの活動実践

この活動編では，本文で取り上げたリスニングとスピーキングを伸ばす活動に使える材料を下記の順番で紹介する。

> ## 3.1 リスニングの活動
> 3.1.1 Total Physical Response
> 3.1.2 Classroom English
> 3.1.3 Listening Quiz
> 3.1.4 TPR Story
> 3.1.5 Open Ending Story
> 3.1.6 ストーリーを使ったリスニング
>
> ## 3.2 スピーキング活動
> 3.2.1 歌
> 3.2.2 チャンツ
> 3.2.3 ジョイント・ストーリーテリング

3.1 リスニングの活動
3.1.1 Total Physical Response
(1) 動作を付けやすい自動詞

walk, run, jump, swim, sleep, dance, laugh, sing, fly, ski, skate
(歩く，走る，跳ぶ，泳ぐ，眠る，踊る，笑う，歌う，飛ぶ，スキーをする，スケートをする)

(2) 頻度の高い他動詞

eat an apple, drink some milk, cook potatoes, brush my teeth, wash my hair,

drive a car
(りんごを食べる，ミルクを飲む，ジャガイモを料理する，歯を磨く，髪を洗う，車を運転する)

ride a bicycle, point at my book, watch television, cut a tree, shake hands, read a book
(自転車にのる，自分の本を指す，テレビを見る，木を切る，握手する，本を読む)

(3) playを使って

play the piano (drums, harmonica, recorder), play baseball (basketball, volleyball, tennis)
ピアノ(ドラム，ハーモニカ，リコーダー)を演奏する，野球(バスケットボール，バレーボール，テニス)をする

(4) 体の一部を使って

clap my hands, stomp my foot, rub my eyes, raise my shoulders, bend my knees
(手を叩く，足を踏み鳴らす，目を擦る，肩を上げる，ひざを曲げる)

wiggle my fingers, wave my hands, turn my neck, slap my knee
(手を小刻みに動かす，手を振る，首を曲げる，ひざをたたく)

3.1.2 Classroom English

(1) 指示

Listen carefully. / Attention, please. / A little louder. / Look here.
(よく聞きましょう。/注目してください。/もう少し大きな声で。/ここを見て。)

Say it in English, please. / How do you say 〜 in English? / Any volunteers?
(英語で言ってください。/〜を英語で何と言いますか？/誰かやってくれる人はいますか？)

Who goes next? / Tell us your answer. / What do you think about it? / How about you?
(次は誰ですか？/答えを言ってください。/それについてどう思いますか？/あなたはどうですか？)

(2) 注意・警告

Stop talking, please. / Don't push, please. / Please be careful. / Watch out!
（お話をやめてください。/押さないでください。/気をつけて。/注意しなさい。）

(3) 終わりの指示

Time is up. / Please clean up. / Put away your cards. / Bring me your picture.
（時間です。/片付けてください。/カードをしまいましょう。/写真を持ってきてください）

Please pass the cards to the front. / Please collect the cards.
（カードを前に集めてください。/カードを集めてください。）

3.1.3 Listening Quiz

＊What number comes after 10?	10の次の数字は？
＊Who is Katsuo's father?	カツオのお父さんは誰？
＊Do this: stand up, turn around.	立って，1回転してください。
＊What alphabet letter comes before C?	Cの前のアルファベットは？
＊What time is it now?	今何時？
＊How many legs do spiders have?	クモは何本足がある？
＊Add five to three. (Or What is three plus five?)	3たす5は？
＊Where do you live?	どこに住んでいますか？
＊Name five animals that can fly.	飛べる動物を5つ言いなさい。
＊What is five times four?	4かける5は？
＊Count to ten by twos.	2とびで10まで数えなさい。
＊Say this: rubber baby buggy bumpers.	rubber baby buggy bumpersと言ってください。
＊How old are you?	何歳ですか？
＊Name five animals that eat meat.	肉食の動物を5つ言いなさい。

3.1.4 TPR Story

(1) A Growing Plant

　Vale & Feunteun (1995, p.163) では植物の成長というテーマで下のような TPR が紹介されている。授業で実際に行う場合は下のような適当な視覚教材を用意する。

Dig a hole.	穴をほる動作
Plant a seed.	種をまく動作
Water it.	水をまく動作
The sun shines.	太陽が照っているような動作
The rain starts falling.	雨が降るような動作
The leaves start to grow.	一度小さくなって丸くなり種を表し，それから芽を出す動作
They grow higher and higher.	両手を伸ばして頭の上であわせ，上に向かって伸びていく動作
They grow wider and wider.	上に上げていた両手を左右に伸ばす
But the wind starts to blow.	体全体を動かして，風に揺られている感じをだす
It blows harder and harder.	

(2) Treasure Hunting

　次にテーマとしてはよく使われる冒険的なTPRを紹介する。例1よりは少し難しくなるが，最初は適当な視覚教材（下の例では海，川，山，橋，湖，宝の箱）を用意し，ストーリーテリングをする。子どもの理解度に合わせて言わせるセリフの量を調整する。また，森の中，火山の周り，など他の場所を増やすこともできる。

○Row, row, row your boat.	船をこぐ様子
Go out on the sea,	片手を挙げて気勢を上げる
Hi-Ho, Yo-Ho, stretch and pull.	再び船をこぐ
○Look over there!	前を指差す
It's an island.	手をかざして遠くを見る
Yes, it's Treasure Island.	
○Look over there!	前を指差す
That's a big river.	両手を左右に広げ大きい様子
Swim, swim, swim, swim across the river.	泳ぐ様子
○Now, look over there!	前を指差す
That's a high mountain.	両手を上下に広げ高い様子
Climb, climb, climb, climb up the mountain.	上っている様子
○Look over there!	前を指差す
That's an old bridge.	不安そうに前を見る様子
Walk tip-toe, tip-toe, tip-toe.	忍び足
Watch your steps.	
○Look over there!	前を指差す
That's a wide lake.	両手で大きく丸をつくる
But no bridge over the lake.	人差し指をたてて左右にふる
Jump, jump, jump, jump on rocks.	飛び跳ねる
○Look over there!	前を指差す
That's a treasure box.	両手を広げ嬉しそうにする

Yes, a treasure box!

ⓒallentamai

3.1.5 Open Ending Story
＜Ma Liang＞
（このお話はWright（1995）に載せられていた話を変えたものである。）

　A long time ago, a poor little girl lived in a poor village in China. Her name was Ma Liang. She loved drawing but she did not have any brushes. One day, she met an old man and he gave her a brush. Ma Liang was very happy.

　Ma Liang drew a chicken with the brush. Suddenly, the picture began to move. It became a real chicken. "Wonderful! It is a magic brush!" said Ma Liang. She started to draw things for all the poor people in the village. A cow for a poor farmer. An axe for a poor woodcutter. Everybody in the village thanked her.

　But three months later, two soldiers came to the village. "Where is Ma Liang?" they said. They took her to the king. The king said to her, "Are you Ma Liang? Draw me a tree, full of golden coins!" Ma Liang said, "No." The king said to the soldiers, "Put her in prison!"

　Ma Liang was in prison. But she drew a key and got out of the prison. But the soldiers found her. Then she drew a horse and jumped on the horse. The horse ran away. But the king and the soldiers ran after her and shouted, "Stop! Come back!" Then they got nearer and nearer. **What did Ma Liang draw next?**

ⓒallentamai

（大意：遠い昔，中国の貧しい村に貧しい小さな女の子が住んでいた。彼女の名前はマ・リン。彼女は絵を描くのが好きでした。ある日，彼女はおじいさんから絵

筆をもらいました。彼女がその筆で鶏を描くと，急に絵が動き始め本物の鶏になりました。「すごい，魔法の筆だわ」とマ・リンは言った。彼女は村の貧しい全ての人たちのために絵を描き始めた。

しかし3か月後，村に二人の兵士がやってきて彼女を王のところまで連れて行った。「お前はマ・リンか？私のために金貨いっぱいの木を描いてくれ」と王様は言った。マ・リンは「いやです」と答えた。

そのためマ・リンは牢屋に入れられた。でも彼女は魔法の絵筆を使って「鍵」を描き，牢屋から抜け出た。でも兵士が彼女を見つけたので彼女は馬を描いて，跳び乗った。馬は走ったが，王様と兵士たちもやって来た。**マ・リンは次に何を描いたのでしょうか。**）

3.1.6 ストーリーを使ったリスニング

ここで使うストーリーは，いわゆる「昔話」と呼ばれる御伽話や童話とは違い，主に単語理解とリスニング能力の向上を目指して使うものであり，少しゲーム的な要素が含まれる。

(1) Good morning, my pets.
〈対象〉小学生中学年以上
① 椅子を円形において子どもたちを座らせる。
② 黒板にペット用の動物の写真を数種類貼り，単語を一通り教えた後，子どもたちに各自1つずつペットを選ぶように指示する。

③ 話の中に自分の選んだ動物が出てきたら，椅子から立ち上がって1回転し，座るように指示する。
④ "Good morning, my pets!" と聞くと，全員が立ち上がって1回転し，違う椅子に座るように指示する。

Joe loves animals. He has many pets at home. Every morning he needs to feed them. Well, this morning, he goes to the tank first and says, "Good morning my dear goldfish, Tim," and gives him fish food. Then, he feeds his cat, Tammy, his dog, Blacky, his little turtle, Lucy, his hamster, Nat. Everyone is now happy and feels good, and so does Joe. He says, "Good morning, my pets. Let's have a nice day."

ⓒallentamai

（ジョーは動物大好き。彼は家に沢山のペットを飼っている。毎朝，彼はえさをあげなくてはいけません。今朝も最初に水槽に行き「おはよう，かわいい金魚のティム」と言って，えさをやりました。それから彼は猫のタミーにえさをあげ，次に犬のブラッキー，小亀のルーシー，そしてハムスターのナット。みんな幸せで気持ち良さそうで，ジョーも同じ気持ちです。彼は「おはよう，僕のペットたち。いい日でありますように」と言った。）

ここでは，題材をペットにして話を作ったが，他のトピック，例えば「水の中の動物」「食べもの」「着るもの」「遊ぶもの」でも，簡単な話を作り同じような活動をすることができる。

(2) A Tailor

〈対象〉小学校中学年以上

① 必要な視覚教材を作る（ここでは仕立て屋，オーバーコート，ジャケット，ベスト，マフラー，ネクタイ，ボタン）。（参照:カルデコット賞を受賞したSimms Tabackの描いた『Joseph Had a Little Overcoat』）

② 着る物の絵を見せて，着る動作（たとえば，上着を着るような仕草）をして，子どもたちに真似るように指示する。

③ お話の中に「身に付ける物」が聞こえたらその動作をするように指示する。

Once upon a time, there was a very poor tailor. He wanted to make himself an overcoat, so he worked very hard and got enough money to buy a piece of cloth. He made an overcoat. He liked the overcoat so much. He wore it every day, so it was all worn out. So, then he made a jacket out of it. He wore it every day, so it was all worn out. So then he made a vest out of it. He wore it every day so it was all worn out. So then he made a scarf out of it. He wore it every day so it was all worn out. So then he made a tie out of it. He wore it every day so it was all worn out. So then he made a button out of it. He wore it every day but he lost it.　And so at last nothing was left. So he made a story.

（大意：昔あるところにとても貧しい仕立て屋がいた。自分のためにオーバーコートを作りたかったので，一生懸命働いて，布地を買うためのお金をやっと貯めた。

彼はオーバーコートを作り，それがとても気に入ったので，毎日着ていた。それでコートは擦り切れてしまった。そこで，仕立て屋はオーバーコートからジャケットを作った。ジャケットは擦り切れてしまった。そこで，仕立て屋はジャケットからベストを作った。ベストも擦り切れたのでベストからマフラーを作った。マフラーも擦り切れ，彼はマフラーからネクタイを作った。ネクタイも擦り切れてしまったので最後にネクタイからボタンを作った。でも彼はボタンをなくしてしまった。そこで，仕立て屋は何もなくなったので，そこからこのお話を作った。)

(3) Guess what story it is.
① 下のように昔話の1シーンを描いた絵を用意し，それを黒板に貼る。
② それぞれの絵の下に番号をつける。
③ 英語を聞いてどの物語か分かった段階で答えを言うように指示する。
④ 次のように話の一部を語る。

①　②　③

④　⑤　⑥

(A) The first little pig built a house of straw. Then the wolf came to his house and knocked at his door.（最初のコブタは藁の家を作りました。それから狼がやって来て，ドアをノックしました。）　　　　　　　　　　　　　（答：⑤）

(B) While she was walking along a little path in a dark wood she met a big wolf. He asked, "Little girl, what's your name? And where are you going?"（暗い森の小道を歩いていたら，彼女は狼に会いました。狼は「お嬢さん，お名前は？　どちらへ行くの」と聞きました。）　　　　　　　　　　　　（答：③）

(C) "Mirror, mirror, on the wall, who's the fairest of them all?" said the queen.
（「鏡よ，壁の鏡，誰がこの世で一番きれい？」と女王は聞きました。）　　（答：④）

(D) The dog climbed on the donkey. The cat climbed on the dog. The rooster climbed on the cat. And they all shouted and made such a big noise.
（犬はロバの上に上り，猫は犬の上に上り，雄鶏は猫の上に上り，みんなで叫び，ひどい音を立てました。）　　（答：②）

(E) "Oh, my poor children. Why don't you come inside and enjoy eating all these sweets?" said the witch. （「まあ，かわいそうな子どもたち。中に入ってお菓子を食べなさい」と魔女が言いました。）　　（答：①）

(F) "Grandmother, look at this. A nice boy came from this giant peach," said the grandfather.
（「おばあさん，これを見てごらん。かわいい男の子がこの大きな桃から出てきた」とおじいさんは言いました。）　　（答：⑥）

3.2　スピーキング活動

3.2.1　歌

　年齢の低い子どもほど，動作の付いた歌を好む。アクション・ソング (Action Songs) とも呼ばれる動作付きの歌は，内容に合わせた動作をすることで遊びながら歌を覚えることができる。ここでは代表的なアクション・ソングを紹介する。

(1) **I am a little teapot.** （僕は小さなティーポット）

I am a little teapot, short and stout.	私は小さなティーポット，背が低くて太ってる
Here is my handle; Here is my spout.	ここが取っ手で，こちらが注ぎ口
When I get steamed up, then I shout,	蒸気が出てきたら，僕は叫ぶよ
"Tip me over and pour me out."	「僕を傾けて，注ぎ出して」とね

(2) **Peas Porridge** （ソラ豆のおかゆ：最も代表的な手叩き歌）

1. Peas porridge hot,　　　　　　　　熱いソラ豆のおかゆ，
   Peas porridge cold,　　　　　　　　冷たいソラ豆のおかゆ，
   Peas porridge in a pot nine days old.　９日間おなべの中にあったソラ豆
   　　　　　　　　　　　　　　　　　　のおかゆ
2. Some like it hot,　　　　　　　　　熱いのが好きな人もいれば，
   Some like it cold,　　　　　　　　　冷たいのを好きな人もいる
   Some like it in a pot nine days old.　９日間おなべの中にあったのが好
   　　　　　　　　　　　　　　　　　　きな人もいる

(3) **Humpty Dumpty** （『不思議な国のアリス』で有名になった）

Humpty Dumpty sat on the wall,　　　　ハンプティーダンプティーが壁に
　　　　　　　　　　　　　　　　　　座っていた，
Humpty Dumpty had a great fall.　　　　ハンプティーダンプティーが落ち
　　　　　　　　　　　　　　　　　　ちゃった
All the king's horses and all the king's men　王様の全ての馬と家来たちがやっ
　　　　　　　　　　　　　　　　　　たけど，
Couldn't put Humpty together again.　　ハンプティーダンプティーを元通
　　　　　　　　　　　　　　　　　　りにすることはできなかった

(4) **Hickory, Dickory Dock** （アガサクリスティーのミステリーにも使わ
れた）

Hickory, dickory, dock,　　　　　　　　ヒコリ，ディコリ，ドック
The mouse ran up the clock,　　　　　　ねずみが時計に走りあがり，

The clock struck one,	時計が1時を打ったとき
The mouse ran down,	ねずみは降りてきて
Hickory, Dickory, dock.	ヒコリ，ディコリ，ドック

(5) **The Eency Weency Spider**　（今でも子どもたちの間で大人気の歌）

The Eency Weency Spider went up the water spout.	ちいさなクモが雨どいを上っていた
Down came the rain and washed the spider out.	雨がふってきて，クモは流されてしまった
Out came the sun and dried up all the rain now.	太陽が出てきて，全てを乾かし
The Eency Weency Spider went up the spout again.	ちいさなクモはもう一度雨どいを上っていた

(6) **Pat-a-cake**　（これも手叩き歌として使われるケーキを作る歌）

Pat-a-cake, pat-a-cake, Baker's man,	パタパタケーキ，パン屋さん
Bake me a cake as fast as you can.	なるべく早くケーキを私に作って

	ください
Pat it and prick it, and mark it with B.	パタパタ，そして穴を開け，Bと飾り文字を書きましょう
Put it in the oven for baby and me.	オーブンに入れて，私と赤ちゃんのため

(7) **Twinkle, Twinkle** （英語圏の子どもが真っ先に覚える歌）

Twinkle, twinkle, little star,	キラキラ光る，小さな星よ
How I wonder what you are!	あなたは一体誰なの
Up above the world so high,	お空高く
like a diamond in the sky.	ダイヤモンドのように
Twinkle, twinkle, little star,	キラキラ光る，小さな星よ
How I wonder what you are!	あなたは一体誰なの
When the traveler in the dark,	旅人が暗闇を歩くとき
Thank you for your tiny spark,	あなたの小さな光に感謝する
He could not see where to go,	どこに行けばいいかわからない
If you did not twinkle so.	あなたが光ってくれなければ，
Twinkle, twinkle, little star,	キラキラ光る，小さな星よ
How I wonder what you are.	あなたは一体誰なの

3.2.2 チャンツ

　動作を伴う，伝統的なチャンツと子どもたちが好んだチャンツを紹介する。

(1) **Teddy Bear**

Teddy bear, Teddy bear,	テディーベアー，テディーベアー
Turn around,	まわってごらん
Teddy bear, Teddy bear,	テディーベアー，テディーベアー
Touch the ground,	地面に手をついて

Teddy bear, Teddy bear,　　　　　テディーベアー，テディーベアー
Show your shoe,　　　　　　　　　靴を見せて
Teddy bear, Teddy bear,　　　　　テディーベアー，テディーベアー
That will do.　　　　　　　　　　ほらできた。

(2) **Summer is hot.**

Summer is hot. Winter is cold.　　夏は暑い。冬は寒い
I had my birthday. I'm (　) years old.　誕生日が来て，(　)才になった。

(3) **Two Little Apples**

Way up high in an apple tree,　　　りんごの木のてっぺんに
Two little apples smiled at me,　　２つのりんごが僕に笑ってる
I shook that tree as hard as I could,　思いっきり動かして，
Down came the apples,　　　　　　２つのりんごが落ちてきた。
Ummm, they are good!　　　　　　う〜ん，美味しいね。

(4) **Two Little Blackbirds**

Two little blackbirds sitting on the hill,	2羽のクロウタドリが丘にいたよ
One's named Jack, and the other's named Jill	1羽はジャックで，もう1羽はジル
Jack flies away, Jill flies away,	ジャックが飛んで，ジルも飛んだ
Jack comes back and Jill comes back	ジャックが帰ってきて，ジルも帰ってきた
Two little blackbirds sitting on the hill,	2羽のクロウタドリが丘にいたよ
One's named Jack, and the other's named Jill.	1羽はジャックで，もう1羽はジル

3.2.3　ジョイント・ストーリーテリング

　ここではイギリスの昔話「ジャックと豆の木（Jack and the Beanstalk）」をジョイント・ストーリーテリングにした一部を紹介する。

①ジャックが豆の木に上るところ（チャンツ風に）

Jack:　　　　Up and up and up and up. Up to the top.
　　　　　　（上に上に，頂上まで）

②ジャックが大男の奥さんと会うところ（きらきら星のメロディーで）

Jack:　　　　Hello, Hello, Mrs. Giant.
　　　　　　（こんにちは，巨人の奥様）
　　　　　　Hello, Hello, How do you do?
　　　　　　（こんにちは，はじめまして）

Mrs. Giant:　Oh! Who are you?
　　　　　　（あれ，あんたは誰？）

Jack:　　　　I am Jack. I'm an Englishman.
　　　　　　（僕はジャック，イギリス人）

How do you do, Mrs. Giant?
(はじめまして, 巨人の奥様)

Mrs. Giant: Oh, what a lovely voice. I like it.
Come in, Jack.
(まあ, なんて素敵な声なんでしょう。
気に入ったわ。中にどうぞ。ジャック)

③大男が台所に入ってくるところ（チャンツ風にリズムをとる）
Fee, Fi, Fo, Fum,
Fee, Fi, Fo, Fum
(フィー, ファイ, フォー, ファム, 意味のない音)
I smell the blood of an Englishman,
(イギリス人の血の匂いがするぞ。)
Be he alive, or be he dead
(生きているのか, 死んでるのか,)
I'll grind his bones to make my bread.
(粉々にしてパンに入れてやる。)

第4章

子どもの外国語学習における リタラシー能力の発達

＋活動編

前章では外国語学習におけるリスニング能力とスピーキング能力の発達について見てきたが，本章では外国語のリタラシー能力[1]の発達，およびその指導について考えていきたい。リタラシー能力，つまり「読み・書き能力」を獲得するとはどのようなことを意味するのだろうか。世界中どこでも子どもが学校へ通い始めるのはだいたい6～7歳であるが，これは学校教育の第一目的である「読み」「書き」を教えるのにこの年齢が適しているからであろう。リタラシー能力を獲得するためには通常，音声言語が発達していることが条件となる。私たちは言葉が話されている環境に身を置くことで音声言語を獲得するが，リタラシー能力は自然に身につくものではない。リタラシー能力獲得には，私たちが想像している以上の複雑なプロセスが含まれ，学習者もそれなりに意識的に取り組まなければならない。

4.1　リタラシー能力について

4.1.1　リタラシー能力の必要性

　リタラシー教育が重要な理由は，「書き言葉」が「話し言葉」とは異なる多くの利益を人間社会にもたらす力を持っているからである。「話し言葉」によるコミュニケーションでは，情報が「今，ここ（here and now）」にいる特定の人同士に限られてしまうという限界がある。また，音声で伝えるために情報がぬけたり，もしくは誤って伝わったりする可能性もある。それに比べ「書き言葉」は「今，ここ」にいない人とのコミュニケーションを可能にしてくれるだけでなく，より正確にメッセージを伝えることも可能にする。私たちはリタラシー能力を獲得することによって，「今，ここ」に縛られず，時空を超えることができるようになった。つまり私たちは文字を知っていれば，どこの時代でも，またどんな所へでも行くことができるのである。

　また現実問題として現代社会では，リタラシー能力なくしては生き延びることは難しい。現在，世界中には7億7400万人（UNESCO統計, 2007）もの「非

---

[1]　「リテラシー」といわれる場合が多いが，ここでは英語の音に近い「リタラシー」という表記を使い，従来の「読み・書き」能力のことをさす。

識字者」，つまり読み書きのできない人たちが存在する。そうした人々は「非識字者」であるために，職に就くことも難しく一般的には低所得者層に属し，その生活環境を変えることは不可能に近く，貧困の連鎖を断ち切ることは難しい。リタラシー能力は人としての最低限の生活を確保する上で必須の力となる。

　リタラシー能力は人に生きる力（empowerment）を与えるものであると言っても過言ではない。この能力を使って，人々は様々な媒体から情報を収集し，新しい世界観を身につけ，必要とあれば社会を変えていく力を養うことができる。そして，私たちは本を読むなど「書き言葉」を通して自分自身を深く知ることができ，自分を含め，人間についての理解をさらに深めることができるのである。

　以上のことは，第一言語においては明らかであるが，第二言語においても同様のことが言える。特にグローバル化が進む現代において，英語のリタラシー能力を獲得することは大きな意味を持つ。例えば，インターネットで使用される言語は，全ネット人口に対して英語が27.3％，次に中国語が22.6％になっている（Internet World Stats, 2011）。英語のリタラシー能力を得ることは情報化の進む中，より素早く，多面的な情報を得ることを意味する。

　しかし，このような功利的な側面のみではなく，英語のリタラシー能力を獲得することによって，我々は英語を通して書き手の考え，思いを知り，相手を理解し，知的な地平線を広げることができる。話し言葉だけではなく，書き言葉を理解することにより，第一言語で構築した世界観にさらに深みと広さを増すことが可能になる。

4.1.2　コミュニケーション活動としてのリタラシー能力

　第3章でも述べたように，この本ではコミュニケーション活動という観点から言語活動を見ているので，言語スキルを従来の別々のもの（リスニング，スピーキング，リーディング，ライティング）としてではなく，総合的に取り扱っている。リタラシーに関しては，文字を通してメッセージを送る「書き手」と，それを受け取る「読み手」が共同で意味を構築していくと考えている。「読み手」がいて初めて「書き手」は存在し，「書き手」の伝えようと

したメッセージは「読み手」に読まれて初めて意味を持つことになる。

確かに、スキルの成長からすると、リーディングの発達に比べ、ライティングの発達には時間がかかる。それは前章で述べたリスニングとスピーキングの比較と同様、ライティングにはリーディング以上に語彙や文法への深い理解力が要求され、さらに正しい文体を選択する力などが求められるからである。子どもに最初からライティングの指導を始めることは、特に外国語学習においては、言語的にも認知的にも難しいことである。そのため、この章でもリーディング指導を中心に考えていくが、リーディングとライティングは別個のものではなく、2つの能力は連動して成長していくと考えている。

4.2　第一言語習得におけるリーディング理論と指導

英語圏においてもリーディングの指導に関して様々な方法が提唱されているが、ここではそれらを概観する上で有意義な2つの考え方について説明する。1つは「ボトムアップ・アプローチ（Bottom-up Approach：上昇アプローチ）」と呼ばれ、もう1つは「トップダウン・アプローチ（Top-down Approach：下降アプローチ）」と呼ばれる。これらはもともと心理言語学、認知心理学、また情報処理などの分野で使われている用語である。

図4-1　ボトムアップとトップダウンによる読みの過程

図4-1が示すように、人が何かを理解、または学習する過程で、データの中にある情報（語や文）を利用する方法がボトムアップ・アプローチで、

一方既に持っている知識を利用し，入ってきた情報を理解，または処理をしようとするのがトップダウン・アプローチである。

　ここではまずは，ボトムアップ・アプローチでリーディングの過程について説明しよう。例えば「A frog is swimming.」という文（データ）を理解する時，文の中にある単語，そして単語の中にある一字一句をまず識別，認識する。例えば，それぞれfrogは/f//r//ɔ//g/, isは/i//z/, swimming は/s//w//i//m//i//ŋ/という音をもっていることを認知し，それぞれの意味を考え，次に蛙は1匹であること，「今泳いでいる」という「現在進行形」などの文法的な知識を使いながら，文字⇒単語⇒文全体と，小さな単位から大きな単位へと認識を広げ，文全体を理解していく。このように小さな情報を積み上げて全体を理解する過程をボトムアップとよぶ。

　これに対しトップダウン・アプローチでは，読み手はただ単に一字一句から，単語，そして文を処理していくのではなく，自分の考えや経験を基に内容を想像，あるいは予測しながら読んでいくと解釈する。例えば，Sally was playing with her mother. When she heard her father's car stopping near her house, she ran to the door to lock it. (お母さんと遊んでいたサリーはお父さんの車が家の近くで止まるのを聞いたので，急いで玄関まで行き，鍵をかけました）という文を読んだ場合，私たちは「お母さん」「遊ぶ」「お父さん」「急いで」「玄関」などの単語の情報から「小さな子どもであるサリーがお父さんの車の音を聞き，喜んでドアを開ける」という結末を想像する。しかしこの文のように最後に「鍵をかけました」と読むとその結末に驚いてしまう。このような驚きは私たちはテキストに書かれている単語や文から情報を一方的に得るだけではなく，実は常に自分の知識や経験から内容を想像し，予測しながら積極的にテキストに関わっていることを証明する。このようにメッセージを読み取り，予測ができるのは読み手が生活経験，または知識を持っているからで，このような知識を「スキーマ（schema）または背景知識（background knowledge）」とよぶ。

4.2.1　ボトムアップ・アプローチに基づくリーディング指導
4.2.1.1　フォニックス指導 (Phonics)
　ボトムアップ・アプローチの代表的な教え方としてフォニックスをあげることができる。フォニックスとは簡単に言えば英語の文字とそれに対応する音との関係を教える指導法である。例えばHは，アルファベット読みで「エイチ」という名前を持つが，音としては/h/,「ハ」と似た無声音で，寒いときに手に息をふきかける感じの音を表す。同じようにWは「ダブリュー」であるが，音は/w/で「ウ」に近い音で，唇を丸めて前に突き出す形で音を出す。このようにアルファベットの1文字，もしくは2文字に対応する音を教えることで，子ども達は文字と音との対応を知り，単語を構成している1つずつの文字を音声化することによって，単語を読むことができるようになる。

4.2.1.2　サイト・ワード指導 (Sight Word Method)
　サイト・ワード指導は単語を分解しないでそのまま丸ごと教えていく方法である。よく使われる機能語[2] (the, my, he, of, and等) を中心に100単語ぐらいをこのような方法で習得すると，ある程度の文を読むことができるようになる。フォニックス指導とともに用いられる場合が多く，学習者はフォニックスのルールでは説明できない頻出単語 (the, he, me等) を分解せず，丸ごと覚えていく。

4.2.1.3　ベーセル・リーダー指導 (Basal Readers)
　フォニックスとサイト・ワード指導を併用して，ある程度単語を音読できるようになった子どもを対象にベーセル・リーダー (basal readersもしくはgraded readers) と呼ばれる本が使われることがある。これらの本は通常シリーズ本として提供されるが，難易度にしたがってレベルが分けられている。様々なレベルの学習者の言語力に合わせて文法や語彙，または他のスキルが細部にわたりコントロールされているので，教師は子どもの言語力に合わせたレベルの本を提供することができる。子ども自身も自分のレベルに合った

2　機能語とはそれ自体ではほとんど意味を持たないもので，文法的な関係をあらわす言葉である（前置詞，代名詞など）。

本を選び，自分の力で本を読むことができ，本を読む楽しみを経験することができる。

4.2.2 トップダウン・アプローチに基づくリーディング指導
4.2.2.1 ホール・ランゲージ・アプローチ（Whole Language Approach）

　1970年代のアメリカで「基礎に還る（Back to Basics）」運動の裏で教師たちの草の根運動として始まったのがホール・ランゲージ運動である。これはリタラシー指導法というよりも教育哲学であり，全人教育的な言語教授法である。このアプローチは学習者をカリキュラムの中心に置き，教師は教えるというよりも，子どもが外界のあらゆる物事を積極的に取り込み，理解できるように，補助的な役割を担うべきだとしている。またこのアプローチにおいては，言語は学習の中核にあり，言語習得は子どもの個人的，社会的，そしてアカデミックな生活に大きな影響を与えると考えられている。

　一般的には，子どもは周りで話されている言葉を聞くことで自然に音声言語を獲得していくと言われるが，ホール・ランゲージ・アプローチではリタラシー能力についても同様に，子どもに刺激的な環境を与えると，彼らは環境から自然にリタラシー能力を獲得していくと考えられている。そこで，このアプローチに基づくリーディング指導では，子どもに本を読むことを奨励し，教室内には多くの印刷物を展示することを勧めている。アルファベットのみならず，他にも色々な単語のスペルや句または文等が自然に子どもの目の中に入るように環境を整えている。ホール・ランゲージ・アプローチでは，「意味」は1つ1つの単語や文にあるのではなく，全体の中にあると考え，子どもたちに自然な環境の中で，文脈を通して言葉を提示し，指導していく方法を取る。先ほど紹介した，言葉を細かく文字レベルに分解し，音と文字の関係をドリル的に教えるフォニックスのような方法とは対照的である。

　このアプローチでは，通常別々に考えられている言語の4技能（リスニング，スピーキング，リーディング，ライティング）を統合的に扱い，指導する。また簡素化されていない本物の（authentic）読み物を読むことによってのみ，子どもはリーディングに効果的な学習方法やテクニックを身につける

と信じられているので，教室の中では本物の教材が使われる。例えば先ほど紹介したベーセル・リーダーについては，英語を母語とする子どもたちにとっては本物のリーディング教材ではなく，「教え込もう」として故意に作られたテキストであるため，そのような教材は言葉の豊かさを伝えるものではないとし，その活用および効用については批判的である。

4.2.2.2　言語体験アプローチ　(Language Experience Approach)

　この指導法もホール・ランゲージ・アプローチ同様，言葉を文脈の中で提示し，リーディングを指導していくものである。この指導法の特徴は，子どもが自分で創作したものが教材になるところにある。日本ではあまり馴染みの無い指導法なので少し具体的に見ていくことにする。

① 子どもは与えられた課題に従い，自分で話を作る。例えば「ハロウィーン」についてお話を考えるように指示されると，「ハロウィーン」に関する話を考える。

② その後に大きめの画用紙に自分の話を絵で表現する。

③ 教師は一人一人の子どもから話を聞き，彼らが描いた絵の横になるべく忠実に，子どもの話を文字で書き表す。子どもは自分の話している言葉が書き言葉になっていく過程を観察することができる。

④ 話が出来上がると，子どもは他の子どもの前でその話を披露する。子どもは自分が作った話なので文字が読めなくても発表することができる。子どもが発表する場合もあれば，先生が話を読む場合もある。その話を使って文字と音の関係や，関連する単語や文法を教えることもできる。

＊

英語圏ではボトムアップ・アプローチのフォニックス指導と，トップダウン・アプローチのホール・ランゲージ指導の間で，どちらがより優れたリーディングの指導法なのかと長年議論されてきた。実際のところはどちらも大切なので，多くの教師はその両者をうまく統合させて授業を進めている。基本的には音声言語を伸ばしつつ，初期段階ではフォニックス的な文字と音の関係を教え（ボトムアップ・アプローチ），子どもたちがある程度単語が読めるようになるとすぐに本物の本を読み，内容の理解を促す活動（ホール・ランゲージ・アプローチ）に移ることが提唱されている。(Adams, 1990)

4.3 第二言語習得におけるリタラシー指導の理論と実践（ボトムアップ・アプローチ）

　上記のような英語圏のリーディング指導を日本人の子どもに応用する際忘れてはいけないことは，彼らの音声言語は発達しておらず，また関連して語彙も非常に少ないということである。第一言語において，子どもは初め，「音からの情報」つまり「話し言葉から得られる情報」をもとに生活を送るが，成長するにつれ次第に「文字からの情報」つまり「書き言葉から得られる情報」を頼りに行動するようになる。その変わり目はだいたい 8, 9 歳にあると言われている（Cameron, 2001）。日本の小学校教育においても学年が上がるにつれ，教科学習が進み，子どもたちは新しい知識を吸収し，定着させるために文字を使うことがいかに有効なのかを体験していく。音声言語を主としたメッセージのやり取りは，小学校中学年頃（8, 9 歳）を境に文字言語を媒介としたものに変わり，学校生活の中で文字言語の重要性が急増する。

　しかし，日本における英語学習においては，学習を始めた年齢にもよるが，程度の差こそあれ，みな音声言語の土台が十分に出来たとはいえない状態で文字言語の学習が始まる。これからのセクションで繰り返し述べるが，日本人の子どもたちへの英語のリーディング指導で最も重要なことは，まず何よりも英語での音声言語を育てること，そして英語の音への気付きを育てることであり，音声言語を育てつつリタラシー指導を統合していくことである。

　ここでは，まず日本人の子どもに合わせたボトムアップ・アプローチを紹介する。フォニックスはあくまでも英語の音の中で育ち，2 歳ぐらいからアルファベットを通して文字に親しむ英語圏の子どものためにできた教授法である。したがって日本人の子どもを対象としたボトムアップ・アプローチの中で最も大切なことは，フォニックスを導入する前に十分な時間をとり，フォニックスの重要な要素である「アルファベットの知識」と「英語の音に対しての気づき」を高める指導を行うことである。この 2 つの力は，英語を母語とする子どもや英語圏で英語を学ぶ子どもにとってもリタラシー能力を獲得する必須条件として挙げられており（たとえば，Ehri, Nune, Willows, Schuster, Yaghoub-Zadeh, & Shanahan, 2001），英語圏ではリタラシー能力を獲得するためにはこれらの能力を伸ばすことが最重要課題だと認識され，その指導が行

われている。

4.3.1　アルファベット[3]の指導

日本語でも子どもたちは「あいうえお」のひらがなを習得することからリーディング能力を培っていくという過程を考えると，英語におけるアルファベット学習の重要性が理解できるであろう。それでは，アルファベットの文字を学習するとは一体どのようなことを意味するのだろうか。

4.3.1.1　アルファベット文字を読むとは

子どもたちはアルファベットを見ると，まず図4-2の①のようにアルファベット文字を視覚的に把握する。例えば，Aという文字は「横線が真中にあり，左右に斜めの線があり，斜線が上で交差しており，水平線と左右の斜線も交差しており，左右対称である」という特徴があることを目で理解していく。このような特徴を弁別特徴（distinctive features）と呼ぶ。アルファベットの文字を認識するとは，このような視覚刺激に/eɪ/という聴覚刺激を結びつけ（図4-2では②の過程），Aと/eɪ/が同じ記号（シンボル）を表していると頭の中で処理することである（図4-2では③の過程）。

アルファベット学習で最も大事なのは③の過程であり，視覚刺激と聴覚刺激を同一のものとして理解することであるが，それぞれの段階で次のような誤りがおこる。

①目から入る情報（visual stimulus）を処理する段階
　例えばここでは「A」という文字を視覚的に認識する段階であるが，この段階での誤りとして代表的なものがMとW，bとd，pとqの混同，また平仮名からの影響でJを「し」のように書く誤りである。

②耳から入る情報（aural stimulus）を処理する段階

3　母音と子音を表記する世界初のアルファベットは紀元前14〜13世紀にシナイ半島で使われていたウガリット語。その後フェニキア文字，ギリシャ文字，エトルリア文字を経て，ローマアルファベットが生まれた。ラテン文字を書き表すためにできたローマアルファベットは初め20文字で，紀元前1世紀末にGYZの3文字が追加され，10〜11世紀にVからUとWが生まれ，最後15世紀になってIからJが分かれて追加され26文字になった（平田，2004）。

例えば/eɪ/という音を認識する段階であるが，この段階での誤りとして代表的なものはL, M, Nの聞き分けが難しいとか，GとZやBとVの違いが分かりにくいといったものである。

③目からの情報と耳からの情報を同一のものとして処理する段階

例えば「A」という文字と/eɪ/という音が同じものを表すと認識する段階であるが，この段階での誤りとして代表的なものは，Mを/el/と言ったり，Nを/em/と言ったりするL, M, Nの混同である。

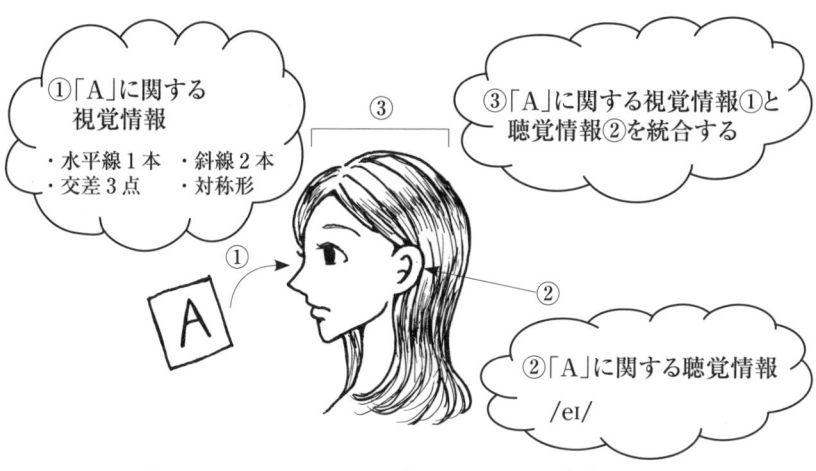

図4-2　アルファベットを読むということ　（「A」の場合）

従って，当然のことではあるが，ローマ字を学習することとアルファベットを学習することは根本的に大きく違う。小学校の先生方から「ローマ字を教えたので，わざわざアルファベットを教える必要があるのか」とか「アルファベットはローマ字にないXやLを教えるだけでいいのではないか」という質問を受けることがある。これに関しては，上の図から見ても明らかであるが，ローマ字学習が役に立つのは視覚情報を処理する①の過程に関してだけである。前述したようにアルファベット学習の最も大切なところはアルファベットの文字（視覚情報）とその名前（聴覚情報）を一致させるところにあり，このことをしっかり理解し，英語学習の基本であるアルファベット学習を十分に指導することが大切である。

また，先に述べた弁別特徴という観点から大文字と小文字を比べると，小文字は弁別特徴が少なくなり，見極めがとても難しくなる。また，子どもたちにとっては，小文字の高さなども分かりにくい原因となり，習得には想像以上の時間がかかり，中には「小文字は大嫌い」という子どもも出てくる。大文字だと比較的順調に学習していく子どもでも，小文字になるとつまずいてしまうことがある。アルファベットの理解は全ての読みの始めになるので，十分に時間をかけて指導していく必要がある。

4.3.1.2 アルファベットの読みとリーディング能力

英語圏での研究から，アルファベットの認識と後に発達するリーディング能力には強いつながりがあることが報告されている（Share, Jorm, Maclean, & Matthews, 1984等）。つまりアルファベットに関する知識が十分にある子どもは，後に高いリーディング能力を獲得することになるが，それに対してアダムズ（Adams, 1990）は以下のような3つの理由を挙げている。

● 未就学児の子どもたちに関しては，ある程度の速さと正確さでアルファベットが読める子どもは，そうでない子どもと比べ，アルファベットの文字知識があるおかげで文字の音や単語のスペルに関しても知識を深めることができる。

● 就学児童に関しても，文字認識が確実にできている子どもは単語を見る際，全体的に文字の配列を把握することができ，1つ1つの文字に分解する必要がない。一方，文字認識ができていない子どもは単語の中の1つ1つの文字の確認に時間がかかり，単語が全体で何を意味しているのか考える余裕もなく，単語を記憶するところまでたどり着けない。

● アルファベット文字を把握している子どもは，その音についても早く習得できる。これはアルファベットの文字の名前（例：Bの名前は/biː/）がその文字の音（例：Bの音は/b/）に関連していることからくるが，つまりB/bを[biː]と読み，認識できる子どもはB/bで表される/b/という音についても早くから習得することができる。

これらはネイティブの子どもにとっても，リーディング能力を発達させるには，まずアルファベットに関する知識を習得することが重要であるとの指摘である。日本で英語を学ぶ日本人の子どもたちにとっては，その重要性は

さらに増すことになるだろう。

4.3.1.3 アルファベットの知識

「アルファベットの知識」といっても「/eɪ/」と聞いて「A」を認識するレベルと，「/eɪ/」と聞いて「A」が書けるレベルは違う。この場合後者のほうがより深い知識を要求する。

ここで，日本人の子どもたちのアルファベット知識について研究した結果について少し報告したい。小学校5，6年生を対象[4]にアルファベットのテストを実施したが，テストは次のように4つのセクションで構成し，それぞれの能力を測定した：①アルファベット1文字が認識できる力，②アルファベット複数文字が認識できる力，③アルファベットが書ける力，④単語が認識できる力。単語の認識力にどのようなアルファベットの力が関連しているのかを調べた結果，アルファベット1文字の認識力とは相関が低く，複数文字の認識力や，アルファベットが書ける力との相関が高いことが分かった。つまり，英語の単語のスペルを認識するには，アルファベットを1文字ずつ聞いて理解できる程度の知識では足りず，複数のアルファベット文字を早くかつ正確に認識できる力，または音を聞いて文字が書ける程度の力が必要であることが分かった。（アレン玉井，2006, 2007）

授業でアルファベットを教えるとき，「A」のカードを見せて子どもたちが/eɪ/と言っているので「A」の文字は習得できたと思い，そこでアルファベットの指導を終えていないだろうか。その場合，確かに子どもは「A」という文字を認識しているが，その程度の力では単語を全体的に把握することはできない。アルファベットの複数の文字を素早く，かつ正確に処理する力を伸ばすため，活動編で紹介しているような多くの活動を取り入れ，十分な指導をしたいものである。

またアルファベットの大文字と小文字の理解，および単語認識の関係を探る研究（アレン玉井，2008）から，次の4点が判明した。

①アルファベット大文字の知識があるからといって，小文字の知識が伸びる

4　2006年の参加者は302名（男子：154名，女子：148），2007年の参加者は130名（男子：65名，女子65名）。

わけでもない。
②単語のスペルが分かるためには，大文字ではなく小文字の認識が必要である。
③単語のスペルが分かるためには，小文字を認識するだけでなく書く力までが必要である。
④アルファベットの小文字とローマ字の理解力は関連している。

　これは，実践を含めた研究のため参加者が１クラス＝26名と非常に少ないため一般化することは避けたいが，小文字学習の重要性は強調したいところである。前述したように，小文字の習得には時間がかかり，個人差も出てくるが，小文字を十分に理解することは単語や文を理解することに直結するので大文字以上に丁寧な指導が必要となる。

4.3.1.4　アルファベットの学習の到達目標とカリキュラム

　研究の結果を生かし，私は次ページのようなアルファベットの指導目標をたて，実践している。特徴は大文字，小文字に拘わらず，１文字の練習のみで終わらせず，複数の文字を早く，また正確に処理する練習に十分時間をかけるところであり，また特に小文字にはかなりの時間をかけ，徹底的に指導するところである。前述したように大文字の習得は比較的早くできるのだが，弁別特徴が少ない小文字を覚えるのは子どもにとって難しいようである。長年の経験から私はまず大文字を教えて子どもに自信をもたせ，その後に小文字を教えるようにしている。

　この表では民間教育においては，先生が少人数の子どもたちに週１回／１時間程度の授業で10〜15分をリタラシー活動に使う状況を想定した。公立小学校においては，公教育の中で英語を専門としない小学校の先生が，30名〜40名程度の大人数の子どもたちに，週１回／45分程度教える中で10分程度をリタラシー活動に使う状況を想定している。公立小学校の列にある左側は３年から英語活動を導入した場合，右側は５年から導入した場合である。また，ここに書いた学年については，それぞれの目標を到達できる最低学年であるが，あくまで私の経験に基づいたもので，授業回数，子どもの数，子どもたちの学習能力や学習経験などによって異なることが当然予想されるため，一応のガイドラインとして参考にしていただきたい。カリキュラム編成上大切

なことは、アルファベット学習は積み重ねが大切なので、指導時間を単元化して独立させるのではなく、毎回の授業で指導するよう帯状に設定することである。

表4-1 アルファベット到達目標

	指導目標	民間教育	公立小学校	
1	アルファベットの歌を歌う	年中	小3	小5（前）
2	大文字の名前を聞いてそれがどの文字なのか理解し、また、文字を見てその名前を言うこともできる（大文字1文字認識）	年長（前）	小3	小5（前）
3	大文字複数の認識。この段階では速く、正確に反応することが重要	年長（後）	小3	小5（前）
4	アルファベット大文字を書かせる	小1	小3	小5（後）
5	小文字の名前を聞いてそれがどの文字なのか理解し、また、文字を見てその名前を言うこともできる（小文字1文字認識）	小1～小2	小4	小5（後）
6	小文字複数の認識。この段階では速く・正確に反応することが重要	小2	小4～小5	小6（前）
7	アルファベット小文字を書かせる	小2	小5	小6（前）

＊（前）=（前半），（後）=（後半）

　公立小学校においても、すでに「文字に触れる活動」をしている学校が増えてきているが、それは多くの場合、例えば「学校」の絵の下に"school"とスペルが書いてあるカードを見せるという程度の活動である。そのようなカードを見せると、子どもたちは無意識のうちに単語のスペルを学習すると思われているようだが、日本の子どもたちにはもっと直接的な指導が必要なのではないだろうか？

　これについては少し私の体験を述べたい。私は視察のために韓国へ行くことがあるが、ハングル文字に関しての知識が全くなかったので、地下鉄に乗る時など困り、3回目に訪問する前に自分で6時間程度ハングル文字を学習した。付け焼き刃の勉強だったので、音読が十分にできる力にもならなかったが、今まで目の中に入ってこなかったたくさんの看板が見えてきた。つま

りそれまでは，単なる線だったハングル文字が意味をもつ文字として私の目に入るようになったのである。アルファベットの文字を正確に教えてもらっていない子どもたちにも同様のことが言えるのではないだろうか。文字を知らない子どもにいくら文字を提示しても，教えられない限り，また自らが意識的に取り組まない限り，文字は抽象的な線の集まりにしか見えず，意味を持たない。ローマ字を学習した後であれば，子どもたちはローマ字の知識を使って単語のスペルを理解するかもしれない。しかし，それぞれのスペルが子どもたちの頭に入るためには基礎的なアルファベットの知識が不可欠で，教師による指導が必要になる。

　平成23年度から実施された外国語活動の時間で使用された副読本『英語ノート』（現在は『Hi, Friends!』：以下同）では，ブック2の最初の2つのレッスンでアルファベットの大文字，小文字が取り扱われており，アルファベットに関する指導目標は『英語ノート指導資料』によると，「1．アルファベットの大文字に興味を持つ，2．積極的にアルファベットの大文字を見つけて読む，3．アルファベットの大文字の読み方を聞いて，それがどの文字かわかる」（レッスン1，p.9）と「アルファベットの小文字を見て，その文字の名前を言ったり，その大文字を一致させる」（レッスン2，p.23）となっている。おおよそ配当時間が8時間であるが，レッスン2は他の言語への気づき，または数字の学習も入るので，実質6時間ぐらいの取り扱いになる。『英語ノート』ではアルファベット知識の定着をねらいとしているわけではないが，私の経験からするとこの程度の時間配分で全アルファベット文字を認識させることは難しく，小文字を含めて完全に定着させることはできない。また提案されているように45分の1単位時間を全て使って授業を行うよりも，私が提案しているように毎回10分程度の時間を取り，練習を重ねていくほうがよほど効果的である。私の場合，1年生から4年生まで週1時間ALTと学級担任のティーム・ティーチングで英語活動を経験していた児童を対象に大文字に10分×8回，そして小文字に10分×25回の指導時間を使った。小中連携の難しさが指摘される昨今であるが，小学校段階でアルファベットを教えることに反対される中学校の先生に出会ったことがない。それどころか，アルファベットは是非ともやってほしいと言われる。中学校の教科書では当然の

ように単語が次から次へと導入されていく，そのような書き言葉に怯まない準備としてもアルファベットの徹底習得は必要である。

4.3.2　音韻認識能力（Phonological Awareness）

英語を読むときに必要なもう1つの要素である「英語の音に対する気づき」（phonological awareness）について見ていくが，まず，英語の「音」とは何を指すのかを明確にしたい。英語の読み書きの際に必要な英語の「音」に対する気づきについて十分理解するために，ここでは少し理論的に音の構造について，また音と文字との関係について説明していきたい。

4.3.2.1　日本語と英語の音について

(1)　音節とモーラ

音節とは母音を中心にした音のかたまりであり，自然な音の区切りであり，全ての言語の中にこのような音の単位は存在する。英語の音声に関する基本単位は音節であり，英語を母語とする人たちは英語を聞く時に自然な音の区切りとして音節を用いる。例外[5]はあるが音節の中心になるのは母音であり，母音の数が音節の数になる。

一方，聞きなれない言葉かもしれないが，日本語の基本的な音の単位はモーラ[6]である。モーラは言語学では音節よりも小さな単位といわれているが，次に述べる特殊モーラ以外はほとんど音節と同じと理解してよいだろう（窪薗&太田，2001）。

例えば日本人の子どもに「ねこ（neko）」はいくつの音でできているのかと聞くと，5歳以上にもなると難なく「2つ」と答える。「ねこ（neko）」は母音が2つあり2音節であるが，モーラで数えても2つである。「きつね」も3音節で3モーラであるが，「きって（kitte）」は2つの母音があるので2音節だが，3モーラになり，音節とモーラの数が違う。同様に「かん（kan）」は1音節であるが，モーラで数えると2つになる。「こうこう（koukou）」は2音節であるが，4モーラになり，「おおさか（Osaka）」は3音節であるが，4モーラになる。表4-2で示しているように，音節としては数えられない

5　母音の代わりに子音（/l/, /m/, /n/）が音節主音になる場合がある。

「っ」(促音),「ん」(撥音),「2重母音の2番目の音」「長母音の伸ばされている音」が,日本語ではそれぞれ1つのモーラとして独立している。このような独特のモーラを特殊モーラと呼ぶ。特に「2重母音の2番目の音」を独立させる日本語とそうではない英語との差は発音する上においても留意する必要がある。例えば英語のiceは/aɪ/(母音)/s/(子音)で1音節であるが,日本語になると「アイス」と「ア」と「イ」を分けて発音し,また「ス」もモーラをなすので,3モーラとなる。反対に日本語を学習する英語圏の人にとって,「来て下さい」はわりと簡単に発音できるが,特殊モーラを含む「切ってください」「聞いてください」を聞き分けること,また正しく発音することは難しい。

表4-2 音節とモーラの比較

音節数	言葉		モーラ数	モーラと特殊モーラ
2	neko	ねこ	2	モーラ
4	fudebako	ふでばこ	4	モーラ
2	kitte	きって	3	促音（特殊モーラ）
2	shimbun	しんぶん	4	撥音（〃）
2	koukou	こうこう	4	二重母音の2番目の音（〃）
3	osaka	おおさか	4	長母音の伸ばされる音（〃）

(2) 開音節と閉音節

さらに日本語と英語を比較すると,その音節の構造に大きな違いがある。母音で終わる音節をopen syllable（開音節）と呼ぶのに対し,子音で終わる音節をclosed syllable（閉音節）と呼ぶ。日本語は「あかさたなはまやらわ」と51音（音としては46音）,さらに濁音,半濁音を含めて71音のうち撥音である「ん」以外はすべて母音で終わっており,開音節の全体に占める割合はおおよそ90％と言われている。

一方英語では子音で終わる形が多く,例えばcatは,/k/（子音）/æ/（母

---

6 モーラは「音節を部分的に分解した単位」であり,言語学では「音節よりも小さな長さの単位」(窪薗&本間,2002, pp.17-18) である。

音）/t/（子音）と発音され通常CVC型（C=子音，V=母音）と呼ばれる。他にCVCC型であるgift, desk，CVCCC型の next，そしてCVCCCC型のtextsなどがある。日本語とは対照的に開音節の全体に占める割合は少なく40％程度だと言われている（窪薗＆太田, 2001に引用されたDauer, 1983）。

従って，開音節が中心の日本語を話す私たちにとって，閉音節が多くまた子音連続が可能な英語を聞くこと，そして発音することはとても難しいのである。例えば簡単なdeskという単語の発音も，/d//e//s//k/と最後の/s//k/は子音が続くが，日本人はここに母音をいれ，/d//e//s//u//k/u/（CVCVCV）と発音してしまう。下に少し子音連続の単語を示すが，特に/r//l/のように日本語にない音素が入るとその発音は更に難しくなる。

/pl/: please, plot, player　　/spl/: split, splash
/br/: break, brother, brood　/spr/: spring, spray
/st/: stop, stand, store　　　/str/: street, strict

開音節がおおよそ90％という日本語では，単語を聞くと母音で音を知覚するのが自然である。そのため撥音の「ん」以外，子音が独立して知覚されることはなく，次に述べるように音素で音を区切って聞く，または話すという感覚を持つことはない。

(3) 音素

音素とは，今述べた音節やモーラを更に細かく分節した音の最小単位のことであり，ある言語集団において同じ音として知覚する音を指す。例えば英語の音素とは英語を母語として話す人々が「これは同じ音だ」と思う音である。よって，「同じ音」と考える範囲がそれぞれの言語集団で違う場合もあり，そこに外国語学習の難しさがある。例えば母音においては日本人が同じ音だと感じる「ア」という音が英語ではいくつかに分けて知覚される。その結果cat-cut-cotなどの英語の発音が私たちには難しくなる。音素の理解はこのように音声を正しく聞き分けるために必要なだけではなく，この章で取り扱っている英語のリタラシー学習にも重要になる。それは次に述べるように英語という言語は音素に対応するように文字をあてている言語だからである。

4.3.2.2　音と文字との関係

現在世界中で3000〜7000といわれる言語が存在していると言われている

が（中島＆外池，2000），文字がある言語は主要なものでせいぜい100種類程度である。窪薗＆本間（2002）によると，世界中の書き文字にはいくつかの種類があり，音にあわせて発達した文字は3種類存在し，それらは表4-3に示すように，1音節に対して1文字が対応する**Aタイプ**，1モーラに対して1文字が対応する**Bタイプ**，そして1音素に対して1文字が対応する**Cタイプ**となる。Aタイプの代表的な言葉がハングル文字や漢字，Bタイプは日本語，アラビア語，そしてCタイプは英語を含むアルファベットを使う言語である。

表4-3　音と文字との関係

タイプ	例
Aタイプ：1音節に対して1文字が対応する言語〜ハングル，漢字	面，麺，綿…
Bタイプ：1モーラに対して1文字が対応する言語〜平仮名，アラビア語	めん
Cタイプ：1音素に対して1文字が対応する言語〜アルファベット言語	men

例えば，/m//e//n/という音のかたまりは音節で数えると1音節，モーラで数えると2モーラ，そして音素では3つの音素がある。そこで，音節に対応すると「面，麺，綿，…」と1つの文字，モーラに対応すると「めん」と2つの文字，そして音素に対応すると「men」と3つの文字，で表される。

　リタラシー教育を行う場合音素の理解が必要になると説明したのは，英語では基本的に1つの音素に対して1つの文字が対応するからである。[7] 音素単位で表記してある英語を読む場合，または書く場合，音素という音の単位を理解する必要があり，単語を音素レベルに分解できる力が必要となる。

　まとめると，日本語は前述したようにモーラと呼ばれる音節に近い音の単位で言葉が作られており，文字（平仮名，片仮名）はそれを表すものとして発達してきた。日本人はモーラより小さな音の単位である音素のレベルで音を認識，または音を分けるということはしない。「か」という音は1つの音であり，それを/k//a/のように2つの音素で意識することは通常必要とされない。一方，英語は音声的には音節を基本単位としているが，書き文字に表すときには音素に対応させている。基本的には1つの音素に1つの文字を

対応させる英語の書き言葉を理解するためには，日本人は英語の音を音素のレベルで聞き分ける力をつけることが必要となる。

以上のような観点からすると，ローマ字というのは日本語のモーラ音をアルファベットで表記したものであるので，当然基本的にモーラを音素分解して表している。よって，子どもたちは音素文字であるローマ字に触れることで初めて，日本語の音を音素レベルで認識する機会を得ることになる。例えば「か」は1つの音だと思っている子どもが「ka」とローマ字で書かれた2つの文字を見た時，「/k/」と「/a/」という2つの音がつながって初めて，1つの音を作っているということを視覚的に意識するようになる。

ローマ字はアルファベットの学習の際，視覚情報を処理する手助けになると述べたが，ローマ字学習は更にモーラ音を音素に分けるというメタ言語的な気づきを育てるという意味で英語学習の手助けになると考えられる。子どもはローマ字を学ぶことで意識的に「音素」という単位に気づく機会を得ることになる。

4.3.2.3　英語の音韻認識能力 (Phonological Awareness)

(1)　音韻認識能力とは

英語の音を「音素」という小さな単位で聴くことが英語を読む上で大事なことは説明したが，ただこれは音として/r/と/l/の音素が聞き分けられるという力を指しているわけではない。あくまでも話されている言葉がどのような音(音素)で作られているのかを知る力が必要なのである。そのような力を音韻認識能力 (phonological awareness) または，音素認識能力 (phonemic awareness)[8]と呼び，以下のように定義されている。

- 「the ability to recognize that a spoken word consists of a sequence of individual sounds（話し言葉がそれぞれ独立した音から成り立っているということがわかる力）」(Ball & Blachman, 1991, p. 51)
- 「the ability to reflect explicitly on the sound structure of spoken words（話し言葉の音声的な構造を明確に考えられる力）」(Hatcher, Hulme, & Ellis,

---

7　1つの音素に対して2つの文字（例：/ʃ/ = sh, /θ/ = thなど）が対応している場合もある。

1994, p. 41）

音韻認識能力について，まずは日本語の例で説明しよう。例えば幼稚園の子どもに「な，な，ま，な」という音声を聞かせ，どの音が違うかと質問すると「3番目のま」と問題なく答える。このように子どもたちはモーラ単位で「ある言語集団で同じであると認識された音（音素—ここでは/n/と/m/）」の違いを知覚しているが，これは音韻認識能力とは違う。音韻認識能力はあくまでも話し言葉の中での音の働きに気づく能力をさすので，たとえば「なみ，なす，まめ，なし」といった言葉の中から，はじめの音が違う言葉は何かと聞かれたときに「まめ」と答えることができる力になる。また，例えば「しんかんせん」の3番目の音はなにかと聞かれると「か」と答えられる力になる。つまり言葉に使われている音（日本語の場合はモーラ）を分析できる力であるが，「しんかんせん」の場合，最初に6つの音に分け，3番目の音である「か」を抽出するのである。モーラ区切りではなく，音節区切りしかできない子どもは「しん・かん・せん」と区切ってしまい，3番目の音はと聞くと「せん」と答えるのである。音韻認識能力はメタ言語的な力であり，ある程度知的に発達しないと分節することは難しい。しかし，この力がないと音声言語を表記することはできないのである。「し・ん・か・ん・せ・ん」と6つの音に分けられない限り，子どもはひらがな，カタカナで音を表記することはできない。

(2) 英語の音節内部構造について

英語の場合は，音素に対して文字が対応しているので，単語を音素のレベルにまで分節しなければいけない。ここで問題にしているのは「/r/ /r/ /l/ /r/」と4つの音素を聞かせてその違いを聞き分けるという音声知覚ではなく，「rain, rug, leg, red」という単語の中で最初の音素が違う単語がどれか選択できるような力である。しかし英語圏の子どもたちにとっても，単語を音節で区切るのはわりと簡単であるが，その音節をさらに細かく音素で区切っ

---

8 音韻認識能力と音素認識能力を同義とする研究者もいれば，異義とする研究者もいる。ここでは，音素レベルの識別の時には音素認識能力，それ以上の音の単位の認識の時には音韻認識能力，またどちらも含まれる時には音韻（素）認識能力と表すことにした。

第4章 子どもの外国語学習におけるリタラシー能力の発達　147

ていくのは難しいようである。彼らは音節内の音を音素に区切る前にonset（頭子音）とrime（ライム）というかたまりに分節し，そこから個々の音素に分けているのではないかという仮説が立てられている（Cisero & Royer, 1995）。音節の内部構造を考えると，図4-3，または図4-4ように音を分節することができる。

　onset（頭子音）とrime（ライム）は音節の内部構造をあらわす言語学的な専門用語であり，onsetは単語の最初の子音であり，CATでは最初の/k/の音にあたる。rimeは母音とそれに続く子音のかたまりをさし，例のCATではAT/æt/にあたる。rimeはCATの例のように「母音＋子音」の場合もあれば，SEA（onsetは/s/）の/i:/，BOY（onsetは/b/）の/ɔɪ/のように母音だけの場合もある。

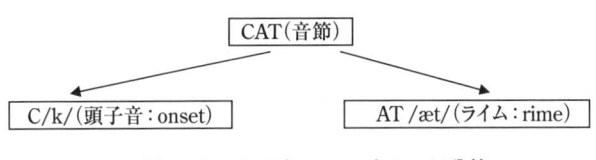

```
            CAT(音節)
           ／        ＼
  C/k/(頭子音:onset)   AT/æt/(ライム:rime)
```

図4-3　CATを　onsetとrimeに分節

　また，次のCAT, MAT, HATやPIG, FIG, WIGの例のようにrimeが同じ単語はrhyme（音は上と同じ「ライム」だが，こちらは一般的な用語で「脚韻」の意）していると言われる。また，次の表で示すように音が同じでもスペルが違うもの，また頭子音が1つではなく2つ以上のものに関してもrhymeしていると言う。

表4-4　ライム

1.	C—AT	M—AT	H—AT
2.	P—IG	F—IG	W—IG
3.	M—AIL	TR—AIL	T—ALE

＊　—の左側がonset，右側がrime。

　英語を母語とする子どもは4歳になるまでには音節をonset（頭子音）とrime（ライム）に分節できるようになると言われている（MacKay, 1972）が，

それは英語の童謡や詩などに脚韻がふんだんに使われているからであろう。脚韻は英語の音遊びとして最もよく使われ，英語話者が好ましく感じる英語の音の流れである。このような脚韻を用いた歌や遊びを通して英語圏の子どもたちは自然に1音節をonset-rimeのレベルに分節できる力を培っていく。

次に音素レベルに分節すると以下のようになるが，英語圏においてもonset-rimeレベルから音素レベルの認識には意識的な指導が必要であると指摘されており，phonemic awarenessを高める活動を行うことが推奨され，(Ehriら，2001)，学校現場ではphonemic awarenessを高める多くの活動が行われている（リーパー，2008）。

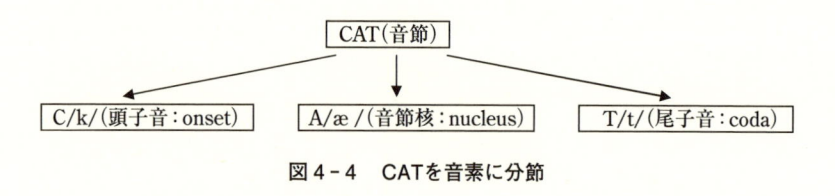

```
            CAT(音節)
         ↙     ↓      ↘
C/k/(頭子音：onset)  A/æ/(音節核：nucleus)  T/t/(尾子音：coda)
```

図4-4　CATを音素に分節

音韻認識能力を測る問題としては下記のようなものがあるが，このような力を培うような活動を日本の英語教育においても積極的に取り入れることを推奨したい。

表4-5　音韻認識能力を測る問題

①	音素取り出しテスト	（例）pasteの最初の音は何？　…　(/p/)
②	音素照合テスト	（例）bikeとboyとbellに共通する音は何？　…　(/b/)
③	音素カテゴリーテスト	（例）bus, bun, rugの中で最初の音が違うものはどれ？…rug
④	音素結合テスト	（例）音を合わせてできる単語は？…/k/ /ei/ /k/　(cake)
⑤	音素カウントテスト	（例）shipという言葉に何個音素がある？　…　3個
⑥	音素削除テスト	（例）smileという言葉から/s/をとると何になる？…　mile

(3)　日本人の子どもの英語の音韻認識能力

私は200名の5歳児と22名の6歳児を対象に，彼らの日本語の音韻認識能力と英語の音韻認識能力を測定することからその関連性を検証した。日本語の音韻認識能力を測定するものとして(1)モーラを数えるテスト，(2)最初の

モーラが同じものを探すテスト,(3)最後のモーラが同じものを探すテストを,また英語の音韻認識能力を測定するものとして(1)最初の音素が同じものを探すalliteration test, (2)同じ脚韻を探すrhyme test,(3)音素を合わせた単語を探すphoneme blending testを行った（アレン玉井，2004）。その結果，次の図のように日本語の音韻認識能力から英語の音韻認識能力への強い影響が見られた。

```
モーラ数え ←
最初モーラ ← 日本語の音韻認識能力 → 英語の音韻認識能力 → 脚韻
最後モーラ ←                                              → 頭韻
                                                          → 音素あわせ
```

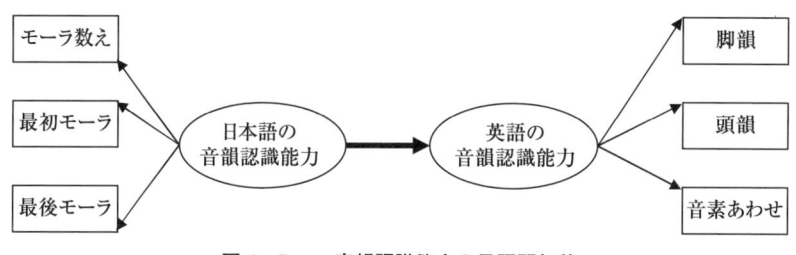

図4-5　音韻認識能力の言語間転移

　日本語で音韻認識能力が十分に育っている子どもは英語の教育を受けているかどうかに拘わらず，英語の音韻認識能力も高いということが分かった。前述したように日本語と英語の内部音節構造がかなり違うのにも拘わらず，日本語で音韻認識力が高い子どもはその力を英語にも応用している。母語教育の重要性を感じるが，日本語の音韻認識能力で説明できるのは英語の音韻認識能力のわずか30％程度なので，英語の音韻認識能力はやはり，英語の音に慣れ親しませることで発達していくと考えられる。

　また小学生を対象に日本人の子どもたちがどのように音節の内部を聞き分けているのかを探る研究（Allen-Tamai, 2006）からも，日本人の子どもたちは日本語の音韻認識能力（モーラ認識能力）を使って英語の音を分節しているという結果がでた。参加者は小学校1年生から6年生の1584名（内男子771名，女子813名）であり，彼らに3つの単語を聴いて1つだけ音が違うものを選んでもらうというテストを実施した。これはイギリスの研究（Kirtley et al. 1989）を土台に作成したものであるが，イギリスの研究の結果と比べると，次の図のように日本人の子どもたちは日本語の影響からか母音の後で分節する方法で英語を聞いていることがわかった。

```
        CAT(音節)
       ╱       ╲
CA/kæ/(モーラ:mora)   T/t/(尾子音:coda)
```

図4-6　CATをモーラに分節

　日本人の子どもたちが母語である日本語の音の構造を元に英語を聞いていることは当然であろう。しかし，繰り返しになるが英語は音素レベルで文字が対応しているので，日本人の子どもたちにも音韻(素)認識能力を高める活動が必要になってくる。前述したようにネイティブの子どもたちにもその重要性が指摘されていることを考えると，文字教育に入る前にこの音韻(素)認識能力を育てる活動をすることが重要であり，小学校の英語活動は音声教育に力を入れると言うのであれば，この音韻(素)認識能力を伸ばす活動こそが最適ではないだろうか。

4.3.2.4　英語の音韻認識能力とリーディングの関係

　英語圏では過去30年にわたり多くの研究者が音韻認識能力とリーディング能力の関係について研究し，音韻認識能力が後に発達する単語認識力，またはリーディング能力に影響するとの報告をしてきた（まとめとしてWagner & Torgesen, 1987, Sawyer & Fox, 1991, Adams, 1995など）。Stanovich（1991）は，過去25年において，音韻認識能力の研究こそ，心理学が現場のリーディング指導に対して行った最も大きな貢献であると評価している。

　日本人の子どもたちにも同様のことが言えるのだろうか。私は英語の音韻認識能力とリーディング能力の関連性を探るため研究を続けているが，その中でここでは1つだけ研究を紹介する。参加者は，東京近郊の3つの私立小学校に通う小学3年生から6年生まで370名の児童である。彼らの音韻認識能力，単語認識能力，および読みの能力を測定し，それぞれの要因がどのようにリーディング能力に関連しているのかを調べた（Allen-Tamai, 2000）。図4-7が示すように，年齢，単語認識能力，フイム（rhyme）認識能力が読みの力を予測する要因であることがわかったが，音韻認識能力であるライム認識能力が単語認識能力と読みの能力に影響を及ぼしていることは興味深い。

ネイティブの子どもたち同様，日本人の学習者もライムを理解する力，つまり英語独特の音韻認識能力を持っている者の方が単語を理解する力，また文章を理解する力があるということになる。（図4-7の点線と実線は，どちらも統計的に有意な関係であることを意味しているが，音韻認識能力に関するものは，実線で表されている。）

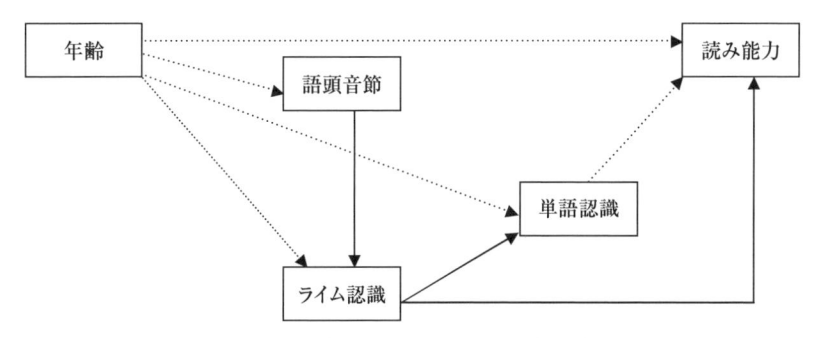

```
[年齢] ┈┈┈┈┈┈┈┈┈┈┈┈┈┈→ [読み能力]
  │ ┈→ [語頭音節] ┈┈→        ↑
  │         │        [単語認識]┈┘
  └──→ [ライム認識] ──→
```

図4-7　読みの能力を予測するパス分析

　前述した研究結果と合わせて考察すると，日本人学習者の英語のリーディング能力を高めるためには，初期段階においてアルファベットの学習を徹底させ，さらに音韻（素）認識能力を高める活動を多く行う必要がある。そのような指導を受けた学習者は，音と文字との関係を理解できる素地を作り，英語を解読していく力を蓄えていく。

4.3.3　フォニックス指導

　アルファベットの文字と英語の音韻（素）理解を深めた子どもは，フォニックスのルールを容易に理解することができる。逆の言い方をすれば，フォニックスは，十分なアルファベットの知識と音韻（素）認識能力を持った学習者にのみ効果的である。前述したようにフォニックスというのは，Pの文字を見せて/p/と教えるように，文字と音との関係を教える指導法である。文字が主体となるところが，前述のphonological awarenessと一線を画すところである。フォニックスにおいて，文字に呼応する音とは音素を指すが，前述しているように音素レベルで音を認識することができない日本人の子どもに

とっては，フォニックスというのはルールだけを覚えなくてはならない辛い指導法になることもある。ましてや小文字の理解が十分でない学習者にとっては文字と音素との対応は，二重苦となり，フォニックスのようなドリル的な学習は辛さを増すだけになる。

　フォニックス指導にはいろいろ種類があるが，下記のようなルールが基本的であり，一般的にはほぼこの順番で導入されている。(Ediger, 2001, p.157)

表4-6　フォニックス指導の順序

```
＜子音＞
1つの音だけをもつ文字：  b, d, f, h, j, k, l, m, n, p, r, s, t, v, w, y, z,
2つ以上の音をもつ文字：  c, g
2子音連結（blend）：  bl, cl, fl, gl, pl, sl, br, cr, dr, fr, gr, pr, tr, sc, sk, sm, sn, sp, st, sw
3子音連結：  scr, spr, str, squ
digraph（2文字1音）：  ch, sh, th, wh, gh, -nk, -ng
＜母音＞
長母音：  子音＋長母音　（例：bee），子音＋母音＋e　（例：cube）
二重母音：  子音＋二重母音　（例：boy），子音＋母音＋e　（例: cape）
短母音[9]：  母音＋子音，子音＋母音＋子音　（例：it, mat）
R色の母音：  母音＋/r/，子音＋母音＋/r/　（例：car, her）←アメリカ英語独特のもの
```

　以上のようなフォニックスルールをどの時期に，どの程度，またどの順番で導入するかは子どもたちの状態を見て決める。参考のため私の行っているフォニックス指導までのプロセスを紹介する。アルファベットの大文字の読み書きが十分にでき，小文字も大体認識ができる程度の頃に音韻(素)認識を伸ばす活動を始める。アルファベットの小文字がかなり定着し，子どもが音素に対してある程度の認識ができるまでは，フォニックス指導は行わない。またフォニックス指導と平行して次に述べるサイト・ワード（sight word）指導も始める。

9　英語の長母音は短母音を長く発音したものではない。長さの違いというよりも音の緊張感が違い，音は質的に違う。

第4章　子どもの外国語学習におけるリタラシー能力の発達　153

```
┌─────────────────────────────────────────────────────────┐
│ (1) アルファベット大文字の学習（1文字認識⇒複数文字認識⇒書く）│
└─────────────────────────────────────────────────────────┘
                            ↓
┌─────────────────────────────────────────────────────────┐
│ (2) アルファベット小文字の学習（1文字認識⇒複数文字認識⇒書く）│
└─────────────────────────────────────────────────────────┘
                            ↓
┌─────────────────────────────────────────────────────────┐
│ (3) 音韻（素）認識能力の訓練（onsetの聞き分け⇒rimeの聞き分け⇒音素混合,分節）│
└─────────────────────────────────────────────────────────┘
                            ↓
┌─────────────────────────────────────────────────────────┐
│ (4) フォニックス（一字子音⇒短母音⇒digraph⇒長母音⇒子音連続）│
│ (5) サイト・ワード                                        │
└─────────────────────────────────────────────────────────┘
```

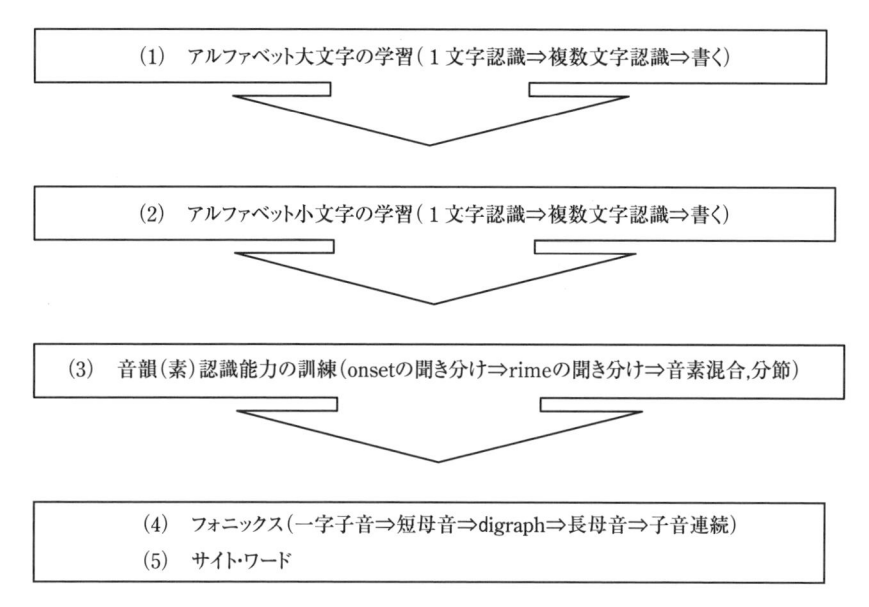

図4-8　ボトムアップリーディング指導のカリキュラム

　以前は(3)の音韻（素）認識活動を十分に行わなかったため，(4)の段階で「それでは今まで習った/k/（cの字を見せる）/æ/（aの字を見せる）/t/（tの字を見せる）を合わせるとどんな言葉になりますか？」と聞くと，多くの子どもが「クワット」と発音し，音素の混合（phoneme blending）ができず，フォニックス指導でつまずく子どもがいた。それぞれの文字と音との対応はどうやら理解できても，音をつなげることに苦労しているようだった。フォニックス指導の前に(1)～(3)のステップを導入し，十分に音韻（素）認識能力を育てることで，フォニックス指導を効果的に行うことができるようになった。フォニックスについては，指導する際以下のような点に気をつけるべきであろう。

(1)子どもたちが意識的な学習ができる年齢に達していることを確かめ，個人差に留意しながらフォニックス指導を進める。
(2)子どもたちが十分にアルファベットの知識を持っていることを確認する。
(3)フォニックス指導に入る前に英語の音韻（素）認識能力を十分に育てておく。

(4) 身近な単語の読みから始め，子どもたちに文字が音声化されるプロセスを体験させる。
(5) フォニックスのルールでは読めない単語があることを十分に認識し，sight wordの指導も併用する。
(6) フォニックスはあくまでも単語を音読する1つの方法であることを理解し，例外も多いので，あまりに多くのルールを教えこまないようにする。

　フォニックス指導に大変熱心に取り組む先生を見ることがあるが，以下の2つを再確認したい。1つには，英語は音とつづり字が一致しない，いわば「学習者泣かせ」の言語で，そのため英語を母語とする子どもたちも読み書きができるまでに大変苦労するということである。フォニックスのルールだけでは到底処理しきれない多くの単語があることを忘れてはいけない。あまりにフォニックスのルールを教えすぎると学習者，特に児童にとっては逆に混乱をまねき，文字を嫌う子どもがでてくる可能性がある。

　またもう1つ忘れてはいけないことは，フォニックスは音読の方法を教えるだけで，リーディング全体の力をつける方法ではないということである。英語圏においてもフォニックス指導だけではリーディング力はつかないとされ，次第にホール・ランゲージ・アプローチに沿った指導へ移行していく。日本人学習者の場合はフォニックス指導の効果はさらに低くなる。というのも，いくら単語が音読できても，音読できた単語の意味を知らなければ，学習者にとって読む喜びとはならない。例えばすでに「ピッグ＝豚」と知っている学習者にとってはpigと音読できると面白いだろうが，figを音読できても「フィッグ＝いちじく」を知らなければ，音読できること自体彼らにとってそれほど意味ある活動にならないのである。

4.3.4　サイト・ワード指導

　フォニックスの学習がある程度進んだ子どもは英単語を音読できるようになり，読むことを楽しむようになる。この楽しさをバネに子どもがいち早く文や文章を読むことができるように，指導を進めることが大切である。この時期，英語を母語とする子ども同様に，単語全体を視覚的に覚えさせるサイト・ワード指導法を取り入れ，頻出度の高い機能語を中心に教えていくと，

子どもは簡単な文が読めるようになる。

　サイト・ワードの指導では，単語のスペルを見て素早く全体を把握できる力を育てることが大切で，学習者には反応の速さが要求される。参考のために私が使っているサイト・ワードのうち60をここに紹介する。これらは，子どもたちがより早く文レベルのリーディングができるようにと選んだものであるが，基本的なフォニックスのルールで読めるものも含まれている。

表4-7　サイト・ワード

the, no, is, on, yes, at, in, I, to, where, does, do, can, my, that, this, have, what, are, am, don't, me, you, see, she, he, go, want, when, like, has, here, there, up, give, down, they, all, get, take, look, good, with, him, her, come, why, many, now, right, play, under, walk, eat, some, we, may, please, it, how（60単語）

　フォニックス指導およびサイト・ワード指導などを通してある程度の単語が読めるようになった子どもには，各ページに数文しか書かれていないような簡単な絵本を与え，本を読むという体験をさせていくことも大切である。子どもは簡単な本でも「英語の本を読んでいる」という達成感を得，リーディングに対してより強い関心を持つようになる。この時期の子どもの読み物としては，簡素化された本（ベーセル・リーダー等）だけではなく，彼らが学習した歌やチャンツに出てくる英文も適しているだろう。子どもが歌ったり，または言ったりすることができ，音声的に十分に身についた歌やチャンツの歌詞や言葉を読み教材として与えると，彼らは既に音声言語として定着させた英語を文字として認識していく。これは，単語レベルではなく，文レベルで音声言語から文字言語へシフトさせるやり方である。

＊

　これまで英語を外国語として学習している日本人の子どもたちのリーディング能力を高めるためのボトムアップ・アプローチに基づいた指導法を紹介してきた。音声も文字も全く違う英語という言語を学習するには，このようにボトムアップ・アプローチに沿った指導を通して基礎知識を十分に育てていくことが，リーディング能力を伸ばすための必須条件となる。

しかし，日本人の英語学習者はネイティブとは違い，音声言語が十分に発達しないうちに文字言語の学習を始める。ボトムアップ的指導の元，子どもがたとえ文や単語を音読できたとしても，その意味を十分に理解していない可能性がある。このことからリーディングに対して，彼らの興味・関心を持続させるためにも音声言語を十分に育てることと，早い段階からトップダウン・アプローチに沿った指導法でリーディングの力を養成していくことが重要になってくる。

4.4 第二言語習得におけるリタラシー指導の理論と実践（トップダウン・アプローチ）

トップダウン・アプローチといっても，ネイティブの子どもとは違い，音声言語が出来上っていない日本人の子どもに提供するリーディングの材料，および指導法は限られたものになる。そのため，一番重要なことは音声言語として十分に認識された言語材料を使うことである。また，ホール・ランゲージ・アプローチのところでも説明したように，4技能を別々のもの，特に音声言語と文字言語を別のものとして考えず，これらを有機的に融合させたアプローチをとることが大切である。ボトムアップ・アプローチではどうしても単語を読むレベルまでの指導に終始し，たとえサイト・ワードなどを導入して簡単な文を読むことができたとしても，段落以上の文章理解を指導することは難しい。子どもたちを単語や1～2文を読むレベルで足踏みさせないで，それ以上のリーディング能力を獲得させるためにはどのような指導をすればいいのか，具体的に見ていくことにする。

4.4.1 本を読む準備教育

リーディングの最終目標は，子どもが自らの意思で英語の本等を読みたいと思い，それができる力をつけることにあると私は考えている。そのためにも子どもたちが早くから英語の本に親しむことは大切なことであり，幼稚園生・小学校低学年の子どもを対象とした場合は，本そのものについての説明から始め，本に興味を持ってもらうように指導している。Clay (1972) は本を読む準備教育として以下の6点を挙げている。

表4-8　本読み指導

①	本について	どちらが表紙か教える。
②	読む方向について	英語は左から右へ，横に読むことを教える。
③	文字がメッセージを伝える	絵ではなく文字がメッセージを伝えていることを教える。
④	アルファベットの文字知識	ある程度の大文字，小文字が認識できるように指導する。
⑤	単語の知識	1つか2つの単語を指すことができるように指導する。
⑥	句読点について	コンマやピリオドなどの意味がわかるように指導する。

　私もBig Book（通常縦45.5cm×横35.5cm）を使いながらこれらの指導をするが，その紹介もかねてここでもう少し詳しく説明する。

①本について（book orientation）

　本を読む前に人形，自分の体，もしくは子どもの体を使って「front, back」という言葉を教える。それから本を見せてどちらが前または後ろかを尋ねるが，幼稚園の年長児でこれを間違える子はいない。絵本などには表表紙と裏表紙をうまく利用して大変面白い絵やメッセージが描かれているものが多くあるので，日本語での読み聞かせの時間でも，幼稚園，小学校ではそれらを利用して，子どもが(絵)本を好きになるように国語の指導をしている先生は多い。

②読む方向について（directional rules）

　「英語の文字はどちらからどちらへ読むのか」という質問をすると，私の経験では幼稚園の年長児で半分の子どもたちが誤って答えた。日本語も横書きにすれば，左から右に読むので，子どもも半数程度は自然と読む方向に関しては理解するようであるが，私は本を読む時，時折確認するようにしている。また，本を読む時に意識して指を使った「なぞり読み」をして，子どもの理解が進むように工夫している。

③文字がメッセージを伝える（"Print carries the message"）

　初期段階で本の「読み聞かせ」をする時は，読んでいる文字を指でなぞることが原則である。そうすることで子どもたちは先生が指でなぞっているア

ルファベット文字が音になり，単語や文になっていく過程を体験する。この指導方法によって絵のみがメッセージを伝えていると思っていた子どもは，実は「文字」がメッセージを伝えているということを学び始める。

④アルファベットの文字知識（letter concepts）

例えば「このタイトルにあるアルファベットで読めるものはありますか？」とか「小文字のbはどこにありますか？」などの質問をする。大文字を学習している段階であれば大文字に関する質問を，また小文字の学習に入っていれば小文字の質問ができる。本に出てくるアルファベットの大文字，および小文字を指して1文字ずつ尋ねたり，単語の中にあるアルファベット文字について質問したりすることができる。しかし，アルファベットの学習ではなく，あくまでも子どもたちが英語の本に親しんでくれるようにするための活動なので，あまり多く聞く必要はない。

⑤単語の知識（word concepts）

単語を読むことができる子どもたちに「この単語は何ですか？」などと質問することができる。ただし，④同様，あくまでも本に慣れ親しむことを目的としているので，あまり多くの質問をして，子どもが本読みに対する興味を失わないように注意する。

⑥句読点について（punctuation）

初期レベルの子どもは文の単位で本を読むことが少ないので，句読法（punctuation）についての意識は未発達である。私の場合，遊びの要素を入れて，ピリオドを見たら「stop」，カンマを見たら「pauseもしくはwait」と（ジェスチャーをつけて）言うように指示を出し，少し意識を向けさせるような活動をしている。（「stop」，「pause」はそれぞれ「終り」，「お休み」と日本語で最初に説明しておく。）

4.4.2　日本人を対象にしたホール・ランゲージ的指導

日本で英語を学ぶ子どもの言語環境では，英語圏で実践されているホール・ランゲージ・アプローチをそのまま導入することは不可能であるが，その本質的なところをリーディング指導に生かすことは十分に可能である。私は日本人学習者に合わせてホール・ランゲージ・アプローチの本質を次のような

4つの原則にまとめた。それらは，①子どもたちが中心の授業で，子ども同士が自然に交わることができること，②子どもたちにとって意味のある言語材料を与えること，③意味は単語や句，または1センテンスという部分にあるのではなく，テキスト全体の中にあると指導すること，④4技能（リーディング，ライティング，リスニング，スピーキング）を統合的に取り扱うこと，である。このような4つの原則を含む授業では，子どもは意味のある，生きた文脈を通して英語に触れ，ある程度の長さの文章やテキストを全体として読む体験をしていく。そのために必要なことは，読む材料として使うテキストが音声的にしっかりと理解され，子どもの中に定着していることである。次に，4つの原則について具体的な例を含めながら説明する。

4.4.2.1 子どもを中心にした授業

これはリーディングの授業だけではなく，教育全体に言えることであるが，学習者である子どもの立場から授業を作っていくことが重要である。子どもの特長を最大限に伸ばすことを教育目標とし，子ども同士が学び合えるような，協働できる学習環境を整えていく。これは，基本的に子ども（学習者）は全て誰も長所を持ち，能力が有り，学習意欲を持っているという肯定的な立場からの教育観である。

4.4.2.2 日本の子どもにとっての本物の（authentic）材料

ここでは子どもたちに与えるリーディング材料について考えてみる。ホール・ランゲージ・アプローチでは教材は本物（authenticity）であることが強く要求される。したがって，言語材料に明らかな統制が加わるベーセル・リーダーについては，本物さがなくなり，原作が持っている素晴らしさを損なうものであると批判的である。

しかし，英語に接する機会が極端に少ない日本の子どもにとって，英語を母語とする子どもが使う教材だけを本物だとすると，彼らが使えるものは限られ，特に高学年を対象としたものではほとんどの「本物（authentic）」教材は難しすぎて使うことができない。私は英語を母語とする人たちが聞いたり，読んだりするものだけをauthenticだとする今までの教育観を考え直す時期にきているのではないかと考えている。日本で学習する日本人の子どもにとってauthenticなものは，アメリカの同年代の子どもが使うものとは異なっ

て当然であろう。日本の子どもたちにとって意味があり，彼らが興味をもち，知的に満たされるもので，第二言語習得者として身につけるべき英語のレベルで書かれたものが彼らにとって「本物」の教材になるのではないかと私は考えている。英語のレベルは成長する子どものレベルを考慮しながら，教師自身が見極めて，設定していく必要があるだろう。

私は最終的に子どもが「本物」の教材，いわゆる原作を読めるように指導を続ける必要はあると思うが，それに到達するまではベーゼル・リーダー，または原作をリライトしたものを使いながら，とにかく1冊でも多くの本を読む経験を子どもにさせることが大切だと考えている。そうすることにより，子どもは英語で書かれたものに対して恐れを感じることなく，途中であきらめずに読み続ける力をつけることができる。

様々な出版社からベイゼル・リーダーは出ているが，*The Gingerbread Man*や*The Little Red Hen*のような物語を簡単に書き下ろしたものを使うと授業がとても面白く展開できる。授業の展開の仕方については2章，3章でストーリーを中心にした授業作りについて説明しているので，参考にしていただきたい。

4.4.2.3 意味は全体（ホール）の中にある

今まで何度か述べてきたように，意味は部分に存在せず，テキスト全体から作り上げられる。学習者が理解しやすいようにと言語を簡単にし，1文や1回のやり取りの会話なので教えようとすると，言葉を成り立たせている文脈がなくなり，本当の言語習得は起こらない。子どもに教える場合は，特にテキストの持つ「意味」を重視し，テキスト全体から意味を理解させた後，部分学習の指導に移るべきである。

このような考え方をリーディング指導に応用する場合，使用される教材は意味のある文脈を持つためにはある程度の長さが必要であり，また子どもがそのテキストの意味を十分に理解しておくことが必要である。必須条件となるのは，子どもがテキストの音声を十分に理解し，言えるようになっていることである。彼らは何度も音声化されたテキストを聞くことから，そこにある言語的なパターンに気づき，自分たちで再現できるようになる。

例えば低学年の子どもによく読まれている本 *Brown Bear, Brown Bear,*

What Do You See?（文：Bill Martin Jr. 絵：Eric Carle）では，次のような問いと答えのやりとりがリズミカルに行われ，動物を変えながら8回繰り返されている。

"Brown bear, brown bear, what do you see?"
"I see a red bird looking at me."

　繰り返しの多さと覚えやすいリズムのおかげで子どもは簡単にテキストを暗記することができるが，彼らが教師の手助けがなくてもテキストを音声化できる頃に，文字テキストを与える。そうすると子どもは難なくテキストを「読み」始めるのである。この段階では，もちろん子どもは耳で聞き，覚えたフレーズを声に出しているだけである。正確にいうとこのような活動の「読み」とは，子どもが覚えたフレーズを言いながら，目でそれらに対応する文字を追い，音と文字を合わせている行動を指す。

　しかし，子どもはこのような「擬似リーディング」活動を通して，読む力を身につけていき，音声言語からだけでは理解していなかったことを発見していく。例えば，例に出している Brown Bear のテキストでは，"I see a red bird looking at me." を言いながら，子どもは音声では red bird の前の不定詞 a を落としたり，前置詞の at を a としか言っていなかったりした自分に気づき，自ら訂正を加えるようになる。また，何よりも，自分でそれらを発見した時に子どもはいわゆる 学びが起こった時の aha expression（アハ表現）を顔に浮かべとても喜ぶ。このような主体的なリーディングの反応は単なるボトムアップ指導ではなかなか見られないものである。

4.4.2.4　4技能を統合した授業

　日本で英語を学習している子どもは英語の摂取量が少なく，読む，書く，話す，聞くという活動を早い段階から同時に行わざるを得ないのが実情である。そのような日本の子どもたちに対して「聞く力がつくまで読み書きは避ける」「最低限の単語力がつくまで読む指導をしても仕方がない」などと，4技能を分けて考えるのは誤りではないかと考える。英語を外国語として学ぶ日本の子どもに対しては，音声教育を効果的に行うことで読みの力がつき，また読むことによって音声言語が定着し，そして書くことから読みの力や話

す力を養うことができるという考え方で，4技能をバランスよく統合させた授業を行うべきである。効果的な英語教育をするためには，中学校・高校でもそのような4技能を統合した授業を展開していくことが益々重要になるであろう。

先ほど例に出したBrown Bearの本をここでもう一度例としてあげ，リーディングとライティング，またスピーキング，リスニングの統合的な授業展開について述べたい。前述したように初期のリーディングには子どもが音声的に十分理解し，暗誦できるぐらいのテキストを使うことが大切である。

BROWN BEAR PROJECT

Brown Bearを中心にした授業は図4-9のようなcontent-basedカリキュラムに基づいて行われた。

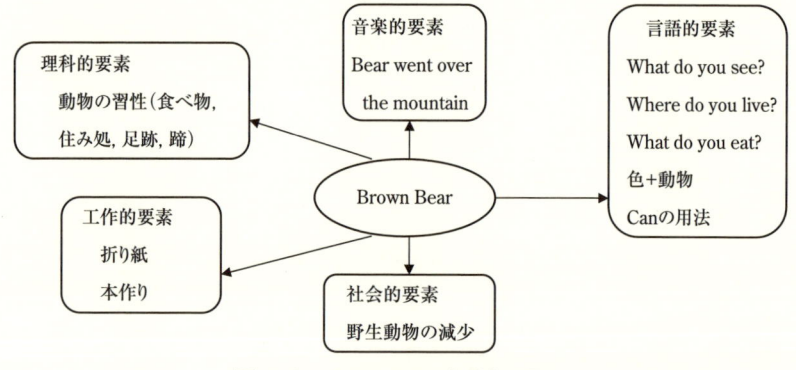

```
理科的要素
  動物の習性（食べ物，
  住み処，足跡，蹄）

音楽的要素
  Bear went over
  the mountain

言語的要素
  What do you see?
  Where do you live?
  What do you eat?
  色＋動物
  Canの用法

工作的要素
  折り紙
  本作り

社会的要素
  野生動物の減少

                Brown Bear
```

図4-9　Brown Bear カリキュラム

対象とする児童：大・小文字のアルファベットは十分に認識でき，音韻認識能力を伸ばす訓練を受け，Brown Bearのテキストを十分暗誦できる子どもたち

主要テキスト：*Brown Bear, Brown Bear, What Do You See?*

導入言語材料：*Where do you live?* と *What do you eat?* という2つの質問を教え，登場する動物たちの住む場所や食べる物を考えることから，動物の生態について学習する。

第4章　子どもの外国語学習におけるリタラシー能力の発達　163

授業の進め方
①大き目の紙に Where do you live? と What do you eat? と書いたものを用意し，それらを読ませる。（リーディング）
②視覚教材を交えてプリントに書いている，食べものと住み処について説明する。（リスニング＆リーディング）

図4-10　Brown Bear ワークシートの例

③下記のように子どもたちに質問をさせて，教師は答えを言いながら単語などを確認する。（リーディング，スピーキング，リスニング）
　Children： Brown bear, brown bear, where do you live?
　Teacher： I live in the mountains.
　Children： Brown bear, brown bear, what do you eat?
　Teacher： I eat honey.
④それぞれのワークシート（動物の絵だけが描いてあるもの）に，自分が選んだ住み処と食べ物の絵を描き，その横にスペルを書く。（ライティング＆リーディング）
⑤絵ができあがると，黒板に張られている Where do you live? What do you eat? の質問を書いて，その下に自分が選んだ場所と食べ物を英語で表す。（ライティング＆リーディング）

⑥ワークブックができあがると、みんなの前で発表する。(スピーキング)

　子どもたちは動物の体がいかに環境に適応しているのかを考えながら（内容重視の授業）、耳で聞き（リスニング）、口で言うこと（スピーキング）から覚えた言葉を、今度は目で追いながら「読む」ことで再認識し（リーディング）、そして最後に書くことで定着させていく（ライティング）。最終的に子どもたちはそれぞれの動物がどこに住み、どんなものを食べるのかを描いた自分だけのオリジナルの本を作ることになる。

表 4-9　Brown Bearのプリント例

ANIMAL	PLACE TO LIVE	FOOD TO EAT
bear	mountain, cave, den	honey, fish, berries, grass, roots, seeds
bird	nest, mountain, tree	seeds, nuts, grass, insects, snails, seashells, crab
duck	pond, field	seeds, weed
horse	barn, farm, field	grass, carrots
frog	pond, forest	insects
cat	house	pet food
dog	dog house, house	pet food, bone, meat,
sheep	farm, field	grass
goldfish	tank	pet food
monkey	mountain, tree, jungle	fruits, vegetables, meat

（子どもたちはこのようなプリントを参考に自分が描いた動物がどこに住み、何を食べるのかを決め、それらを上記のようなワークシートに英語で書きこむ。子どもは、ここにのせられている単語の90％程度を音として理解でき、読むことができる。）

　音だけに頼って学習を進めていた子どもは、読む力を手にすることによって、文字からも情報を得ることができるようになり、学習の積み重ねが効率良く進むようになる。リーディング能力を得たことで今まで以上の情報を処理することが可能にもなる。彼らは今までの限界を超え、確実に学習を蓄積していることを実感し、動機と自信を深めていく。

4.4.3 ライティング指導——リーディング指導とともに

　リーディングの指導がアルファベットの指導から始まるように，ライティングの指導も子どもを対象としている場合，アルファベットを書くところから始まる。小学校の低学年ぐらいまではライティングといっても自分や友達の名前を書いたり，アルファベットを書いたり，単語を写したりする程度であるが，中学年ともなるとフォニックス指導も平行して進み，句や文を写したり，書いたりすることが多くなる。サイト・ワードとして導入した単語などは，練習を重ねると読めるだけではなく書けるようにもなる。この時期の子どもはライティングの作業を通して，フォニックスのルールや語彙の意味などを再認識しているので，そのお陰でリーディング力が定着し，さらに高まるようである。

　かなりの量を読み始める高学年になると，私は物語を使ってリーディングからライティングを結ぶ活動を行うが，ここに1つ例を紹介する。この活動を行った子どもたちは小学生としてはかなりの英語力をもった子どもたちだったので，簡単なベーセル・リーダーの *The Ugly Duckling*（「醜いアヒルの子」）を10分程度で読み終えた。彼らに次のような質問をし，英語で答えを書くことを提案した。Why was the Ugly Duckling hatched in the duck's nest（「白鳥の卵がなぜアヒルの巣で生まれたのだろうか」）？　考えてみれば不思議な話で，どうして白鳥の卵がアヒルの巣にあったのだろうか。まずは設定した時間内に，答えを日本語で考えるように指示した。これはランゲージ・エクスピリエンス・アプローチ（language experience approach）の変形版になるが，ここでのポイントは子どもたちにまず日本語で物語を考えさせる，という点である。母語を通して自分で創作した話を英語で表現することにより，その話が子どもたち自身の話として定着していく。私は彼らにいくつかの単語や句をヒントとして与え，それらを元に子どもは自分たちの話を英語で作っていった。完成した文は次のようなものであった。

　　　Once upon a time, there was a swan's nest. One day, an eagle stole the swan's eggs. He got the eggs and flew to his nest. But an egg fell down from his claws. The egg landed in a duck's nest.

　またジャックと豆の木を読んだ後に「20年後のジャックの生活を書いてみ

よう」という活動で、もっと長い話を書くことにも挑戦した。その時、ある男の子が「俺ってすごい。こんなに英語が書けるんだ」と自画自賛すると、隣の女の子が「先生がヒントをくれたからできたんじゃない」と反論していた。確かに私は多くのヒントを与えたが、重要なことは彼が「自分で作った」と感じたことである。この活動中、彼らは無意識のうちに自分の中に培っていた英語の力を自分で再確認する機会を多く得たのである。ライティングとはまさしくこのように学習者自身が自分の力を明確に実感することができる大切な活動である。彼はそれを感じたからこそ、「自分でできた」と思ったのであろう。ライティングを通して、今まで自分が無意識のうちに蓄えていた知識を改めて意識しながら使う。時には間違えるが、それを自ら気づいて訂正していく。このように無意識に蓄積していた知識を意識し、活用することにより、言語学習は推進される。ある知識を本当に自分のものとして認知するためには無意識に獲得した (implicit) 知識を、あえて意識的に (explicitly) 活用することが必要であると言われている (Karmiloff-Smith, 1992)。

　この活動を通して子どもたちは「自分で言いたいことをこれだけ多くの英語で表現した」という経験をする。この経験が彼らの自信になり、さらに英語を好きになるきっかけとなり、そして学習を続けていこうとする動機に繋がっていく。このような活動は時間が必要で、実践できたとしても年に1～2回程度になるが、子どもたちの母語も含めて全体的な言語力を高める活動として優れており、私はできるだけ行うようにしている。このような creative writing は母語でも難しいが、適切なトピックを選べば子どもたちも真剣に取り組む。また、ゼロから子どもたちに話を作るように指示をするのが難しい場合は、物語に登場するキャラクターに吹き出しをつくり、そこに台詞を入れさせる活動を行う。子どもたちの英語力は限られているが、彼らは想像力を使い、またユーモアを用い、いろいろな種類の台詞を作る。

4.4.4　リーディングの評価

　リーディング活動といっても最初は、音読できるかどうかということが中心になるが、次第にテキストの内容理解を問う質問、単語のスペルや意味を問う質問、さらには文法に関する質問をしながら子どもたちのリーディング

能力が向上しているかをチェックする。

　また他の評価法として，私は子どもたち1人1人にテープレコーダーを渡し，テキストを音読させ，それを録音するように指示している。思春期を迎える時期にあっては，特に女の子は自分の声を聞くことを嫌がることもあるが，子どもは一応録音を始める。初めは嫌がっていた子どももいつのまにか自分の話す英語を聞いて，納得がいくまで何度も録音し直し，音読に挑戦していく。いつもは先生が評価者であるが，この時は自分自身が評価することになる。これは第2章で述べたSwain（1985）の説くOutput Hypothesis[10]を実践していることになるのかもしれない。つまり通常であれば，先生や友達の陰に隠れてあまりはっきりと声に出して読んでいない，もしくは声に出していても意識しないで音読している子どもたちが，自分自身の声を聞くことによって自分の音読を評価することになり，今まで無意識に蓄えていた自分の知識を使って言語を生産していく。私のクラスの子どもたちは年に2～3回この活動をする。彼らの成長に合わせて録音されたテープを，授業中に作った他の作品とともに集めてファイルにしておくと，ポートフォーリオ的な評価も可能となる。

4.5　リタラシー・カリキュラム

　最後に小学生を対象とした具体的なリタラシー・カリキュラムを提示する（表4-10）。今まで見てきたトップダウン・アプローチとボトムアップ・アプローチを適宜組み合わせ，一度に集中して行うというのではなく，毎回授業の一部をつかって積み上げながら指導を続けていく。

　教育機関が民間教室，公立小学校，私立小学校と異なっても，大切なことは，教室にはなるべく多くの印刷物を貼り，教室に置いてある物に英語ラベルを貼るなど，教室での活動をなるべく英語で書いて表すことである。こうすることで子どものリタラシーに対する意識は高まる。

4.5.1　公立小学校でのリタラシー指導カリキュラム

　ここでは小学校3年生から週1回のクラスと小学校5年生からの週1回クラスのカリキュラムを提示している。毎回授業の最後10分程度の時間をリタ

ラシー活動に当てると想定しているが，どちらも学級担任が主導権をもって指導できるものである。

　年齢に合わせて，時間をかけて確実に力をつけていくことを目標にしている。このカリキュラムをどの学年で始めるかは学校の裁量であるが，ローマ字の学習を導入しているかどうか，また1回にどの程度導入するかなどによって進度は自ずと変わってくる。特にローマ字が導入された後にこのカリキュラムを実施するのであれば，アルファベットの書き方指導に関してはここに示されているものより短い時間で学習が完了する可能性もある。

表4-10　リタラシー指導カリキュラム（公立小学校の場合）

ボトムアップ的な指導	3年開始	5年開始
アルファベット大文字認識	3年	5年
音韻認識能力を育てるための歌	3〜4年	5年
音韻認識能力を育てるためのチャンツ	3〜6年	5年〜6年
アルファベット大文字書き	3年（後）	5年
アルファベット小文字認識	4年	5年〜6年
音韻認識能力養成 (Initial sound)	4年	5年
音韻認識能力養成（Rhyming）	4年	5年
アルファベット小文字書き	5年	6年

トップダウン的な指導	3年開始	5年開始
英語の本読みの準備教育	3年生	5年生
物語や簡単な本の読み聞かせ	3〜6年	5〜6年
簡単なフレーズからなる本読み	3〜6年	5〜6年
簡単な文からなる本読み指導	4〜6年	5〜6年

(A)中学年から始めた場合の中学年での学習目標
①アルファベットの指導　（大文字を中心に）
②単語の最初の音，ライムなどを中心に音韻認識能力を高める活動
③高学年でリーディング教材として使用できる歌，チャンツ，もしくは

10　学習者が相手にわかるように発話する（もしくは書く）ことにより自分の中間言語と目標言語の差に気づき，自ら言語能力を伸ばそうとする働きがあるとする仮説。

storyを導入し，できれば発表会などを通して音声としてはかなり定着したものにする

(B)中学年から始めた場合の高学年での学習目標
①アルファベットの指導　(小文字を中心に)
②ライムを中心に30程度の単語を導入，スペルを教える
③中学年で音声教材として使い，かなり定着している歌，チャンツなどをリーディング教材として使用し，リーディングを疑似体験する

4.5.2　英語教室でのリタラシー指導カリキュラム

　民間の教育機関には，子どもは通常週1回1時間程度，幼稚園や小学校の活動を終え，教室に通う。基本的には学習意欲・動機が高い子どもが，1クラス平均2～8名という少人数の授業形態でバイリンガルの先生について学習している。リタラシー活動に関しては，幼稚園からアルファベット指導を始めることが可能である。このカリキュラムでもリタラシー指導を毎回10分程度の活動を続けて行うように計画されているが，この継続が大切である。

表4-11　リタラシー指導カリキュラム（英会話教室の場合）

ボトムアップ的な指導	幼稚園開始	トップダウン的な指導	幼稚園開始
アルファベット大文字認識	年中～年長	英語の本読みの準備教育	年中（後半）
音韻認識能力を高めるため歌の活用	年中～小3	物語や簡単な本の読み聞かせ	年中～小3
音韻認識能力を高めるためチャンツの活用	年中～小4	簡単なフレーズからなる本読み	2年
アルファベット大文字書き	1年	簡単な文からなる本読み指導	3年～4年
アルファベット小文字認識	2年	(Basal Readers)	
音韻認識能力 (Initial sound)	2年～3年	本格的な本読み指導	5年～6年
音韻認識能力 (Rhyming)	2年～3年	辞書の活用法の指導	6年
アルファベット小文字書き	3年～4年	単語習得の指導	6年
フォニックス指導1（子音）	3年～4年	文法指導	5年～6年
フォニックス指導1（短母音）	3年～4年		
サイト・ワード (30程度)	3年～6年		

(A)幼稚園から指導を始めた場合の幼稚園段階での学習目標
①アルファベット大文字の読みの指導
②大文字の書きの導入(写字)
③英語での本読みの準備教育
④音韻認識能力を高めるような歌やチャンツを教える
(B)幼稚園から指導を始めた場合の小学校低学年での学習目標
①アルファベットの大文字の書きの指導
②小文字の読み,部分的な書き指導
③単語の最初の音,ライムなどを中心にフォニックスにつながる音韻(素)認識能力を育てる
④簡単なフレーズからなる本読みの指導
(C)幼稚園から指導を始めた場合の小学校中学年での学習目標
①アルファベット小文字書きの指導
②フォニックス指導 (子音,母音,2字子音など)
③サイト・ワードの指導
④簡単な文章からなる本読みの指導,初級のベーセル・リーダーの使用
(D)幼稚園から指導を始めた場合の小学校高学年の学習目標
①本格的な本読み指導 (リライト教材を使用)
②辞書の活用法を指導
③単語習得の指導
④文法指導
⑤中級のベーセル・リーダーの使用(主に家庭学習用として)

最後にリーディング指導の意義について個人的な経験を踏まえてまとめてみたい。私はリーディングの最終目標を「子どもたちが敢えて外国語である英語の本(など)を読むことを選択し,その体験から,自らの世界観を深め,広げていくことにある」としている。つまり,Learners choose to read books in English.であるが,この「choose」が大変重要なポイントになると思っている。自らが選択して英語の本を読むように育ってほしいのだが,その重要な土台作りに教師である自分が関わっていると認識している。

しかし，子どもたちの活字離れは進み，コンピュータの普及で現在では大人でさえ本を読む機会が減少している。このような状況の中で子どもたちが自ら選択して英語の本を読むなんて，本当に可能なのだろうかと長年リタラシー教育に力を注いできた私も怯んでしまうことがある。母語で読書の大切さを経験していない子どもに，英語の本を読むことの大切さや楽しさを教えることは至難のわざだと痛感する。

そんなことを考えていた頃，私の教室で6年間英語を学習した子どもにある冬再会した。中学2年生になっていた彼女であったが，私はふと彼女を教えていた頃自分が悩んでいたことを思い出した。彼女はとても真面目で，ご家族の協力もありどんどん力を伸ばしていたが，声がとても小さく，教室ではほとんど話さない子どもであった。「あれだけ英語の力はあるのに，この子は英語で自分を表現することを学んでいない。私は英語のスキルを伸ばすだけではなく，英語という言葉で新しい自分をみつけ，それを育んでほしいのに」と思い，自分の指導力の無さを痛感した。

再会の折，私は彼女が6年生の最後のプロジェクトで作ったHarry Potter Projectをまだラミネートにして大事にもっていることを伝えた。すると彼女は「Harry Potterの本を夏に買ったのですが，とても難しくてまだ50ページも読めていません。」と嬉しそうに言った。世界中で大ベストセラーになったHarry Potterは1冊700ページ以上もある大作である。彼女はそれほどに長い原作を時間を見つけては読んでいたのである。誰のためにでもなく自分のために。受験勉強のためにではなく，ただ楽しむために。私はその2年前に「この子には英語による自己表現ができない」と表面だけで結論を出していた自分の浅はかさを大変恥ずかしく思った。彼女は静かに，彼女らしく自分の英語を育てていたのである。そして私はその成長に関わることができたことをとても嬉しく思った。

<Glossary>

トップダウン・アプローチ（Top-down Approach）：読み手がすでにもっている背景知識，予想，経験を利用し，テキストの情報を解読していく過程。

ホール・ランゲージ・アプローチ：全人的な教授法。学習者中心の授業。子どもと先生，または子ども同士が交わることで学習が成り立つと考えられる。文字教育に関しては，文字に囲まれた環境を与えれば音声言語を身につけたように自然に文字も習得できると考える。

ボトムアップ・アプローチ（Bottom-up Approach）：読み手がテキストの中にある情報（語や文など）を利用して，それらを分析することでテキストを理解していく過程。

フォニックス：英語のリーディング指導法の1つ。文字と音との関係を意識的に教えることで，子どもが単語や文を音読できるようになると考える。

Look-say/Sight Word Method：英語のリーディング指導法の1つ。単語を分解しないで，かたまりとして教える。特に機能語と呼ばれ，頻出度が高い単語を教える時に使われる。

Basal Readers（Graded Readers）：初歩的なリーディング用のテキストで巻を追うごとに語彙，文法などが簡単なものから難しいものへと作られている読み教材。

Phonological Awareness：話されている言葉の中で音がどのように使われているのかに気づく力。

Syllable：音節，母音を中心とした音のかたまり。

Mora：モーラ，音節よりも小さな音の単位。日本語の音声的，また音韻的基本単位。

<Discussion>

＊フォニックスには下のように様々なルールがありますが，あなただったら，それぞれの教育機関でどのルールを教えますか。またそれはなぜですか。

    A.　公立小学校　　　B.　私立小学校　　　C.　民間の英語教室

フォニックス Rules

① 子音全部　　　　　　　　　　例： b, d, f, k, など
② 短母音　　　　　　　　　　　例： pig, hot
③ 長母音・二重母音　　　　　　例： pool, like, rose, out
④ 2文字で1つの子音を表すもの　例： ch, sh, ph, th など
⑤ r-colored 母音　　　　　　　　例： car, her など
⑥ 子音連続（2つ）　　　　　　例： brown, flower
⑦ 子音連続（3つ）　　　　　　例： spring, strike

＊フォニックスのおおよそのルールを学習し，ある程度のサイト・ワードも覚えている高学年の子どもを対象に物語を選び，想定した子どもの英語力に合わせて書き変えなさい。

＊初期段階においては，音声的にしっかり定着した歌，チャンツ，もしくは物語をリーディングの教材として使用する方法について説明しました。その場合，子どもは覚えた歌詞等を読むわけですが，このような擬似的リーディング活動には，どのような効果があるのでしょうか。

＜付録＞
子どもと共に楽しく読んだ本のリスト

本の題名	著者名(出版社名)	内容
1,2,3 TO THE ZOO A counting book	Eric Carle (Penguin USA)	エリック・カールによるイラストがとても素敵です。数字のみで文字はありません。
Yo! Yes?	Chris Raschka (Orchard Books)	黒人の子どもと白人の子どもが Yo! Yes? と，簡単な言葉の掛け合いで友だちになっていきました。
GOOD NIGHT, GORILLA	Peggy Rathmann (Putnam Pub Group)	"Good night, ○○" 以外の言葉は出てきませんが，細かいところまで楽しめるイラストが魅力です。
BLUE HAT, GREEN HAT	Sandra Boynton (Simon & Schuster Merchandise)	動物たちがいろんな色の衣服などを身につけています。でも七面鳥だけは…？様子がおかしいようです。全て大文字で書かれています。

From Head to Toe	Eric Carle (Harpercollins Children's Books)	動物たちが「この動きできる？」と子どもに問いかけます。「できるよ！」と答えながら，体いっぱい使って楽しく読みすすめましょう。
No, David!	David Shannon (Scholastic)	愛嬌満点のDavidが，やんちゃにいたずらする物語。子どもに注意する言葉がそのまま英語に。
David Goes to School.	David Shannon (Scholastic)	学校に通い始めたDavid。ここでもやんちゃが止まりません。先生から注意されてばかり…
The Mitten	Jan Brett (G. P. Putnam's Sons)	ニッキーは雪色の手袋をなくしてしまいました。その手袋を見つけたのは森の動物たちでした。
Ten Apples Up on Top!	The O. Le Sieg (Beginner Books)	ライオン，イヌ，トラが頭の上にどんどんりんごをのせていきます。果たしてどうなるのでしょう。
BEARS IN THE NIGHT	Stan & Jan Berenstain (Random House Children's Books)	クマの子どもたちが，夜ベッドを抜け出して冒険に出かけます。前置詞がたくさん出てくる繰り返しの文により，ストーリーが展開します。
The SPOOKY OLD TREE	Stan & Jan Berenstain (Random House)	3匹のクマの子どもが夜の冒険に出かけます。ページをめくるごとに，わくわくします。
THE FOOT BOOK	Dr. Seuss (Random House Children's Books)	ぬれた足，乾いた足，速い足，遅い足など足を題材として，簡単な形容詞が出てきます。脚韻が踏まれているので，とても読みやすい本です。
A color of his own	Leo Lionni (Alfred A. Knopf)	自分の色を持てずにがっかりしたカメレオンですが，もう1匹のカメレオンと出会いました。
Frederick	Leo Lionni (Alfred A. Knopf)	冬の備えをした仲間たち。冬になり，フレドリックは仲間に自分の集めたものを見せました。
Joseph Had a Little Overcoat	Simms Taback (Penguin Group)	ジョセフは，コートが擦り切れたので上着を作り，次に上着からベストを，そしてベストから…果たして最後は何を作るのでしょうか？

The Giving Tree	Shel Silverstein (Harper & Row, Pub.)	男の子は木が大好き，でも成長するにつれ，木から離れていきました。たまに訪ねてきた男の子は次々に木にお願いごとをするのでした。
ANANSI THE SPIDER	Gerald McDermott (Henry Holt and Company)	アフリカのアシャンティ族に伝わるクモが主人公の昔話。アナンシ（クモ）はある日，災難に見舞われますが，6匹の息子たちに助けられます。
For Every Child, A Better World	A United Nations Publication	世界中の子どもたちがどのような生活をしているのか，考えさせられる内容ですが，可愛らしいイラストのおかげで，じっくり味わうことができます。

第4章 活動編:リタラシー活動実践

　この活動編では本文で述べたリタラシー指導の理論に従い，リーディングとライティングの力を伸ばす活動を紹介する。

4.1　アルファベット学習を促進させる活動案
- 4.1.1　アルファベットの歌とアルファベット・チャート
- 4.1.2　アルファベットの文字と色
- 4.1.3　逆アルファベット
- 4.1.4　アルファベットカード（並べ替え）
- 4.1.5　カードゲーム　1（アルファベット・ビンゴ）
- 4.1.6　カードゲーム　2（カルタ取り，神経衰弱，ババ抜き等）
- 4.1.7　カードゲーム　3（スペルゲーム）
- 4.1.8　アルファベットゲーム　1（伝言ゲーム）
- 4.1.9　アルファベットゲーム　2（人文字）
- 4.1.10　アルファベットゲーム　3（ワード・サーチ）
- 4.1.11　アルファベットを書く練習

4.2　書き文字に対する意識を高める活動案
- 4.2.1　世界のアルファベット
- 4.2.2　アメリカの手話

4.3　音韻(素)認識を高める活動案
- 4.3.1　ローマ字学習
- 4.3.2　アルファベットを使った音素認識活動

4.3.3 音素認識を高めるワークシート 1
4.3.4 音韻認識を高めるワークシート 2
4.3.5 音韻認識を高めるワークシート 3
4.3.6 音韻(素)認識を高めるゲーム 1
4.3.7 音韻(素)認識を高めるゲーム 2

4.4 フォニックス

4.5 簡単なリーディング
4.5.1 ライムを使った句レベルのリーディング
4.5.2 サイト・ワードも含めた簡単な文のリーディング
4.5.3 簡単な物語のリーディング―イソップ物語

4.1 アルファベット学習を促進させる活動案
4.1.1 アルファベットの歌とアルファベット・チャート
目標： アルファベットの歌を歌い，少しずつ文字に対する認識を高める。
教材： 下記のように6～7色で色分けされているチャート。(大文字，小文字は別に用意)

A	B	C	D	E	F
G	H	I	J	K	L
M	N	O	P	Q	R
S	T	U	V	W	X
Y	Z				

＜色分けの例＞

A, D, I, V, Y：赤

B, K, N, Q, X：青

C, H, L, S：黄

E, J, M, W：ピンク

F, O, U, Z：緑

G, P, R, T：黒

図1-1　色つきアルファベットチャート

進め方： 先生は指し棒などを使って文字を指しながら，アルファベットの歌を歌う。

Let's sing "The Alphabet Song" together. (一緒にアルファベットの歌を歌いましょう)

> ☞ **活動についてのワンポイント**
>
> 苦手なところではクラス全体で歌う声が小さくなるので，子どもたちが苦手としているアルファベットを把握することができ，それらを意識的に補強することができる。また，指し棒を動かす速度を変えて，歌う速度を適当に変えることで，子どもたちの集中力を高めることもできる。

4.1.2 アルファベット文字と色

目標：　アルファベットの歌を歌い，少しずつ文字に対する認識を高める。
教材：　4.1.1同様のチャート。(大文字，小文字はそれぞれに用意する)
進め方：

1．1人の子どもにチャートで使われている色の中から1色好きな色を選ばせる。

What color do you like?　(どの色が好きですか？)

What is your favorite color?　(一番好きな色は何色ですか？)

2．選んだ色のアルファベット文字を，チャートを見ながらみんなで確認する。例えば，図1−1のチャートを使い子どもが「赤」を選んだとしたら，A, D, I, V, Yを読む。

Tell me the letters colored [子どもが選んだ色]．([子どもが選んだ色]の文字を言ってください。)

3．アルファベットの歌を歌う。子どもが選んだ色のアルファベットを指した時，立つように指示する。

When you see [子どもが選んだ色] letters, please stand up.

([子どもが選んだ色]の文字を見たら，立ってください。)

4．2人の子どもに好きな色を尋ねる。

5．歌を歌いながら指定された色の文字のところで立つ。

4.1.3　逆アルファベット

目標：　アルファベットの文字に対する認識を高める。

教材：　アルファベット・チャート，指し棒

進め方：

1．先生はチャートにあるアルファベットの文字を指しながら，子どもと一緒にZYXWVU....と逆に歌う。

2．歌い終わった後にチャートを見せながら，以下のような質問をすることもできる。

What letter comes after A?　（Aのあとにくる文字は何ですか？）

What letter comes before Z?　（Zの前にくる文字は何ですか？）

> ☞ **活動についてのワンポイント**
> ABCの歌を歌いながら効果的にアルファベットを導入できるのは3〜4年生ぐらいまでではないかと思う。もちろん高学年の児童もアルファベットの歌を歌い，また歌うことでアルファベットを覚えていくが，中には，歌うことを避ける子どももでてくる。そこで，歌ではなく，リズムを中心としたチャンツ風にアレンジして教える方が効果的なこともある。

4.1.4　アルファベットカード（並べ替え）

目標：　アルファベットの文字を認識する速度と正確さを高める。

教材：　児童用のアルファベットカード（タテ4 cm×ヨコ3 cm），先生用のわりと大き目のアルファベットカード（タテ15cm×ヨコ10cm）

進め方：

1．自分が持っているアルファベットカードをアルファベットの順番に並べる活動である。誰が一番早く並べることができるかをゲーム的に競うこともできる。難しいようだったら，ペア活動にし，また黒板にはアルファベットのチャートを用意し，まだ十分に覚えていない子どもも参加できるようにする。設定したタイムリミット内にできるかどうかを競う方法もある。

Shuffle your alphabet cards. Put the letter card face up on the desk. Put them in order.

（カードを切ってください。　カードの表を上にして机に置いて下さい。順番に並べて下さい。）

4.1.5　カードゲーム1（アルファベットビンゴ）

目標：　アルファベットの文字を読む。

教材：　先生用と児童用のアルファベットカード

進め方：

1. カードを使ったビンゴゲームである。初めに，子どもたちのレベルに合わせて，6枚（3枚×2段）もしくは9枚（3枚×3段）のカードを選ぶ。
   Please take the letters B, U, S, A, W, L. Put the rest of the cards away.
   （B, U, S, A, W, Lの文字カードを取り出してください。あとのカードは片付けましょう。）

2. カードを下3枚，上3枚になるように並べる。黒板にその例を示す。
   Place three cards on the bottom and another three cards on the top, like this.
   （このように3枚のカードを下に，そして他の3枚のカードを上に並べてください。）

   （例）

B	S	W
L	U	A

   You can place the cards anywhere you like.
   （カードは好きな所に置いていいです。）

3. 先生はカードを切り，1枚ずつ読み上げる。児童は読み上げられたカードを裏返しにする。最初にBINGOになった人は手を上げる。
   I will shuffle cards and read the letters. Please turn the card over when I say the letter.
   （カードを切って文字を読みます。文字の名前が聞こえたら，カードを裏返してください。）
   When you have all three cards either on the top or on the bottom faced down, you have BINGO.
   （上か下の段にある3つのカードが全部裏返ったら，ビンゴです。）
   Please say "BINGO," and raise your hand.
   （「ビンゴ」と言って，手を上げてください。）

4. 子どものレベルに合わせて段の数を変えたり，1段に置くカードの数を

変えたりすることができる。

4.1.6　カードゲーム 2（カルタ取り，神経衰弱，ババ抜き等）
目標：　アルファベットの文字に対する認識速度を速め，その正確さを高める。

教材：　児童用のアルファベットカード

進め方：

1．1組のカードを利用してカルタ取り（以下に載せる指示語は『英語ノート指導資料』p.16より）

Let's play Alphabet Karuta. Use one set of alphabet cards.
（アルファベットカルタをしよう！　一組のカードを使います。）

Spread the cards out on your desks. I will say a letter.
（カードを机の上にばらばらに置いて下さい。私が文字を言います。）

Try to take that card quickly. Be very fast.
（そのカードを素早く取ってください。早く取りましょう。）

2．複数のカードを利用して神経衰弱（concentration）

Let's play concentration! We will use two sets of alphabet cards.
（神経衰弱をしよう。　二組のカードを使います。）

Put your cards face down and spread them on the desks.
（カードを裏返しにしてばらばらに机の上に置きましょう。）

Turn over one card and say the letter written on the card. Turn another card.
（カードを1枚裏返し，書いてある文字を言ってください。もう1つカードをめくってください。）

If you have the same letter on both cards, you can take them. The next person will take a turn.
（両方のカードに同じ文字があれば，カードがもらえます。次の人に順番が回ります。）

3．複数のカードを利用してババ抜き。「ババ」として，予め，子どもも分からない様に1つカードを抜いて始めると面白い。

4.1.7 カードゲーム 3 (スペルゲーム)

目標： アルファベットの文字を認識する速度と正確さを高める。
教材： 児童用のアルファベットカード。次のような単語の絵カード（表）とスペルカード（裏）（答え合わせ用）を用意する。

カードの表　　カードの裏　　カードの表　　カードの裏
　　　　　　（大文字版）　　　　　　　　（小文字版）

進め方：

1. 子どもたちにアルファベットカードを用意させる。先生が言うアルファベットを選び，言われる順番にカードを並べるよう指示する。

   Listen carefully and pick up the letters I say. Then place them in the right order.

   （よく聞いて，言われたアルファベットを取ってください。そしてそれらを順番に並べてください。）

2. この活動の重要なポイントは単語のスペルを言う際，例えばここでは"CAT"であるが，速めの速度でアルファベットを言うことである。アルファベットは何度も繰り返し言っていいが，速度は落とさない。この練習で子どもはアルファベットに対して素早く，そして正確に反応できるようになる。普通にスペルを言うだけでもよいが，動物などは次のような指示が出せる。

   "Meow, meow," says a cat. "CAT" is spelled C, A, T.　（C, A, Tはアルファベット読み）

   （「ミャー，ミャー」猫が鳴いている。猫はC・A・Tとつづられる。）

3. カードで並べた単語を表す絵（ここでは「猫」の絵）を見せ，単語とその意味を確認する。また絵カードの裏に書いてあるスペルを見せて答え合わせするが，この即座に行う答え合わせが大変重要である。

   Check the answer, please.　　（答えを合わせよう。）

4．この活動は，あくまでもアルファベットの文字認識を高めることが目標であり，単語のスペルを教えることが目標ではない。

4.1.8　アルファベットゲーム 1（伝言ゲーム）[1]

目標：　アルファベットの文字に対する認識を高める。協同学習を楽しむ。
教材：　アルファベット・チャート。先生用のわりと大き目のアルファベットカード

進め方：
1．子どもたちを5〜6名のグループにして1列に並べる。
　Make a group of five and make a line, please. （5人のグループになって1列に並びましょう。）
2．黒板にアルファベットチャートを張り，列の一番後ろにいる生徒の後方の床にアルファベットカードをばらばらにして置く。
　Look at the back of the room. There are some alphabet cards on the floor.
　（後ろを見てください。　床の上にアルファベットカードがあります。）
3．先生はゲームの説明をした後，列の最後の人を集めて，アルファベット1文字を言う。一人ずつ前の人にそれを伝える。列の最後の人（＝一番前の人）はそのアルファベットの文字カードを取る。
　Please whisper the letter I say to the next person in the line.
　（私が言う文字を次の人に伝えてください。）
　The last person in the line will pick up the alphabet letter. Then bring it to me.
　（列の最後の人は，言われたアルファベットカードを拾って，私のところへ持って来てください。）
4．先生が伝えたアルファベット文字のカードを最初に先生に持ってきたグループが勝ちになる。
5．このようにここでは「音」でアルファベットを伝えるゲームを紹介した

---

[1] 同様のゲームが『英語ノート指導資料第6学年用』p.17にミッションゲームとして紹介されている。

が，変形版として背中に文字を書いて伝えるゲームもできる。

4.1.9　アルファベットゲーム 2（人文字）

目標：　アルファベットの文字に対する認識を高める。協同学習を楽しむ。体を使った学習を楽しむ。

教材：　アルファベットカードとチャート

進め方：

　生徒を5〜6人のグループに分け，（2〜3人のグループでも可能）指定したアルファベットをグループで協力して形づくるように指示する。例えば，「O」であればグループのみんなが手をつなぎ楕円形を作る。中にはまだアルファベットを十分認識できない子どももいるので，アルファベット・チャートは張っておく。

Make a group of five (or six). Let's make a letter "O" together.
（5人（もしくは6人）のグループを作りましょう。　一緒にOの文字をつくります。）
You can look at the alphabet chart, if you want.
（アルファベット・チャートを見てもいいですよ）
When you are done, please say "We are finished," and sit down.
（終わったら「We are finished.」と言って座ります。）

　少人数クラスではグループ対抗ではなく，設定したタイムリミット内に人文字ができるかどうかを競うこともできる。

☞ **この活動についてのワンポイント**

　低学年のクラスでは，生徒たちはどこを中心に文字を作ればいいのか理解できない場合がある。その場合は，床に寝ながらアルファベット文字を作り，上から見て正しい形になっているかどうか考えさせるのも1つの方法である。この活動をするとグループの中で自然にリーダーが生まれ，子どもたち同士で何回も確認し合いながら形を作っていく。先生が *Repeat after me.* などと言って文字を教えるよりはるかに効果的にアルファベットの文字が認識される。

4.1.10 アルファベットゲーム 3（ワード・サーチ）

目標： アルファベットの文字に対する認識を高める。この活動も単語のスペルを覚えさせるものではなく，あくまでもアルファベットの文字学習が目的である。単語のスペルを使うのは，「アルファベットの文字が集まって単語ができる」ということを子どもに少しずつ認識してもらうためである。

教材： 下記のようなワード・サーチのワークシート

次のようなマス目のカードを用意し，授業で取り扱っている単語のスペルを使用する。子ども用のワークシートとともに答え合わせのため子どもたちが見えるように拡大コピーしたものを用意する。

（ワークシート例）

H	P	B	O	C	N	D
O	Q	E	A	G	L	E
R	M	A	D	B	I	E
S	F	R	O	G	A	R
E	X	K	G	O	A	T

DEER　　FROG　　DOG　　BEAR

（表に入っている動物名：**HORSE, BEAR, FROG, BAT, DEER, EAGLE, DOG, GOAT**）

進め方：

　絵カードを見せながら，動物の名前を確認する。黒板にワークシートを拡大したものをはり，カードの中に隠されている単語のスペルを探し，見つけたら丸で囲むよう，モデルを見せながら指示する。

Please look at these pictures and repeat after me. "Horse, Bear...."
（これらの絵を見て，後について言ってください。「Horse, Bear....」）

Please find the names of these animals and draw a circle around the letters.
（これらの動物の名前をみつけて，文字の回りを丸で囲んでください。）

4.1.11　アルファベットを書く練習

目標：　アルファベットの文字を4線上に正しく書く。また慣れてきたら，正しく早く書くことができるように練習を続ける。

教材：　4線のシート

進め方：

1．アルファベット文字の認識活動を十分にした子どもは，自然に文字を書きたいと思うようになる。先生は筆順を示しながら書き方を指導する。
2．子どもたちが慣れてくれば，単語のスペルの聞き取りなどを行うこともできる。しかし学習目標は単語練習ではなく，あくまでもアルファベットの練習である。

4.2　書き文字に対する意識を高める活動案

4.2.1　世界のアルファベット

目標：　書き言葉に対して興味を深めるための活動である。4年生以上の高学年を対象とした活動で，国際理解としての要素も含まれる。

教材：　下記のような世界のアルファベット・チャート，国旗

英語，仏語，独語

A	B	C	D
E	F	G	H
I	J	K	L
M	N	O	P
Q	R	S	T
U	V	W	X
Y	Z		

スペイン語

A	B	C	D
E	F	G	H
I	J	K	L
M	N	Ñ	O
P	Q	R	S
T	U	V	W
X	Y	Z	

ギリシャ語

A	B	Γ	Δ
E	Z	H	Θ
I	K	Λ	M
N	Ξ	O	Π
P	Σ	T	Y
Φ	X	Ψ	Ω

ロシア語

А	Б	В	Г
Д	Е	Ж	З
И	Й	К	Л
М	Н	О	П
Р	С	Т	У
Ф	Х	Ц	Ч
Ш	Щ	Ъ	Ы
Ь	Э	Ю	Я

進め方：

1．どの国のアルファベットかをあてるクイズ。
2．世界のアルファベットに関するクイズ。

第4章活動編：リタラシー活動実践　187

[クイズの例]
(a) How many letters are there in the English alphabet?（英語のアルファベットは何文字？　答え：26）
(b) Which languages use alphabet letters? Spanish, Japanese, Thai?
（アルファベットを使っている言葉はどれ？　スペイン語，日本語，タイ語　答え：スペイン語）
(c) How many letters are there in the Spanish alphabet?
（スペイン語のアルファベットは何文字？答え：27文字）
(d) なぜアルファベットと呼ばれるようになったのでしょう。
（答え：　ギリシャ語の最初の2文字，AアルファとBベータを合わせたもの）

4.2.2　アメリカの手話（American Sign Language, ASL）

目標：　アメリカの手話を学習することが目的ではなく，言葉について考える。また，ヘレン・ケラーについて考える。

教材：　ASLのチャート　（A, P, L, Eの例）

(A)　　　(P)　　　(L)　　　(E)

American Sign Language（ASL）について

　American Sign Language（ASL）はアメリカ合衆国で使われている言語の1つである。ASLは視覚言語であり，独自の文法と意味を持つ。ASLの歴史は1817年，パリからアメリカのコネティカット州にやってきた聾唖者の教師であったLaurent Clercとその友人Thomas Gallaudetが聾唖学校を開いたときから本格的に始まる。Clercはフランス語の手話を使ったがそれが初期のASLであった。

進め方：
1．最初にヘレン・ケラー[2]について話をする。
2．一人の子どもをヘレン役に選び，今からヘレン・ケラーのように「聞こえない・見えない」の世界を体験することを告げる。選んだ子どもに目隠しし，椅子に座らせる。
3．子どもに左手で実物（教室ではよくりんごを使う）を触るように手で促す。先生は音声言語を使わずに活動を進める。
4．先生がAPPLEに相当するASLを1つずつ子どもの右手に伝える。
5．子どもに一文字ずつ同じ指の形を作るように要求する。
6．子どもは先生の手を触り一文字ずつ正確に形を作り，その形をクラス全員に見せる。

この活動の体験談

この活動中，他の子どもたちは大変興味を持って，仲間の様子を見守った。私が示すASLと，ヘレン役の子どもが作るASLが一致すると思わず拍手が湧きおこった。私自身どうして子どもがこれほど真剣に取り組むのかよく解らないが，彼らも言葉の不思議さを感じているのではないかと思う。

4.3　音韻(素)認識を高める活動案
4.3.1　ローマ字学習
目標：　ローマ字を学習することによって，音が音素のレベルにまで細かく分節できることを視覚的に理解する。

教材：　下のような国語で使用するローマ字チャート（学校では訓令式が導入されているが，英語の音に近いヘボン式を教えると英語学習に役立つ。ここでは訓令式の横にヘボン式の読み方を書いている。）

2　アメリカの教育家・社会福祉事業家。2歳の時盲聾唖となったが大学を卒業。身体障害者の援助に尽くす。三重苦で暗闇の中に住んでいたヘレン・ケラーに光を与えたアン・サリバン先生は自らも弱視であったことからヘレンに対してもASLを使って言葉を教えようとした。

清音

a	ka	sa	ta	na	ha	ma	ya	ra	wa	N
i	ki	si(shi)	ti(chi)	ni	hi	mi		ri		
u	ku	su	tu(tsu)	nu	hu(fu)	mu	yu	ru		
e	ke	se	te	ne	he	me		re		
o	ko	so	to	no	ho	mo	yo	ro	wo	

濁音　　　　　　　　　　　　　　　半濁音

ga	za	da	ba	pa
gi	zi(ji)	di	bi	pi
gu	zu	du	bu	pu
ge	ze	de	be	pe
go	zo	do	bo	po

進め方：

　上の表を見ると明らかであるが，同じ子音で始まる音（例えば，か行，さ行）は，「あいうえお」の母音の順番で書かれている。それぞれの行を発音することで子どもたちにその行の子音，例えばか行では/k/，さ行では/s/という音が共通して使われていることに気づかせることが重要である。

　例えば「か /ka/」という音を出しながら，子どもたちに「初めの音と終わりの音は同じですか？」とか「最初の音を言ってください」「最後の音を言って下さい」などと質問をしながら音素に対する意識を高めることができる。

4.3.2　アルファベットを使った音素認識活動

目標：　アルファベットを音素で理解する。音素単位に慣れさせる。

教材：　アルファベット・チャート，音素アルファベット動作

進め方：

　4.3.1のローマ字を使った音素活動では，日本語の音で音素に気づく練習をしたが，この活動では英語の音で音素認識を高めることを目標とする。アルファベットを音素単位に分節するとは，例えばBを/b//i:/，Sを/e//s/とい

うようにアルファベットの名前に含まれる音を最小単位に分けるということである。音素レベルで考えるとアルファベットの文字の中には次のように同じ音素が含まれる仲間がいくつかある。私はそれぞれに簡単な動作をつけて子どもたちに紹介している。

一番多いのが/iː/が含まれるアルファベットで，B, C, D, E, G, P, T, V, Zが相当する。次に/e/が含まれるグループであるが，F, L, M, N, S, Xである。/eɪ/が含まれるのはA, J, K，/aɪ/が含まれるのはIとY，/uː/が含まれるのはQ, U, Wになる。反対に子音で考えると/s/が含まれるのはCとS, /dʒ/が含まれるのはGとJである。このようなことを意識させるために次のような質問ができる。

1. Tell me any alphabet letters that include an /iː/ sound? (/iː/があるアルファベットを言ってください)

2. Tell me any alphabet letters that include an /s/ sound? (/s/があるアルファベットを言ってください)

①   /iː/組

E /iː/   B = /b/・/iː/,   C = /s/・/iː/,   D = /d/・/iː/,   G = /dʒ/・/iː/,

                P = /p/・/iː/,   T = /t/・/iː/,   V = /v/・/iː/,   Z = /z/・/iː/

両手を左右に大きく広げる   最初にそれぞれの音素（例えば/b/, /s/, /d/等）を表すために1つ手拍子をして/iː/を表すために両手を左右に大きく広げる。

② /e/組　　　　F=/e/・/f/,　　L=/e/・/l/,　　M=/e/・/m/,　　N=/e/・/n/,
　　　　　　　　S=/e/・/s/,　　X=/e/・/k/・/s/

/e/は両手のこぶし　　最初に/e/を表すため、両手の拳を合わせ、その後1つの音
を上下に合わせる　　素に1つの手拍子をする。Xはeと合わせて3つ手拍子になる。

③ /eɪ/組　　　　J=/dʒ/・/eɪ/,　　K=/k/・/eɪ/,　　H=/eɪ/・/tʃ/

A/eɪ/
両手を合わせて挙　　最初にそれぞれの音素を表すために1つ手拍子をし、/eɪ/を
げ、上から下に振　　表すため両手を振り下ろす。Hはこの反対の動きになる。
り下ろす

④ I/aɪ/組　　　　Y=/w/・/aɪ/

両手を合わせて　　最初の音素を表すために1つ手拍子をして/aɪ/を表すため、
まっすぐ伸ばす　　直ぐに手を伸ばす。

⑤ /uː/組　　　U=/j/・/uː/,　　Q=/k/・/j/・/uː/,　　W=/d/・/ʌ/・/b/・/l/・/j/・/uː/
両手を合わせて直　Uは最初の音素を表すために1つ手拍子，Qは2つ手拍子，
ぐ前にだす　　　Wは5つ手拍子した後，両手を合わせて前に出す。

⑥　その他
O/oʊ/　　　　　両手でまるを作り「O」を表す。
R/r/　　　　　　ASLでRを表す「指きりげんまん」の形。

4.3.3　音素認識を高めるワークシート 1 ——Initial Sound（最初の子音）

目標：　英単語の中で音素への気づきを高めていく。子音への気づきを育てる。

教材：　下記のようなワークシート

進め方：
1. 今まで学習してきたアルファベットの名前「name」と，これから学習

するアルファベットの音「sound」を明確に理解させるため，次のような質問をする。

Tell me the name of this letter.　　Student: /b/ /i:/
（このアルファベットの名前は何ですか？）

Now, tell me the sound of this letter. Student: /b//b/
（このアルファベットの音は何ですか）

2．ワークシートにある9つの絵を2回ずつ繰り返して読む。読まれた単語の始めの音が，目標の音（ここでは/b/）で始まるのであれば，丸で絵を囲むように指示を出す。

Listen carefully. I will say each word twice.
（よく聞いてください。それぞれの単語を2回言います。）

Please circle the picture if the word starts with /b/ sound.
Monkey, monkey, pear, pear,, ...
（/b/で始まる言葉があれば，その絵に丸をつけなさい。）

3．答え合わせを迅速に行う。

Let's check the answers. Number 1- monkey. NO. Number 3- baby. Yes. Did you circle it?
（答えを合わせましょう。1番。monkey。違います。3番。 baby。合ってます。丸をしましたか？）

How many answers did you get right?
（何個正解しましたか？）

この活動のワンポイント

　この練習はあくまでも最初の音素を聞き分けるもので，単語の知識を問うものでも，スペルを問うものでもない。したがってプリントには絵だけをのせ，スペルは書かない。また決して，What is this?　など，単語の知識を問うような質問もしない。答え合わせを含めても，1枚のプリントにかける時間は2〜3分程度にする。このような音素認識を高める活動をするには，先生自身がモデルとなる正しい英語の発音ができることが条件となる。

Initial sound（最初の音素）を聞き分けるワークシート用単語例

文字	発音記号	単語の例（他の音のものも含む）
B	/b/	book, bat, bus, ball, bread, balloon, vase, dog, sea
C	/k/	carrot, cat, cake, cut, can, cup, gate, desk, pen
D	/d/	door, dog, doll, doughnut, dress, dish, toy, nuts, jam
F	/f/	fish, fig, fox, frog, flower, fire, van, bag, lion
G	/g/	gorilla, game, gun, goat, grape, girl, pig, zero, jeans
H	/h/	hat, hair, hand, horse, hen, house, potato, telephone, neck
J	/dʒ/	jam, jacket, juice, jelly, jet, jungle, zoo, chair, moon
K	/k/	king, kangaroo, koala, key, kitchen, kick, glasses, spider, tree
L	/l/	lion, lake, lemon, light, leaves, letter, ribbon, corn, duck
M	/m/	moon, mat, math, melon, monkey, mouth, nail, peach, drum
N	/n/	net, nest, neck, nurse, night, nine, mouse, fork, brush
P	/p/	penguin, pencil, picture, plane, pizza, guitar, cookie, bear
R	/r/	ribbon, rabbit, river, ring, robot, rope, lettuce, donkey, tiger
S	/s/	skirt, sun, sweater, swing, snake, snow, zoo, ship, three
T	/t/	table, tea, television, tennis, tomato, train, snail, chocolate, deer
V	/v/	violin, vet, vase, van, vegetable, vest, banana, gym, fruits
W	/w/	water, wave, watch, wolf, wine, winter, rocket, bridge, mirror
Z	/z/	zero, zebra, zipper, zigzag, zoo, zone, dolphin, giraffe, jacket

4.3.4　音韻認識を高めるワークシート 2 ——Rhyme（ライム）

目標：　英単語の中で音素への気づきを高めていく。ライムを教えることで，英語らしい音の流れを体験する。音から文字への移行をスムーズに行う。

教材：　下記のようなワークシート

進め方：

1．ワークシートにある絵の単語を順番に言う。必要であれば2回以上繰り返す。
2．ワークシートの真ん中にある"cat"と同じ脚韻を探すように指示する。
　 Look at the worksheet. You see a cat in the center. Please find a word rhyming with cat.
　 （ワークシートを見てください。catが真ん中に見えますね。catと韻を踏む言葉を見つけてください。）
3．"cat"の音にライムする単語の絵に○をするように指示する。
　 I'll say the name of each picture twice. Circle the pictures that rhyme with "cat".
　 （2回ずつ単語を言います。CATと同じ韻の絵に丸をつけましょう。）
4．答え合わせをする。

Rhyme（ライム）を聞き分けるワークシート用　単語例

1．ake:　　lake, rake, cake, snake, shake, rain, desk, pail, tape

2. all: fall, wall, tall, small, call, hill, vest, corn, mail
3. ain: train, chain, pain, rain, table, gold, plant, sign, pie
4. ing: wing, sing, king, ring, swing, pine, hill, neck, sheep
5. ug: mug, rug, hug, jug, bug, cut, sun, duck, bell
6. an: man, can, pan, fan, van, rat, gate, jam, bag
7. ook: book, hook, look, cook, clock, pool, rock, bus, sea
8. ose: rose, hose, nose, pose, cold, goat, eye, brush, rope
9. op: top, mop, hop, shop, chop, dot, pot, six, dog

4.3.5 音韻認識を高めるワークシート 3 ――Rhyme（ライム）

目標： 英単語の中でライムへの気づきを高める。

教材： 下記のようなワークシート

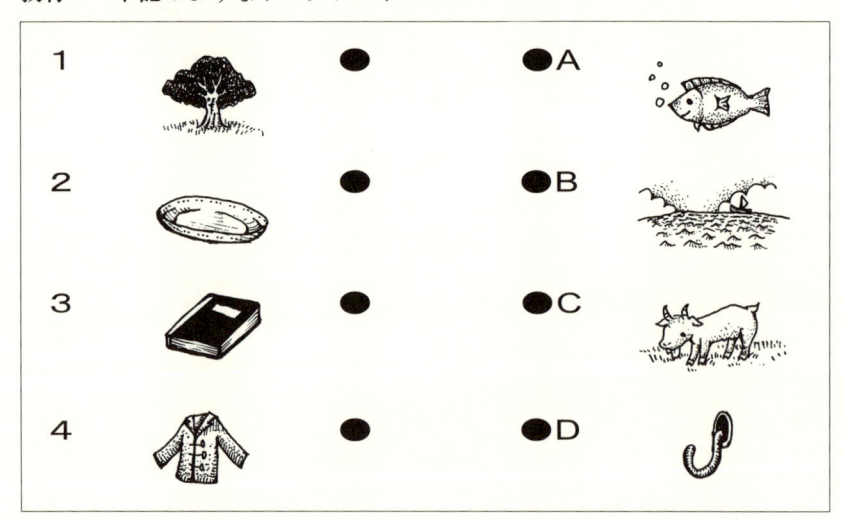

進め方：

単語を順番に指さしながら発音する。必要ならば2回以上繰り返す。右と左のアイテムで同じ脚韻のものを選び，線で結ぶように指示する。

1. Repeat after me. Tree, dish, book, coat, fish, sea, goat, hook.
   （繰り返してください。「Tree」…）
2. Draw a line to connect the pictures of the rhyming words.

（韻を踏んでいる言葉同士を線で結んでください）
3．Check the answers.
（答え合わせをしましょう）

4.3.6　音韻（素）認識を高めるゲーム 1
目標：　英単語の中でライムへの気づきを高める。グループ活動を楽しむ。
教材：　なし
進め方：
1．5〜6名のグループを作る。
2．みんなで輪になって，各自左手を軽く握り，右手の人差し指は右隣の人の握りこぶしの中に入れる。
3．指示に従い自分の右手の人差し指をなるべく早く抜き取り，左手では隣の人の右手の人差し指を捕まえる。
（例1）　最初の子音の聞き分けを目的とした活動：
　最初の音の聞き取り。例えば目標の音を/b/に設定する。 /b/で始まる単語（例：baby, blue, bag, bat等）を聞くと素早く自分の右手の指を引き抜き，左手で隣の人の人差し指を捕まえる。どちらもできれば2点，捕まえるか，逃げるかができると1点，どちらも失敗すると0点。数回やり総合点を競う。
（例2）　ライムの聞き分けを目的とした活動：
　ライムを聞き分けるゲームは，目標としているライムが聞こえている間は動かないが，違うライムを聞いた時は，右手は逃げて，左手は捕まえる。例えば目標のライムが/ig/とし，pig, fig, dig, big, tenと聞こえてくると，最後のtenのところで動く。

4.3.7　音韻(素)認識を高めるゲーム 2

目標：　英単語の中で頭字音（onset）およびライムへの気づきを高める。
　　　　ペア活動を楽しむ。

進め方：
1. 2人1組を作り，2人の間に消しゴムを置いて座る。
2. 指定された音（例えば/s/）で始まる単語を聞いたら，消しゴムを取る。
3. 4.3.6の活動同様に，最初の子音の聞き分けとライムの聞き分けに挑戦する。

※椅子に座り，机の上に消しゴムを置いて行うこともできる。

4.4　フォニックス

目標：　文字と音との関係を知り，単語を読む。

教材(1)：　下記のようなワークシート

Put the sounds together and make a word. Write the word on the line. Draw a line to the picture.

1　p ⇔ ig　pig
2　f ⇔ ish _____
3　b ⇔ us _____
4　l ⇔ ock _____
5　c ⇔ up _____
6　r ⇔ at _____

進め方：
1．Put the sounds together and make a word. (音を一緒にして，言葉を作ろう)
2．Write the word on the line. (下線のところに単語を書こう)
3．Draw a line to the picture. (単語と絵を結ぼう)

教材(2)：　下記のようなワークシート

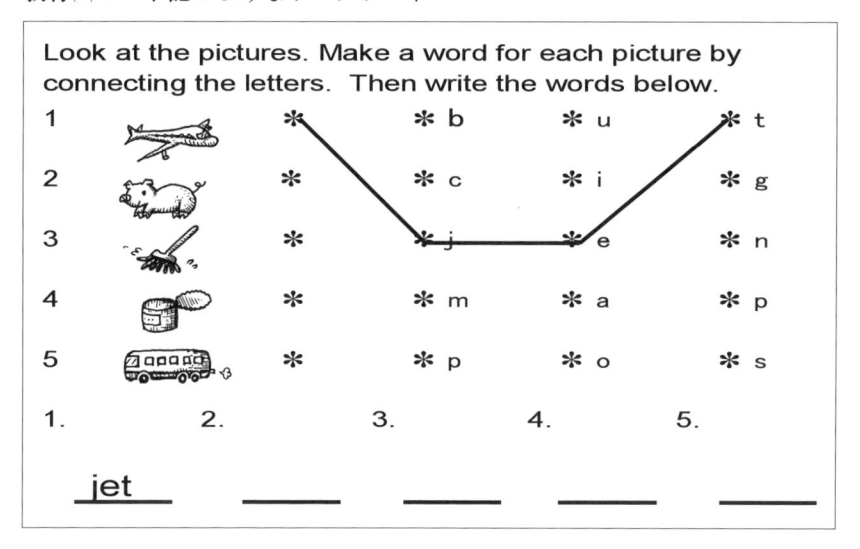

```
Look at the pictures. Make a word for each picture by
connecting the letters.  Then write the words below.
1        *        * b      * u      * t
2        *        * c      * i      * g
3        *        * j      * e      * n
4        *        * m      * a      * p
5        *        * p      * o      * s
1.       2.       3.       4.       5.
jet      ___      ___      ___      ___
```

進め方：
1．Look at the pictures. (絵を見てください)
2．Make a word for each picture by connecting the letters. (文字を結んで単語を作って下さい)
3．Then write the words below. (下に単語を書いてください)

4.5　簡単なリーディング
4.5.1　ライムを使った句レベルのリーディング

　　A cat on a mat　　　　　（マットの上のねこ）
　　A fox in a box　　　　　（箱の中のきつね）
　　A small boy and a tall boy　（小さな男の子と背の高い男の子）

A mouse in a house　　　（家の中のねずみ）
　　　A red bed and a pink sink　（赤いベッドとピンクの流し）

4.5.2　サイト・ワードも含めた簡単な文のリーディング

On a dark, dark night, there was a dark, dark street.
On the dark, dark street, there was a dark, dark house.
Knock the door. Knock, Knock, Knock.
Nobody answered.
Step into the house. Hush, hush, hush.
In the dark, dark house, there were dark, dark stairs.
Up and up and up and up.
At the top of the dark, dark stairs, there was a dark, dark room.

　　　　　　　　　　　　　　　　　　　　　　©allentamai

4.5.3　簡単な物語のリーディング
　　　　――イソップ物語：The Ant and the Dove（ありとはと）

An ant was walking along the river. He wanted to drink some water. He slipped on a rock and fell into the water.
　Ant:　　"Help me, help me."
　Dove:　 "Oh, no. She is drowning. I have to do something.

　　　　　　Yes! Let's get a leaf and drop it to her.
　　　　　　Here, climb up on this leaf."
Ant:　　　　"Thank you, Dove. Thank you very much. You saved my life."
Dove:　　　"I have to make a nest for my family. I am so busy."
Hunter:　　"Look over there. There is a nice dove. Let's get her."

Ant:　　　　"Oh, No. The hunter is going to kill her.
　　　　　　She is my friend. What shall I do?"
　　　　　　"Yes, let me bite the hunter."
Hunter:　　"Oh! Something is biting me! Oh. No!"
The hunter dropped his gun and the dove flew away.

©allentamai

第 5 章

子どもの外国語学習における語彙習得と文法学習

＋活動編

外国語学習指導の大きなポイントであるリスニング，スピーキング，リーディング，ライティングという言語技能の指導ついては3章，4章で見てきたが，ここでは最近特に注目されてきた語彙の学習と，従来より重要とされている文法の学習について考えていきたい。

　外国語を学ぶときに語彙を知っていると有利だと思う人は多いが，実は不思議なことに大人を対象とした英語教育においては，語彙習得について長い間あまり研究されてこなかった。今まで語彙学習はリスニング，スピーキング，リーディング，ライティング指導に付随して行われるものとされ，英語教育では二義的な問題とされてきた。それとは反対に文法の重要性は常にクローズアップされてきた。

　文法学習は重視されるが，語彙学習は軽視されてきた理由はアメリカを中心とした言語学者たちが提唱した言語習得理論，およびその実践によると言われている（Decarrico, 2001）。まず，アメリカ構造言語学[1]を代表するフリーズ（Charles Fries[2]）は英語教育において重要なことは文法学習であるとし，文の構造が習得できれば，語彙はその文型に合わせて，後から学べばよいと説いた。その後言語学に大きな影響を与えたチョムスキーも，言語習得の中心は統語的な文法の獲得と説明した。文法習得を重視した点ではフリーズと同様で，語彙学習はここでも二義的に取り扱われた。その後 ハイムズ（Dell Hymes,1972）は，言語習得は文法能力の獲得だけではなく実際に使われている言葉を学ぶ能力（communicative competence）が必要であることを説いたが，やはり語彙の重要性については触れなかった。

　語彙習得に関する認識が変わったのは過去20年のことだと言われている。この変化は，コンピュータを使って莫大な言語情報を扱うことが可能になり，実際に言葉がどのように使われているのかを分析するコーパス言語学によってもたらされた。さらに語彙習得における心理学的な研究が盛んに行われる

1　structural linguistics（構造言語学）：言語を1つの体系としてみる立場を強調し，音，語，文などの言語単位がその体系の中で有する位置を研究する。
2　Charles Carpenter Fries（1887-1967）：英語教育において帰納的，科学的な表記文法を提唱した。日本にもオーラルアプローチを広めるために来日した。

ようになり，語彙習得の重要性が益々認識されるようになってきた。

しかし以上のような考え方は大人の学習者を対象としたもので，子どもを対象とした英語教育では，以前より語彙習得に対する関心は高かったものの，理論的に裏打ちされた体系的な指導法はなかったように思われる。一方，文法に関しては子どもに指導するのは難しく，指導を誤れば英語嫌いを作ることになると考えられ，長らく敬遠されてきた。この章では，日本人の子どもを対象とした効果的な語彙の指導法と文法の指導法について考えていきたい。章の前半で語彙学習について，後半では文法学習について様々な角度から見ていくことにする。

5.1 単語を知るとは

コミュニケーションを成り立たせるのは語彙力だけではないが，それは重要な要素であり，単語を多く知っていればそれだけ豊かなコミュニケーションが可能となる。しかし，そもそも単語を知るとは一体どのようなことを指すのであろうか。言葉をどれだけ知っているかを，量について考えるのであれば，通常語彙知識の広さ（breadth）のことを指し，語彙サイズのことを意味する。一方，ある単語についてどれだけ深く知っているのかを考えるのであれば，語彙知識の深さ（depth）を検証することになる。

5.1.1 単語の知識

単語を知るとは一体どのようなことを意味するのだろうか。キャメロン（2001）が提示している語彙知識の表を見ながら考えていきたい。

例えばowlという単語について考えてみよう。「1．受容的知識」は，owlという言葉を聴いて/aul/と理解し，それを読み，理解することができる力を指す。「2．記憶」は，owlが何だったか思い出せる力で，「3．概念知識」は，owlは「ふくろう」であって，「鷲」とは違うことがわかる知識であり，owlを/aul/，またowlsを/aulz/と通じる程度に発音できるのが「4．音韻知識」である。また an owlであり，a owlではないとわかる力はowlに関する「5．文法知識」の1つであり，strong owlsとは言えるが，solid owlsとは言えないことを知っているのは「6．連結語知識」になる。owlを aulなどと間違え

表5-1 語彙知識について （Cameron, 2001: p.77）

知識の種類	具体的にできること
1．受容的知識	話されたり，書かれたりしている単語を理解する力
2．記憶	必要なときに思い出すことができる力
3．概念知識	正しく意味を理解し，使うことができる力
4．音韻知識	単語レベル，または句や文のレベルで単語を聞いて理解でき，またそれを相手が解る程度に発音できる力
5．文法知識	文法的に正しく単語を使うことができる力
6．連結語知識	一緒に使うことができる単語を知っている
7．正字法知識	単語を正しく綴ることができる力
8．語用論的知識	単語をその場に相応しく使うことができる力
9．内包的知識	単語の肯定的なまたは否定的な連結を知っている
10．メタ言語的知識	単語についてその文法的特性を知っている

ずに書けるのは「7．正字法知識」で，owlは加算名詞であるとわかるのは「10．メタ言語的知識」になる。Owlの例では難しいので他の例を使うが，May I have some water?のほうがWater, please.より丁寧であるとわかる知識が「8．語用論的知識」であり，人について言う場合，plump（ぽっちゃりした）は肯定的な意味で使われるが，fat（太った）は少し否定的な意味がこめられていると知っているのが「9．内包的知識」である。

　単語の学習とはこのように1つ1つの単語について多くの知識を得ることだと私たちは再確認する必要があるだろう。したがって，語彙習得には時間がかかり，単語の知識とはall or nothing，つまり1か0かで判断できるものではなく，どのような知識をどの程度持っているのかということになる。一度に全てを学習することは不可能で，その単語と出会う度にこれらの知識が広がり，また深まっていく。

5.1.2　語彙サイズ

　語彙サイズを測定するには，いろいろな方法[3]があるが，辞書では25万から50万語収められている。英語の母語話者の語彙サイズについては諸説あるが，小学校から高校までの教科書に出てくる単語はワードファミリー方式[4]

で数えて88,700語（Nagy & Anderson, 1984）[5]と言われている。また、実際には、18歳ぐらいで2万語（Nation & Waring, 1997）程度の単語を知っていると言われている。英語を母語とする子どもの場合は5歳までに4,000から5,000の単語を知っているとも言われている（Anglin, 1993）。[6]

日本語の場合、市販されている小辞典などには大体6万〜7万語載せられており、現代社会で用いられている語は4万、本を読むのに約1万語が必要だと言われている[7]。子どもたちの単語習得に関しては、久保[8]は6歳児の使用語彙（使える単語）として2,289語をあげ、坂本（1977）は親近語（意味を理解し、必要ならばその語を正しく自由に使える単語）として2,392語と、理解語（聞いたり読んだりしてその語の意味が解る単語）5,661語という数字をあげている。

それでは、日本で英語を学習している子どもたちの習得すべき語彙の目安はあるのだろうか。それを調べるには中学校の教科書を検証するのが1つの方法である。現行の学習指導要領によれば、中学校3年間で学習する語は、機能語を中心とした100語の基本語を含めて全体で900語程度となっている。平成元年に出された学習指導要領と比べると、「必修語」の数は507語から100語へと大幅に減少し、全体の語彙数が1,000語程度から900語程度へと1割近く減少した。しかし、平成24年度から全面実施される新学習指導要領によれば、「語彙の充実を図り、授業時数が105時間から140時間に増加される

---

3 ①出ている単語を全て数えるtoken方式、②2度目以降からは同じ単語が出ても数えないtype方式、③基本形（head-word）、屈折語（inflected word）、短縮形（reduced word）は1語として数えるレマ（lemmas）方式などがある。

4 ワードファミリー（word family）方式とは屈折語だけではなく派生語（derived form）も含めて基本形として1語と数える方式。

5 Stahl（1999）に引用されているNagy, W. E., & Anderson, R. C. 1984. How many words are there in printed school English? *Reading Research Quarterly*, *19*, 304-330より。

6 Keenan（2002）に引用されているAnglin, J. M.（1993）. Vocabulary development: A morphological analysis. *Monographs of the Society for Research in Child Development*, *58* より。語彙数の違いは語彙の測定方法によるものと考えられる。

7 大久保（1993, p.211）に引用されている岩淵悦太郎『現代の言葉』（1965、講談社）より。

8 久保良英氏が行った研究で坂本（1977）に引用されている。

ことと相まって，一層幅広い言語活動ができるようにするため」[9] (p.34) に中学校英語では1,200語程度の単語が導入されることになった。

日本人の小学生を対象としたコーパスは，公立小学校で英語が教科となっていないために教科書からの分析はできないが，平成23年度から完全実施される外国語活動の副読本である『英語ノート』には334の単語が取り扱われている（詳しくは活動編を参照）。[10]これらの多くは理解語彙であるとともに使用語彙となると思われるが，リタラシー教育が導入されていないので書き文字としての理解および使用語彙ではない。小学校段階では子どもの生活を中心とした語彙が多いのに対し，中学校では抽象的な語彙も多く出てくる。公立学校では小学校での外国語活動と中学校英語の連携の必要性が指摘されているが，語彙の連携はその主要なものになってくるのではないだろうか。

5.1.3 語彙理解の深さ

ある単語を「どのくらい深く知っているか」という語彙知識の深さを測る方法としては Dale & O'Rourke (1986) が提案した自己評価法があり，次のように学習者自身が単語に対する自分の知識を4段階で評価するようになっている。

1．I never saw it before.	私はこの単語を今まで見たことがない。
2．I've heard of it, but don't know what it means.	私はこの単語を聞いたことはあるが，意味は知らない。
3．I recognize it in context—it has something to do with (　　).	私は文脈の中でこの単語が解る。(　) に関連した単語である。
4．I know it.	私はこの単語を知っている。

私は，子どもの単語理解度を測定するため，Dale & O'Rourke が開発した評価法を基に下記のような質問を作成した（アレン玉井，2008）。ここでは「chair」の例を出しているが，研究に参加した子どもは「chair」という単語

9　中学校学習指導要領解説外国語編（平成20年9月）　文部科学省　開隆堂．
10　『小学校外国語活動研修ガイドブック』の付録「英語ノートで取り扱われる主な語彙」(pp.114-120) から．

をどの程度知っているのか自己判断をし，適当な番号に丸を付け，3，4に丸を付けた場合は，日本語で単語の意味を書いた。このテストのほかに，研究参加者にはリスニングテスト（例えばchairを聞いて，「椅子，さくらんぼ，教会」の中から正解を選ぶ）とスペルテスト（例えば椅子の絵を見て，「chair, church, chime」の中から正解を選ぶ）を受けてもらった。子どもの中には，上記の自己判断で4に丸を付けながら，意味を「チェリー」または「子ども」と誤答を書いた者もおり，興味深い反応が見られた。また，リスニングテストはできても，スペルテストと意味テストができない等の反応が見られ，単語知識が少しずつ身についていくのが確認できた。

chair
1（　　　）この単語は今まで見たことがない。
2（　　　）この単語を見たことはあるが，意味は知らない。
3（　　　）この単語を見たことがあり，意味は_____
4（　　　）この単語を知っている。意味は_____

5.2 語彙獲得の過程

　第一言語，第二言語に拘わらず，語彙を獲得するためには，生活体験の中で何度もその言葉に接触する必要がある。生きた文脈の中で時間をかけて学習していくわけだが，まずは第一言語習得における語彙獲得の過程を見てみる。

5.2.1　第一言語習得における語彙獲得

　第一言語習得において，語彙習得は実物または事象を認識し，それに名前をつける，もしくはその名前を知る「命名行為」から始まる。物事に名前（＝ラベル）があることを理解した子どもは，1歳半から2歳にかけて1週間に10〜20の単語を覚えるという語彙増加期（naming explosion）を迎える（Keenan, 2002）。同時期に子どもは対象物を指し示すために意識的な「指差し行動」[11]も始める。

5.2.1.1　ラベリング

語彙を習得するときに子どもたちが直面する問題は，音の流れを適当に区切り，その音のかたまりにどのような実物もしくは事象を結びつけるかということである。例えば道を歩いている犬を見て，親が「ワンワンね」と言ったとする。この「ワンワン」という音のつながりを，「道」でもなく「歩いている様子」でもなく，また「犬のしっぽ」でもなく，どうやって子どもは「犬」を表す言葉だと理解するのだろうか。マークマン[12]は，それは子どもが音のかたまりと実物（または事象）との結びつきを考える過程で意味を絞り込んでおり，それができるのは，以下のような生得的な3つの制約（constraint）を持っているからだと考えた。

表5-2　マークマンの制約説

1. **事物全体制約**（whole object constraint）：子どもは知らない言葉を聞いた時，それは部分や属性でなく，全体を指していると考える。したがって「ワンワン」と聞くと，犬全体の名前だと思い，それが犬の足やしっぽを表すとは考えない。
2. **類制約**（taxonomic constraint）：子どもはある言葉を聞くと，それはその言葉が表している固有名詞ではなく，その事物が属するカテゴリーを表す普通名詞であると考える。例えば，子どもはチワワ，秋田犬，スピッツなど様々な種類の犬を全て「ワンワン」という同じ言葉が使われると理解する。（後に説明する語彙の basic level にあたる）
3. **相互排他性**（mutual exclusivity） 　子どもは1つのものには1つの言葉（ラベル）しかないと解釈する。例えば「ワンワン」という言葉を知っている子どもが犬と未知の動物を見せ「サバメ（存在しないことば）を指して」というと，その未知の動物を指す。

　以上のように，子どもたちは生まれつきこのような制約を持っているので，音と意味を結び付けることができると考えられているが，これらの制約は名詞には適応できるが，動詞とか他の品詞にはあまりうまく適応しない。また

11　指差し行動については「生後1歳ごろの指を差す行動は伝達行動や把握の省略された行動というよりはむしろ探索的な色彩が濃い」（正高, 2003, pp.114-115）という意見と「指差しは最初から何かを指し示す行動から始まる」（内田, 2002, p.36）のように解釈が分かれている。

12　Keenanに引用されているMarkman, E.M.(1989). *Categorization and naming in children*. Cambridge, MA: MIT Press

このような制約も親との交わりの中，文脈があって初めて働くわけで，言語経験を考えずに制約を語ることは無意味であると言われている。(Keenan, 2002)

5.2.1.2 過剰拡張と過小拡張

物事に名前をつけていく過程（ラベリング）で子どもたちはそれぞれの単語がどのようなものに，またどこまで使えるのかを学ばなければならない。つまり「ワンワン」という言葉を言える子どもは，自分の家の犬，隣の家の犬，テレビで見る犬，が全て「ワンワン」という名前で呼ぶことができ，猫や馬とは違うものであることを理解しなければならない。語彙習得の最初の段階の子どもによく見られるのが過剰拡張（overextension）と過小拡張（underextension）である。過剰拡張とは，子どもがよくおかす誤りであるが，1つの言葉で様々なものを言い表す。例えば「ワンワン」という言葉を犬だけでなく，猫，馬など他の動物にも使ってしまう。「トータィ，タィタィ（蝶々を意味する）」という言葉を，空を飛ぶほかの虫，こうもり，凧，ひらひら動く金魚，クリスマスツリー，そして雪にまで使う例も報告されている（やまだ，1993）。

しかし過剰拡張は主に言葉を発する時に見られる現象で，子どもはそれぞれの言葉は理解している場合が多いようである。例えば先ほどの例の馬や猫を指して「ワンワン」という子どもに馬や猫の「絵を指して」と指示すると，彼らは間違えずに指すことができる。したがって過剰拡張については，子どもは認識が足りないのではなく，発音の困難さから誤るのではないかと言われている（Naigles & Gelman, 1995）。

過小拡張は過剰拡張ほど多くは見られない現象であるが，子どもが語彙の意味を制限した状況でしか使わないことを指す。例えば「ボール」という言葉を自分のボールにしか用いないような場合である。子どもは言語経験を重ねることで徐々にこのような過剰拡張，過小拡張をやめ，正しく語彙を認識し，使うことができるようになる。

5.2.2 語彙のネットワーク

語彙を獲得するとは，ある言葉が表す実物もしくは事象の名前を知るだけ

ではなく，その言葉が関連している多くの他の言葉との結合や関係も学習していくことを意味する。例えば「ハチ」という言葉を学んだとすると「ハチ」という言葉の意味を理解するだけではなく，同じ昆虫というカテゴリーにある「チョウチョ」，「トンボ」，「アリ」，「カマキリ」などの語彙との関連，またはそれらに共通する「ムシ」という語との関連，さらに「飛ぶ」「ブンブン」「蜂蜜」「怖い」など関連する言葉や言語感覚までを含め，その語彙の意味領域を広げていく。子どもはそれぞれの単語に関する意味領域を広げていく過程で，何度もその言葉に遭遇し，それを中心とした言葉のネットワークを作っていく。

5.2.2.1　シンタグマティック知識とパラディグマティック知識[13]

　語彙獲得において，シンタグマティック知識（syntagmatic knowledge）とはその語がどのような語と共に使われるのかについての知識であり，パラディグマティック知識（paradigmatic knowledge）は語の意味に関する知識で，類似の意義をもつ語，上位や下位の範疇を表す語についての知識である。

　図5-1が示すように，横に並んでいる語と語の関係（ここではthe, dog, ran, fast）をシンタグマティックな関係とよび，縦に並び，同じカテゴリー（ここでは同じ品詞）に属し，お互いに交換ができる関係（ここでは，例えばdog, cat, horse, monkey）をパラディグマティック関係と呼ぶ。子どもはある語のネットワーク化を通して，その語のシンタグマティック知識とパラディグマティック知識を増やしていく。

　幼児の語彙のネットワーク化がどのように進み，またどの程度のものなのかを測定するために語彙の連想（word-association）課題が使用されるようになった。これは参加者にある言葉を提示し，その言葉から連想される言葉を答えてもらうものであるが，子どもは，"dog"という刺激語に対して"bark（ほえる）"（英語圏），または「りんご」という刺激語に対しては「食べる」（日

13　シンタグマティックな関係：言語単位（たとえば，語や節）が，他の単位との間にある連続体の中で共起するために生じる関係。たとえばある単語は，その語が現れる文の中で生じる他の語とシンタグマティックな関係を持つと言われる。一方で，その文の中で，その語と置き換えることのできる語とは，パラディグマティックな関係にあると言われる。

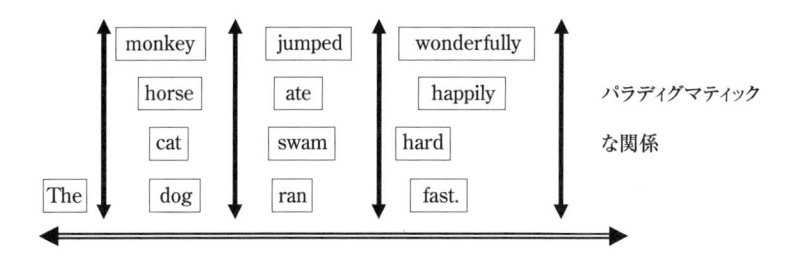

第5章 外国語学習における語彙習得と文法学習 213

```
         monkey    jumped    wonderfully
         horse     ate       happily                パラディグマティック
         cat       swam      hard                   な関係
The      dog       ran       fast.
```

シンタグマティックな関係

図5-1　シンタグマティックな関係とパラディグマティックな関係

本語圏）などシンタグマティックな関係の言葉で反応するが，大人は"dog"に対して"cat"（英語圏），また「りんご」には「くだもの」（日本語圏）などパラディグマティックな関係の言葉で反応することが報告されている（Aitchison, 2003）。私たちの頭の中にあると考えられている語彙の辞書（メンタルレキシコン：mental lexicon）にはシンタグマティックなネットワークとパラディグマティックなネットワークの両方が存在しているが，「母語獲得の途上にある子どもはシンタグマティックな連想が主であるのに対し，大人の場合パラディグマティックな連想を生み出す傾向が強い」（門田，2004, p.239）と言われている。

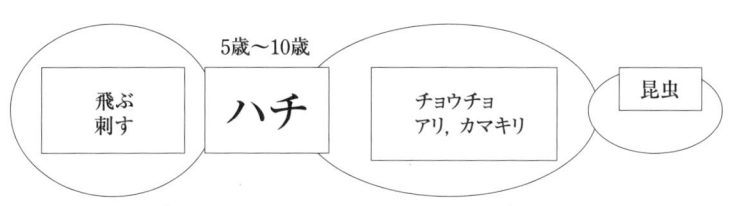

```
              5歳〜10歳
   ┌─────┐           ┌──────────┐    ┌────┐
   │飛ぶ  │   ハチ    │チョウチョ │    │昆虫│
   │刺す  │           │アリ,カマキリ│   │    │
   └─────┘           └──────────┘    └────┘

  シンタグマティックネットワーク====>　パラディグマティックネットワーク
```

図5-2　「ハチ」のシンタグマティックおよびパラディグマティックな関係

つまり，図5-2が示すように，子どもの語彙ネットワークはシンタグマティックな関係に基づいて形成されていくが，成長するにつれパラディグマティックな関係に変わっていき，その変化は5歳から10歳の間に起こると言

われている（Singleton, 1999）。そうすると語彙を獲得するというのは，1つの言葉を覚えたので次の言葉へと，まるで積み木を積み重ねていくというよりも，1つ1つの言葉がそれぞれ関連する言葉とのネットワークを作りながら拡大していくものであろう。

5.2.2.2 階層的ネットワーク

語彙ネットワークの形成を考えると，図5-3が示すようにそれぞれの単語は意味的ネットワークで互いにつながっており，さらに，小さなレベルから大きなレベルに互いに結合されていく階層構造（hierarchical structure）を持つと考えられている（Collins and Quillian, 1969）[14]。

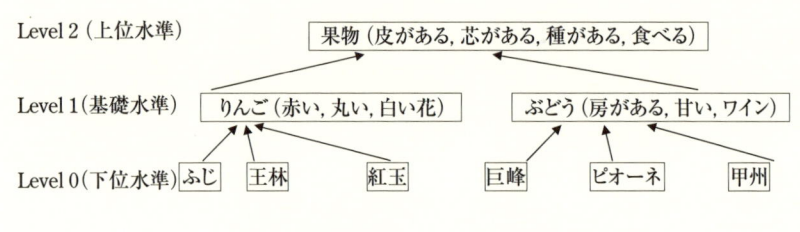

```
Level 2（上位水準）          果物（皮がある, 芯がある, 種がある, 食べる）
Level 1（基礎水準）   りんご（赤い, 丸い, 白い花）    ぶどう（房がある, 甘い, ワイン）
Level 0（下位水準） ふじ  王林  紅玉      巨峰  ピオーネ  甲州
```

図5-3　階層的ネットワークモデル[15]

この図のレベル2は上位水準（superordinate），レベル1は基礎水準（basic level），そしてレベル0は下位水準（subordinate）と呼ばれている。子どもの語彙獲得は基礎水準から始まる。子どもが現実の世界で言葉に接するのは基礎水準であり，概念形成や語彙の発達に直接影響するのも基礎水準である。したがって，外国語環境においても子どもたちは基礎水準の言葉（例：chair, dog, apple, potato）を学習し，その後上位水準（例：furniture, animal, fruit, vegetable）や，まれに下位水準を学習することになる。

---

[14] 門田（2004, p.220）に引用されているCollins, A. M. & Quillian, M. R.（1969）Retrieval time from semantic memory. *Journal of Verbal Learning and Verbal Behavior 8*: 240-248。

[15] 門田（2004, p.221）に書かれているネットワークを参考にする。

5.2.3 語彙の習得を支えるもの

子どもの持っている語彙知識は大人のそれと比べると未熟で，幼児などが次の例のように，言葉を誤って使用しているのをよく耳にする。

* 「明日先生の家にくる？」「うん，くる」（行くというべきところを間違える）
* 「いってらっしゃ～い」と言って出て行く。
* お菓子を食べている子どもが，友達の欲しそうな顔に負けて考えた末に「ありがとっ」と自分が言いながら分けてあげる。
* 「アシタ，キンギョガ，シンダンダヨ」

もちろんこれらの誤りは語彙を十分に理解していないというだけではなく，時間や空間の把握が未熟であるとか，自分と相手の立場を混同してしまう子どもの認知力の低さにも起因したものであるが，語彙を正しく使用するには時間がかかり，その言葉と何度も遭遇する必要があることを示している。単語の獲得は1度でできるというものではなく，時間をかけて徐々に単語の理解を深めていくと考えるべきである。その過程で最も大切なのが文脈である。「ことばはそれが使用される文脈に埋め込まれ，生活経験と結びついてはじめて生きたことばとして使いこなせるようになる」（内田，2002；p.64）と言われるように文脈のないところでは言葉は育たない。第二言語習得についても全く同様のことが言える。

5.2.4 第二言語習得における語彙獲得

第一言語習得における語彙獲得と同様，第二言語習得においても学習者は，何度もいろいろな文脈の中で同じ単語に出会うことが必要になる。Cameron (2001) はその重要性を次のように指摘している。

Learning words is a cyclical process of meeting new words and initial learning, followed by meeting those words again and again, each time extending knowledge of what the words mean and how they are used in the foreign language. (p.74)

（単語の学習は，新しい語彙と出会いそれらを覚え，何度も何度もそれらと遭遇し，

その度に言葉の意味を知り，外国語でどのようにそれらが使われているのかを知るようになる循環的なプロセスのことを言う。)

よって，教師は1つの文脈の中だけで単語を教えるのではなく，様々な文脈の中でその単語を提示し，学習者が単語を十分に使いこなせるように指導に工夫を凝らす必要がある。

5.2.4.1 音韻認識能力との関連

前章で述べたように，英語の母語話者を対象とした研究から，音韻認識能力（phonological awareness）[16]は単語を認識する力の発達に影響していることが解ってきた。つまり音韻認識能力が優れている子どもは，後にスペルに関して高い理解力を示し，確実に語彙を獲得していく。同様の結果は日本で英語を学習する子どもたちを対象とした研究からも報告されている（アレン玉井, 2000, 2006）。また，Hu (2003) は，4歳になる台湾の子どもたち58名を6か月毎に2年間調査し，音韻認識能力が英語の単語を学習する力に影響していることを報告している。これらの研究から，英語を外国語として学習している子どもにとっても，音韻認識能力を育てることが重要で，高い音韻認識を持っていれば，効率良く語彙獲得が進むことがわかる。

Huも指摘するように，第二言語としての英語学習においては，第一言語で既に習得した単語（例：色や食べ物の名前，体の部位など）にあたる英語を獲得するところから始まるので，新しい概念を形成したり，古い概念を再編成したりする必要はない。重要なのは新しい音（ここでは英語の音）に慣れて，その音を単語に結びつけることなので，音韻認識力が問われる。例えば，「りんご」という言葉の意味を知っている日本人の子どもにとっては英語のappleを理解するということは，apple = /æ//p//l/という3つの英語の音を理解し，それらの音に母語で獲得した「りんご」という概念を結びつけることを意味する。こう考えると，音韻認識能力が大きな役割を果たすのは当然のことかもしれない。

5.2.4.2 母語からの影響

語彙を獲得していく過程で子どもたちは，前述したようにシンタグマ

---

16 話されている単語の中で音がどのような働きをしているのか理解できる力。

ティックなネットワークとパラディグマティックなネットワークを構築していく。第二言語に接する時までには，多くの子どもたちはある程度の語彙ネットワークを第一言語ですでに作り上げている。よって，日本人の子どもが英語の語彙を学習する過程で，日本語の語彙ネットワークに英語の単語だけを入れ替えるのは自然の反応であろう。しかし，そこに問題が起こることも容易に想像できる。例えば図 5 - 4 に示すように，「ねずみ」という単語を中心にした語彙ネットワークが日本語で出来上がったとする。日本人が通常「ねずみ」（mouseというよりもratかもしれないが）について考える時は，「チューチューうるさい」というイメージをもち，農耕民族であった日本人からするとお米をめぐり対立するねずみは「厄介な動物」「ずるがしこい動物」「いつもいる動物」というイメージがある。そのような日本語で出来上がった意味のネットワークでは「She is as quiet as a mouse.（彼女はねずみのように静かだ。）」という英語の表現に出てくるような「mouse」のイメージはない。

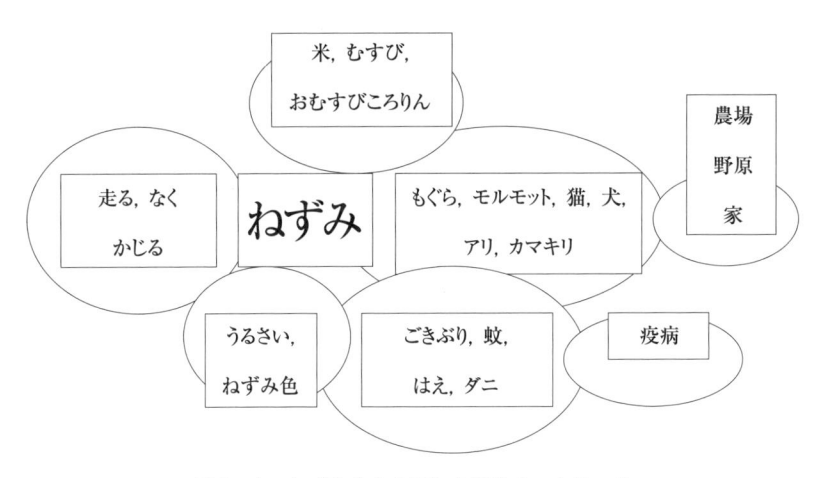

図 5 - 4　ねずみを中心にした語彙ネットワーク

また，同様に象の鼻はnoseではなくtrunk，そして蟹のはさみはscissorsではなく claws である。小さなことだが，それぞれの言葉のもつイメージが第一言語と第二言語では違うことも多い。

日本語で出来上った語彙ネットワークに，英語を入れ込むだけでは語彙習得は難しいということについてもう少し説明を加えたい。ARCLE編集委員会他（2005）は日本語で「言う」「話す」と訳される区別のつきにくいspeak, talk, say, tellについても，下記のような例をあげて英語では日本語よりも意味の分化が進んでいることを示している。

① He spoke Chinese. 　　　　　（彼は中国語を話した。）
② I talked to him about it. 　　　（私はそのことで彼と話した。）
③ What did he say? 　　　　　　（彼はなんて言ったの？）
④ As I told you, he did it. 　　　（君に話したように,彼がそれをしたんだ。）

　また，他の例では，動物の鳴き声を聞くときにWhat does a duck say?などと質問するが，日本人の学習者は大人でもWhat does a dog cry?と言い間違えることがある。動物が「鳴く」という日本語のイメージからはsayよりcryがぴったりするのかもしれない。

　以上のような例が示すように英語の語彙にはそれなりのネットワーク作りが必要であり，日本語のネットワークで代用しているだけでは，適切に表現できないことがでてくる。日本語の感覚で英語を使うと，適当でないところまで使いすぎたり，また反対に使うべきところで使わなかったりと，問題が出てくる。それらを解決するためにも文脈から何回もその単語が使われている状況を体験し，英語の意味ネットワークを構築する必要がある。

5.3　語彙指導
5.3.1　意図的学習（Intentional Learning）

　意図的学習とは名前が示すとおり，語彙を学ぼうと意図的に行う学習である。日常生活で英語に接することが少ない日本人の子どもにとって，英語学習環境として最も重要なのが授業である。子どもの語彙学習がスムーズに進むような効率の良い授業をしていくにはどのような点を気をつければいいのだろうか。

5.3.1.1　語彙の導入方法

　次のような方法で語彙を導入することができる。文字学習が始まる前の学習者は，音声のみで語彙を認識することになるので，実体と言葉（ここでは

英語) がしっかり結びつくように提示することが大切である。
① 絵を使う
② 写真を使う
③ ジェスチャー，または演技をする
④ 黒板に絵などを描く
⑤ 聴覚教材が用意できる単語にはそれらを使う（例：動物の鳴き声など）

　以上のような方法で提示された単語は，前述したように一度に覚えられるわけではない。時間をかけて，様々な文脈の中で提示するように工夫することが大切であり，そうすることにより実物（事象）とそれを表す言葉が強く結びついていく。

5.3.1.2 語彙指導の留意点

　Nation (2000) は，形（スペル）や意味が似ている単語を同時に教えないように警告している。この指摘は英語を教えている多くの教師にとって，今までとは異なる視点を与えてくれるものとして重要なので，少し詳しく見ていくことにする。

(1) 関連する新出単語を同時に教える危険性

　Nationは単語を教える際，関連する単語，つまり同意語，反意語，またはスペルが似ている（したがって発音も似ている）単語を同時に教えると，意味や形が似ているため学習者が意味を思い出す時にそれぞれが干渉し合い，学習を妨げると主張している。共通する特徴がある例としては，形が似ているものとしてabout-above，また意味や形が似ているものとしてTuesday-Thursdayが考えられるが，異なる特徴をもっている単語の例としてはright-leftやhot-coldが考えられる。

(2) カテゴリー別の語彙指導の不自然さ

　Nationは単語をカテゴリー別に教えることについても，単語どうしが干渉し合い，記憶を妨害するという理由だけではなく，単語の使用頻度，また文脈の不自然さから同カテゴリーの単語を同時に導入することに反対している。Nationはそれぞれの単語の使用頻度をWest(1955)とFrancis & Kučera (1982)[17]の調査を土台に下のような表を作成し，説明している。これは英語で書かれた様々な書物に出ている100万語の中でのそれぞれの単語の出現頻

度を表したものである。

　授業では当たり前のように色や曜日をまとめて教えているが，例えばwhiteの使用頻度と orangeの使用頻度は大きく違い，SundayとThursdayの使用頻度も大きく異なる。実際の使用場面でこれだけ使われ方が異なる単語を，教室の中では同じような時間配分や指導量で取り扱うことについては，検討するべきではないだろうか。

表5-3 関連語における語の頻度の違い（Nation, 2000. p. 8）

色		曜日		形容詞	
white	334	Sunday	116	long	833
red	169	Monday	72	old	780
black	165	Saturday	72	young	436
blue	126	Friday	64	short	195
green	85	Tuesday	59	thin	90
yellow	52	Wednesday	37	fat	47
pink	47	Thursday	34		
orange	8				

　また，言葉が使われている実際の文脈を考えると，日曜日から土曜日，1月から12月，または赤，青，黄色など8色が同時に，また同じような割合で出てくる文や会話は非常に不自然である。しかし授業では，例えば曜日を教える場合は，歌などで1週間の曜日を全部教えたり，子どもたちの生活に合わせて学校の授業や好きなテレビ番組などについて，What subjects do you have on Monday? What TV programs do you watch on Tuesday?と尋ね，全曜日を同等に取り扱う。これは一見子どもが自分の生活について話しているので，意味のあるコミュニケーション活動をしているように見えるが，誰に対して，またどのような理由でこのような会話が発話されるのかと考えると不自然な言葉のやり取りであることがわかる。カテゴリーごとに単語を教えようとすると，このような形だけの会話のやり取りに終わる可能性がある。

17　West, M.（1955）*Learning to read a foreign language, and other essays on language teaching*（2nd ed.）London: Longman. /Francis, W. N., & Kučera, H.（1982）*Frequency analysis of English usage*. Boston: Houghton Mifflin.

(3) 混乱を招かない語彙指導

しかし子どもを対象とした教材には，単語を同意語や反意語とともに導入したり，カテゴリー別に導入しているものが多い。それでは，単語を教えていく時にNationの指摘するような干渉を避けて，効率的に学習を進めるためにはどうすればいいのであろうか。その点について彼は2つの方法を紹介している。

① 単語を導入する際，同時に教えるのではなく，時間差を考慮すること。

カテゴリー別に単語が導入されているテキストを使っている場合は，最も重要だと思える単語，もしくは最も使用頻度が高い単語を，テキストで扱う前に特別に教えるという方法，または似たような単語があれば，最初に1つだけを集中的に教え，その単語が十分に理解された後に他の単語を教えていくという方法がある。Nationは最初に教える単語と次に教える単語には数日の時間差が必要だと指摘している。

② 単語を導入するときに様々な文脈を用意すること。

Nationは単語によっては別々の時間に取り扱うのが難しいものもあるが，そのような場合は異なった文脈の中で単語を導入する方法を紹介している。例えばhot-coldであるが，hotを出すときには天気や季節などと合わせて「hot weather, Summer is hot」として導入する一方で，coldを食事や飲み物と合わせて「cold meal, cold drink」として導入するというものである。Hotとcoldまたはrightとleftのように混同しやすい単語を導入するときは，下記のように同じような文型で，置き換えができるような状態で提示することは避けなければならない。例えば Summer is hot. It's nice to have some cold drink. など，それぞれの単語の使い方が違えば違うほど，単語どうしの意味の干渉を避けることができる。

(例)　•干渉を起こしやすい指導

　　　Ⓐlt is hot. It is cold. ⒷGive us some hot water. Give us some cold water.

　　•干渉を回避できる指導

　　　Ⓐlt is hot today. I need some cold water.

　　　　Ⓑ On a cold morning, it is nice to have hot tea.
　しかしこのような干渉は2つの単語がどちらも新出，もしくは2つのうち1つの単語がまだ十分に理解されておらず，もう一方が新出という状況で，さらにそれらが同時に導入される場合におこる。それぞれの単語がかなり理解された段階になると，次に述べるように単語を同意語，反意語，関連語などと合わせて学習するのはそれぞれの単語の理解をさらに深めるという点で効果的であり，そのようにすべきだとNationも勧めている。既知の単語と未知の単語を組み合わせると効果的に単語を学習することができるということは前述した語彙のネットワーク作りにも関連してくるが，心理学的には新しい情報をすでにある情報と合わせて関連づけることで新しい情報が効果的に保持され，思い出されると説明されている。
　それではどの程度の理解があれば，このように関連した言葉どうしを扱えるのかというのが教師としては気になるところであるが，残念ながらそれについてはまだ研究が十分にされておらず，先生や学習者の判断による。
　私は以前同じようなカテゴリーの言葉，例えば野菜の名称などをチャンツにのせて同時に導入したことがあり，その際子どもが知っている単語（例potato, tomato）とあまり親しみのない単語（eggplant, cucumber）なども気にしないで1回に15～20ぐらいの単語を教えていた。しかし，Nationの研究を知ってからは，カテゴリー別に単語を導入することは避け，テキスト上関連する2つの新出単語を扱わなければいけない時（例：「北風と太陽」を読むときに出てくるhot-cold）には，特に気をつけて，どちらか1つの単語に重きを置いて教えている。例えば本を読む前にhotだけに注目して読みの練習をしたり，hot tea, a hot iron, a hot panなど「熱いもの」を紹介したりするなど，1つの新出単語を定着させたあとに関連する新出単語を扱うようにしている。

5.3.1.3　語彙の定義を教える方法
　新しい単語の意味を教えるときは，次のような方法が考えられる。
① 　単語を定義する（例：This is a gardening tool that you can gather leaves with.）
② 　文脈の中で単語について説明する（例：A rake gathers leaves.）

③　子どもの母語に訳す（例：熊手）

しかし，いつも訳を与えていると学習者は自分で意味を考えようとしなくなり，記憶に残らなくなる。Stahl（1999）は単語の定義を与えるときには次のような情報を与えることを示唆しているが，単語について学習者同士が話し合うことで単語の理解を深めるとともに，その定着が強くなると言われている。

① 　同意語，類義語　　（例：small-little）
② 　反意語，対義語　　（例：hot-cold）
③ 　子どもたち自身が言葉の定義を考える。（例 A dog is an animal.）
④ 　言葉を使った例文を与える。（A walrus lives in the sea.）
⑤ 　新しい言葉と今まで学習した言葉の中で関連したものについて話し合う。（coldとcoolなど）

5.3.2　付随的学習（Incidental Learning）

付随的学習は，何か他の学習をしていて結果的に語彙を学ぶという形式の学習を意味し，リーディングやリスニングの学習をする過程で体験する語彙学習である。英語を母語にする子どもたちやかなり学習が進んだ大人の第二言語学習者の場合は付随的に単語を覚える場合もあるが，日本のように英語と接する機会が極端に少ない環境で英語を学習している子どもに応用できるような語彙の付随的研究に関する報告はあまり見当たらない。

5.3.2.1　リスニング活動と語彙学習

文字を学習していない子どもは，絵と音声だけで単語を理解する場合が多い。ここでは，リスニング活動の中でもストーリーテリングと結びついた語彙学習について述べる。

ニュージーランドで行われた，英語を母語とする子どもたちを対象にした研究で，Elley（1989）は7歳児のクラスと8歳児のクラスで物語の読み聞かせをし，その結果目標語彙がどのくらい習得されたのかを検証した。物語は1週間のうちに3回繰り返して読まれ，話に合わせて絵が見せられた。7歳のクラスでは目標語の15％が習得された。8歳のクラスでは2種類の話が用意され，子どもたちはそれぞれ違う方法で話を聞いた。1つは7歳のクラス

と同様,読み聞かせだけが行われ,やはり目標語の15％が習得された。もう1つの話では,目標語についての説明が加えられ,そちらでは目標語の40％が習得された。彼はまた,話の種類によって語彙習得に影響が見られ,子どもが関心を持って聞いていた話ほど語彙習得が進んだと報告している。語彙習得の観点からはこの研究が示唆するように,聞かせるだけの付随的な学習よりも,学習してほしいと思う単語についてある程度説明を加える意図的学習の方が効果的であることがわかる。

　第二言語で話を聞く場合は,聞こえてくる言葉を理解するため,自分の知っている単語であるかどうかを考え,その単語の意味を思い出すなど注意して聞かなければならない。そのような状況では新しい単語に対して注意を向け,それを覚えることなど,子どもには負荷が大き過ぎてできない。もしも,読み聞かせからの付随的な語彙習得を目標とするのであれば,まずは子どもが日本語で十分に理解できるような話を選び,授業で何度もその話を英語で読み,その上で語彙についての指導をすることが望ましい。

5.3.2.2 リーディング活動と語彙学習

　リスニング同様に,読んでいるだけでは語彙学習はあまり効果的には進まないようである。大人の学習者を対象とした第二言語習得研究では,リーディングからの付随的な語彙学習に関して,リーディングだけのクラスよりそれに語彙指導を加えたクラスのほうがより語彙習得が進むと報告されている（門田, 2004, p.293）。

　リーディングを通して付随的に単語を習得するためには,基本的な語彙力とリーディング能力がある程度なければ無理である。子どもにとってリタラシー能力を獲得することは第一言語でも難しく,第二言語になるとなおさら難しくなる。したがってリーディングから語彙を付随的に学習できる日本人の小学生の数は少なく,語彙力を高めるのであれば,書くことも含めて意識的な語彙学習をさせるほうが効果的であろう。

　しかし,文脈を通して未知の単語に出会うことは,子どもたちの英語力全体の発達にはとても重要なことである。リーディングを通して未知の単語について学習する方法を学ぶことは,中学校以降の英語教育にも役に立つ。私はテキストに出てきた新しい単語のリストを作成して子どもに渡したり,簡

単な単語テストをしたりすることで、リーディングからの意図的な語彙学習を進めている。

5.4 文法獲得の過程

　文法のない言語は存在しない。全ての言語は規則を持っており、それを説明するものが文法である。規則というと「守らなければいけない堅苦しい約束事」という感じがするが、実は言語の場合、規則による制限のおかげで私たちは共通の理解のもと、言葉を理解し合うことができる。文法はこのような規則について、また言語がどのように使われているのかそのシステム構造について説明してくれる。

　単語が2つ以上になるとそこには規則が生じる。また、この規則は言語によって異なる場合がある。例えば、英語ではthree little yellow balloonsというが、three yellow little balloonsとは言わない。しかし日本語では「3つの小さな黄色い風船」「3つの黄色い小さな風船」ということが可能である。

　中学校以前の子どもたちに文法を教える必要はない、またそうすれば子どもは英語を嫌いになってしまうと考える人が多く、児童英語教育においては文法について語られることが大変少ないのが現状である。本当に子どもに文法を教える必要はないのだろうか？また子どもは文法を教えられると英語を嫌いになるのだろうか？ここでは日本人の子どもを対象とした英語の文法獲得について考えていく。

5.4.1　第一言語習得における文法獲得

　最初に第一言語における文法の発達について考えてみよう。前述したように単語が2つ以上になるとそこには言語の規則、つまり文法が存在する。日本語では「白い犬」といい「犬白い」とは言えない。英語でも a white dog であり、a dog whiteとは言わない。しかしフランス語では「un chien（犬）blanc（白い）」といい、「un blanc chien」とは言わない。

5.4.1.1　電報文（Telegraphic Speech）

　子どもは、18か月を過ぎる頃から2つ以上の単語を合わせて発話をするようになる。それらの発話には単独で意味を持つ内容語[18]（もしくは自立語）

はあるが，独立した意味をもたない機能語[19]（もしくは付属語）は欠落している。例えば「イエ　カエレ」，「カイギ　エンキ」のように内容は理解できるが，助詞などが全て削除されている電報文と似ているので，この時期の子どもが発話する文を電報文（telegraphic speech）と呼ぶ。子どもは文法的には誤りの含まれる不完全な文ではあるが，このような電報文を使い，回りの人とコミュニケーションを取るようになる。

　子どもは，18か月〜24か月ぐらいになると2語を合わせた文である「2語文」を発話し始める。例えば「パパ，イク」「○○，チョーダイ」「○○，ダメ」「○○，キタ」などである，英語では同様に「Mommy shoe」や「Bird gone」のような文がある。意味の解釈は文脈によって変わることもある。例えばMommy shoeであれば，①「お母さんの靴」，②「お母さん（私に）靴をはかせて」と，状況によって意味が変わり，親は文脈の中で子どもの意図を理解する。二語文で表す内容には言語や文化を超えて共通のものがあると言われ，Slobin (1985) は，英語，ドイツ語，ロシア語，フィンランド語，ルオ語，サモア語を母語とする子どもの二語文を比較し，共通構文を見つけた。それらは例えば否定を表す二語文 "algone (all gone) milk"，「クック，ない」，要望を表す "gimi (give me) milk"，「アメ，チョウダイ」，もしくは所有を表す "mama dress"，「ママ，クック」などである。このように言語が異なっても共通構文があるのはおそらく，意味関係の発達が認知発達と関係があるからだと言われている。

　子どもは，24か月から27か月，つまり2歳を過ぎる頃には，3語または4語の単語をつなぎ，より長い文を作るようになる。この頃の文は「センセ，マンマ，タベタ」「○○チャン，マダ，コナイ」「ママ，バス，イッタ」などであり，英語では「Mouses gone away.」など文法的な誤りはあるが，子どもは創造的に言葉の規則を応用して文を構築していく。この時期以降急速に文法的な規則を使うようになり，英語では過去形，willやcanの助動詞，不規則動詞の変化，疑問文を作るときの倒置ができるようになり，Where my hat? や I no want this. のように不完全ながらもWH疑問文や否定文を使い始めるようになる（Keenan, 2002）。

5.4.1.2 シンタクスの獲得

　英語では，意味を決定する上で語順が大きな役割を果たすが，英語を母語とする赤ちゃんは早くからこの語順について意識していると言われている。Hirsh-Pasekは16か月のアメリカ人の子どもに2つのテレビのスクリーンを見せた。1つのスクリーンにはCookie MonsterがBig Birdを洗っている映像が映り，もう一方にはその反対でBig BirdがCookie Monsterを洗っている映像が映し出された。実験室の真ん中にあるスピーカーから"Where's Cookie Monster washing Big Bird? Find Cookie Monster washing Big Bird.（ビッグバードを洗っているクッキーモンスターはどこ？）"という指示が出ると，子どもは正しい映像の方を見た。[20] この実験からまだ2語レベルでしか話すことができない子どもではあるが，「洗う」という行為をしているCookie Monsterが文の初めにあり，行為を受けているBig Birdは後にくるという語順，つまり主語と目的語の関係を理解していたことが判明した。

　英語では上の例（Cookie Monster is washing Big Bird. Big Bird is washing Cookie Monster.）のように語順が意味を決定する上で重要な役割を果たすのに対し，日本語では「クッキーモンスターはビッグバードを洗っている。（不自然ではあるが）クッキーモンスターをビッグバードが洗っている」のように語順ではなく助詞（もしくは語幹に接合する付属的な要素）によって意味が決定される。語順から考えると，英語は「主語―動詞―目的語：SVO」型に分類されるが，日本語は「主語―目的語―動詞：SOV」型に分類される（中島＆外池，1994）。後にも述べるが，日本語を母語とする学習者にとっては英語の持つ語順の大切さを理解することは極めて大きな意味を持つ。

18　content wordと呼ばれ，単独で用いられても意味を持つ語で，主として名詞，動詞，形容詞，副詞である。例：pen, walk, pretty, slowlyなど。
19　function wordと呼ばれ，独立した意味はほとんど持たず，文中あるいは文同士の間の文法的な関係を示す語で，主として接続詞，前置詞，冠詞などである。例: and, at the。
20　Equinox Films/Ways of Knowing, Inc. が出しているビデオ教材 *THE HUMAN LANGUAGE SERIES*に収録されている。

5.4.2　第二言語習得における文法獲得

　通常学校では文法規則を明示的（explicit）に示し，それを教え込むが，このような文法を学校文法と呼ぶ。小学校の低学年を対象とした場合，学校文法を教えることは認知的に負荷が大きくなるため避けるべきであろう。メタ言語が発達しなければ文法項目について理解することは大変難しい。しかし，自然に文法的な「気づき」の力を育てること，または英語の摂取量が多い子どもや認知的にも発達している高学年の児童に対しては，意識的に文法を説明することも可能である。英語のメッセージを正確に理解し，さらに自分で発信するためには文法知識は不可欠であり，その重要性についてCameron（2001）は以下のように述べている。

- Grammatical accuracy and precision matter for meaning;
（文法的な正確さや的確さは意味を伝えるのに重要である）
- Without attention to form, form will not be learnt accurately;
（文を作る型（form：文法）に注意しない限り，型が正確に学ばれることはない）
- Form-focused instruction is particularly relevant for those features of the foreign language grammar that are different from the L1 or are not very noticeable.　(p.110)
（特に第一言語と比べて外国語の文法的特徴が異なるか，または際立った特徴がない場合は，form（文法）を重点的に取り扱う指導が適切である）

　意識的な指導をせず，コミュニケーション活動をしているだけでは文法知識は身につかない。小学校段階の子どもにどの程度の文法の気づき，または知識を教えるのかは，大変難しい問題であるが，文法知識がないままだと子どもたちはいつまでも感覚的に言語を処理し，大雑把な言語理解のままで終わってしまう。

5.4.2.1　チャンク学習（Chunk Learning）

　前述しているように学校文法を10歳以前の子どもに教えることはあまり意味がないが，自然に文法的な「気づき」の力を育てることは可能であり，次のステップのために必要なことだと考える。文法的な「気づき」の力を育てるのに大変効果的な方法がチャンキング（chunking）である。チャンキン

グとは発話を部分的に分けていくことを意味するが，学習を促進し，理解を高める方法として使われている。Cameron (2001) はこのようなチャンクや定型表現が文法知識を伸ばすために大変重要な材料になると強調している。子どもはコミュニケーションを取るために次のようなチャンクや定型表現をよく使う。

<チャンク>

①It's ( ) . ②I have a ( ) . ③May I ( ) ? ④ Give me ( ) .

<定型表現（formulaic phrases）>

①Let's go.　②I don't care.　③I dunno (I don't know) .
④You know what?　⑤Whose turn is it?　⑥Beat it.

(この定型表現はメキシコから移民した5人の幼稚園児がアメリカで英語を習得する過程を追跡した研究から抜粋した。(Fillmore, 1979))

　子どもたちは，最初はチャンク（例：Give me some water.）として丸ごと覚えている表現を，次第に解体し，適切なところを他の単語に替え，文を作り直す過程（例：Give me some paper.やGive me your bag.）を経験する。そのような経験を通して，子どもは自然に語順についての意識，またはその他の文法的な事柄に対する「気づき」の力を育てることができる。

5.4.2.2　自然習得順序仮説（The Natural Order Hypothesis）

　次に学校文法を意識的に学習することが可能になった場合，どのような文法項目をどの段階で導入すべきかについて興味深い研究がなされているのでここで紹介する。これは形態素習得についての研究であるが，形態素とは意味を持つ最小単位のことである。第2章で紹介したクラッシェン (Krashen) は，英語を第二言語として学習している人たちは一定の順序に従って形態素を習得しているという「自然習得順序（Natural Order) 仮説」を提唱した。
　英語にはそれ自体で独立して意味を持つ自由形態素 (girl, walk, dogなど) と，それ自体では独立して意味を持たない拘束形態素 (girlsの複数形を表すs, walkingの現在分詞ing, dog'sの所有を表す'sなど) がある。Dulay & Burt (1973, 1974) は，英語の拘束形態素を9つ選定し，アメリカに住む5～8歳のスペイン語や中国語を第一言語とする子どもたちを対象に，彼らがどのようにそれらを習得していくのかを研究した。研究者たちは子どもに絵などを見せな

がら英語で質問をし、子どもたちの自由発話を録音し、分析した。その結果、第一言語（スペイン語と中国語）が違うにも拘わらず子どもたちは同じような順序で9つの形態素を習得していたという報告がなされた。大人の英語学習者を対象とした研究でも、彼らが文法テストでなく、コミュニケーションの課題を与えられた時には同じような習得順序を示したと報告している。

これらのデータからクラッシェンは英語の形態素習得にはある順序が存在すると考えた。図5-5はその習得順序を表したものである。クラッシェンによるとこの順序は階層的で、彼はAからDに向かって習得が進むと考えている。つまり、Bの⑤の冠詞ができる学習者はAの①進行形ing, ②複数のs, ③繋合詞（copula）Be動詞をすでに習得し、使うことができると考えたわけである。

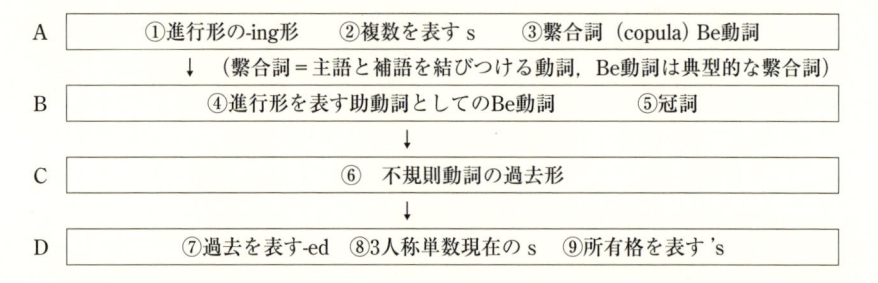

A	①進行形の-ing形　②複数を表すs　③繋合詞（copula）Be動詞
	↓　（繋合詞＝主語と補語を結びつける動詞、Be動詞は典型的な繋合詞）
B	④進行形を表す助動詞としてのBe動詞　　⑤冠詞
	↓
C	⑥　不規則動詞の過去形
	↓
D	⑦過去を表す-ed　⑧3人称単数現在のs　⑨所有格を表す's

つまりこの仮説によると、具体的に下記のような順番で英語の拘束形態素を獲得することになる。

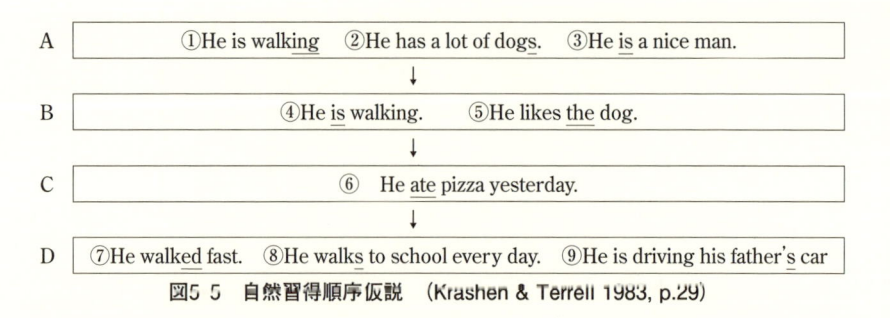

A	①He is walking　②He has a lot of dogs.　③He is a nice man.
	↓
B	④He is walking.　⑤He likes the dog.
	↓
C	⑥　He ate pizza yesterday.
	↓
D	⑦He walked fast.　⑧He walks to school every day.　⑨He is driving his father's car

図5-5　自然習得順序仮説　（Krashen & Terrell 1983, p.29）

しかし、これはあくまでもアメリカに住むスペイン語や中国語が第一言語

の子どもたちを中心としたデータから導かれた仮説であり，日本人学習者の実情に当てはまらないところがある。寺内（1994）は日本人の高校生や大学生を対象に行った様々な研究により，クラッシェンの自然習得順序仮説とは違う結果を報告している。その中でも顕著な違いは⑤にあたる冠詞の習得であり，日本人学習者にとって冠詞は大変難しく，最後に習得されるのではないかと述べている。

また，このような拘束形態素を含むような文法項目については，通常中学校で学習するので，その導入時期については教科書によって決められているのが現状であろう。私は，小学校で育む文法力はこのような細かい形態素項目の習得というよりも，英語の全体的なしくみを理解し，それが日本語とは違うことに気づくことだと考えている。

5.5　文法指導

自分の考えや思いを伝えるためには，規則に従って正しく言葉を用いないと相手には伝わらない。つまり，文法を無視した言語活動ではコミュニケーションは成り立たないのである。子どもたちが，コミュニケーションを取るためには文法の学習が大切であるという意識を持ち始めることは，きわめて大切なことであり，そのような意識作りは小学校レベルでも十分できるのではないだろうか。ここでは（1）文法に対する「気づき」の力を育むような指導と（2）意識的に学校文法を教える指導について分けて論じていきたい。

5.5.1　文法に対する「気づき」の力を育てる指導

5.5.1.1　国語における文法指導

外国語にも規則があり，それが母語とは違うのではないかという意識を持つことができるのは，子どもが言語技術について意識的に学習する中学年以降であろう。当然であるが，子どもたちの第二言語の文法知識の発達に大きく影響するのは母語における文法学習である。小学校における国語の学習指導要領（平成20年3月改訂）では文法事項としては明記されていないが，「文及び文章の構成に関する事項」として次のような学習目標が指定されている。

① 　文の中における主語と述語の関係に注意する。（1，2年生）
② 　修飾と被修飾との関係など，文の構成について初歩的な理解をもつこと。

（3，4年生）
③ 指示語や接続語が文と文との意味のつながりに果たす役割を理解し，使うこと。（3，4年生）
④ 文や文章にはいろいろな構成があることについて理解すること（5，6年生）

　第一言語においては，10歳を過ぎる頃から言葉を抽象的に，また分析的に処理することができるようになる。それに合わせて英語で言われたこと，もしくは書かれていることを全体的（holistic）に大まかに理解していた子どもが，少しずつ客観的に，細かなところにも気づき，ルールを見つけること，または知ることを喜ぶようになる。文法的な「気づき」の力や知識が母語で育っていない場合，それを英語で育てることは大変難しく，子どもにとっては負担の大きいものになる。子どもが母語で獲得した文法知識を有効に使って英語の特質を理解させるような文法指導が望まれる。

5.5.1.2　語彙学習と文法——チャンク学習

　外国語学習の初期段階においては，語彙学習と文法学習は特に密接に関係している。前述したシンタグマティックなネットワークとパラディグマティックなネットワークについて考えていくと横の関係であるシンタグマティックなネットワークの構築が文法学習に関係している。

　しかし実際のところ日本での幼児や小学生を対象とした英語教育の場合，語彙に関しては極端に名詞の指導が多く，動詞，形容詞はあまり導入されていない。したがって日本人の子どもの日本語でのネットワークと英語でのネットワークを比較すると，図5-6のように右側の灰色の楕円にあるようなパラディグマティックなネットワークは形成されても，左側のシンタグマティックなネットワークは（ここでは歩く，走る，食べる程度はできると仮定されている）は貧弱である。文法学習の見地から考えても，初期段階から意識的になるべく多くの動詞を教えることは大切である。また導入する際も，例えばeat, drink, washを動詞だけで導入するのを避け，少なくともeat an apple, drink some milk, wash my hairなどと目的語を伴って導入することが効果的である。初めはかたまり（チャンク）として丸ごと覚えるかもしれないが，じきに使われている単語の品詞の役割などが解り，語と語のつながり

方に関する理解が深まるのではないだろうか。

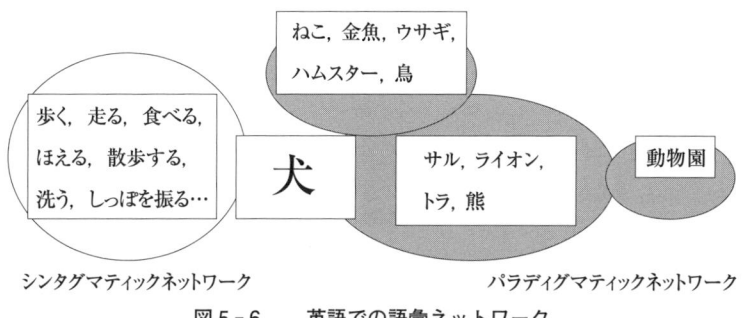

```
┌─────────────────┐   ┌──────────────────┐
│ 歩く, 走る, 食べる, │   │ ねこ, 金魚, ウサギ, │
│ ほえる, 散歩する, │   │ ハムスター, 鳥    │
│ 洗う, しっぽを振る…│   └──────────────────┘
└─────────────────┘                         ┌──────┐
              ┌─────┐  ┌──────────────┐    │動物園│
              │ 犬  │  │サル, ライオン,│    └──────┘
              └─────┘  │トラ, 熊      │
                       └──────────────┘
 シンタグマティックネットワーク    パラダイグマティックネットワーク
```

図 5-6　英語での語彙ネットワーク

　前述したように初期段階におけるチャンク学習は文法への気づきを高める適切な活動であるが，シンタグマティックなネットワークを構築するという観点からも効果的な指導法である。具体的には，通常使っている次のような指示語を材料にしてチャンク学習を進めることができる。これらの表現は通常，先生が子どもに出す指示語なので，子どもはよく耳にしている。彼らが十分に理解したと思えたら，教室では「先生の代わりになってくれる人？」などと状況を設定し，子どもがこれらのチャンクを自然な環境で使うことができるように指導する。

① Look at ～, (please).　⑥ May I go to ～?
② Point to ～, (please).　⑦ May I open ～?
③ Touch ～, (please).　⑧ May I close ～?
④ Give out ～, (please).　⑨ May I borrow ～?
⑤ Put away ～, (please).　⑩ Could you ～?

5.5.2　学校文法を意識的に教える指導
5.5.2.1　対象者

　どのような子どもに意識的な文法指導が役立つのであろうか。文法学習に最も必要な力はメタ言語力およびメタ認知力である。言語に対して客観的に考える力，または自分の思考や認知に関して客観的に見ることができる力が

文法学習には不可欠である。個人差はあるが，このような力を持つことができるのは小学校高学年の子どもであろう。

　次に必要な力として，リーディング能力をあげたい。リーディング指導を進めるにつれ，子どもはたとえ単語の音読ができ，意味が理解できたとしても，言葉の規則がわからなければ文を理解することはできないと悟るようになる。文の内容を理解するためには文の規則，つまり文法を学習することが必要だと彼ら自身が感じるようになる。しかし反対に文字認識ができず，自分で英単語などが読めない子どもたちに文法の説明をすることは大変難しく，また役に立たない。それどころか，そのような子どもに文法説明をすると，彼らの学習動機を低減させることになるであろう。以上のように文法学習のレディネスを測る１つの指標としてリーディング能力が上げられる。

　最後に子どもの文法学習開始時期を見定めるもう１つの指標として，彼らのライティング能力をあげたい。具体的に言うと，子どもが英語の文を写す時，正確に単語と単語の間にスペースを空けて書くことができるかどうかを確かめている。例えば I like dogs. のような簡単な文でも，ノートに写すように指示すると Ilikedogs. と単語の間にスペースを入れない子どもがいる。授業中，単語の間にスペースを空けるように注意を喚起するが，なかなか直ぐには理解できないようである。確かに日本語では単語を区切るためにスペースを使わないので，子どもがスペースに慣れないのも仕方がない。しかし，彼らは単語を読む力をつけ，文レベルでの英文を読むことに慣れ始めると，自然に単語の間に適度なスペースをつけて文を書くことができるようになる。私は，スペースを正しく使って文を書き写す頃になって初めて，単語という単位がしっかり認識できるようになっていると判断し，文法に対する意識を高める活動を本格的に始めることにしている。

　以上のように子どもが①適切なメタ言語力，メタ認知力を備え，②文レベルの英語を音読でき，さらに大まかに内容が理解でき，③視覚的に単語という単位を理解できるレベルに到達したときに，意識的な文法指導を始めることができると私は考えている。またその頃初めて意識的な文法指導は効力を発揮するであろう。

5.5.2.2 語順について （Word Order）

　日本人が英語を学習する際，文法の中でも語順についての理解を正しくもつことが最も大切だと私は考える。なぜならば，英語は日本語と比べると語順による縛りが強い言語で，英語を母語とする子どもは前述した実験で分かるように早くからこの語順について意識している。語順に関する「気づき」の力を高める授業活動は，「活動編」で紹介している。

5.5.2.3 名詞の単数，複数について

　初歩の文法項目——例えばBe動詞，現在進行形，3人称単数現在等——では，主語が単数か複数かを認識することが重要になってくる。言うまでもないが，日本語では名詞を単数か複数かで区別することはなく，それによって動詞が影響を受けることもない。また，可算名詞，不可算名詞の違いもない。私は名詞の単数，複数に関して教えるため次のような質問をしたことがある。

＜問＞　次の文を読んで，それぞれ何羽いたと思いますか？

(1) 公園にハトがいます。　　　　　　　　　　　（　　　）羽
(2) ペンギンが泳いでいます。　　　　　　　　　（　　　）羽

　子どもたちの答えはまちまちであったが，面白いことにほとんどの子どもはハトの数よりペンギンの数の方を多く書いていた。答えを比べた後，日本語ではハトが1羽でも5羽でも，「ハトがいます」と言えるが，英語では1羽か2羽以上かでとても大きな違いがあり，それがわからない限り文が作れないことを説明し，子どもたちに可算名詞を単数か複数かと認識することの重要性を意識的に教えた。このようにメタ言語的な知識について説明する時や言葉への気づきを高める時には日本語を使用している。

　さきほどの語順と同様，説明したからといってすぐに子どもがその規則を使えるわけではない。説明している内容は理解できたとしても，それらの規則を自分の知識として使えるようになるためには何度もいろいろな場面で説明し，ある程度の反復練習をさせなければ，子どもの知識として定着することはない。それには長い時間がかかり，小学校段階では十分理解もしくは定着しない子どももいるかもしれないが，語順と名詞の単数，複数に関しては意図的に教える必要性があると考えている。

5.5.2.4 その他の文法事項

　語順と名詞の単数，複数以外にも，私は子どもたちの理解度をチェックしながら，現在形，過去形，現在進行形，Be動詞，代名詞，複文，重文などをトピックに合わせて導入している。例えば現在形を教えるときには世界の子どもたちの日々の生活を教えながら，特にstudy, play, eat, help, work, wash, sleepなどを中心に1日の流れを学習し，3人称単数も含め，現在形を教えた。また過去形を取り扱った時は，ある村の昔と今の風景を見せ，There is（was）〜. There are（were）〜.と比較しながら学習を進めた。このように3人称単数を教える時，または過去形を教える時，どちらともそれらの文型が自然にでてくるトピックを用意した。しかし，繰り返しになるが，このような学習が可能なのは，学習者が音声言語を土台にして育てたリーディング能力と語彙力を持っているからである。

　また語彙学習と同様で1度で全てを理解し，使えるようになるのは無理であるため，少しずつスパイラルに文法知識を積み上げていくことが大切である。私はそれぞれの文法事項を数回異なるレッスンで取り扱った後に初めて，子どもたちの負担にならない程度の文法用語（現在形，過去形，1人称，2人称，3人称，単数，複数，現在進行形等）も教えるようにしている。子どもたちは文法用語を知ることでそれまで学習してきた英語の知識を整理し，まとめることができるので，決して嫌がることはない。

*

　文法を学習するためには，分析的に言語を理解することができ，また文の構造に気づくという認知力が必要である。リーディング能力と語彙力がない場合は，子どもは規則を覚えることができても，それを使うことはできない。

　私は以前，文法を教えることにはあまり関心がなく，その効果について懐疑的であった。しかし，本格的なリーディング指導を始め，子どもたちがある程度のリーディング能力を獲得し，語彙力もついてくると，文法指導を無視することができなくなった。未だに文法指導については暗中模索の状態であるが，私のクラスを卒業し，中学に進んだ子どもにアンケートをしたところ，中学校に入り一番役に立ったことは「文法の大切さを小学校のときに学んだこと」と答える子どもが増えてきた。

<Glossary>

過剰拡張（overextension）& 過小拡張（underextension）：語彙習得の初期の段階で子どもたちが起こす誤り。単語の意味を本来の意味以上に拡大して使っている現象を過剰拡張といい，その反対に意味を制限した状況でしか使わない現象を過小拡張という。

シンタグマティック知識：ある語が文の中でどのような語と一緒に使われるのかということに関する知識。

パラダイグマティック知識：文の中で，ある語と置き換えられる他の語との関係に関する知識。

語彙学習に関するintentional learningとincidental learning：intentional learningは語彙を学ぼうと意図的，意識的に行っている学習を指し，incidental learningとは何か他の学習をしていて付随的に語彙を学習することを指す。

<Discussion>

＊自分が今まで行ってきた（もしくはこれから行いたい）語彙指導について話し合いなさい。

＊自分が今まで行ってきた（もしくはこれから行いたい）文法指導について話し合いなさい。

＊チャンク学習の材料になる構文を考えなさい。

第5章 活動編：語彙習得および文法習得を進める活動実践

　この活動編では本文で述べた語彙学習および文法学習を進める活動について紹介する。

5.1　音声中心の語彙学習を進める活動案
　5.1.1　カルタ取り
　5.1.2　ジェスチャーゲーム
　5.1.3　絵あてゲーム
　5.1.4　Word Fight
　5.1.5　Odd-man Out
　5.1.6　I'm going to go on a picnic.
　5.1.7　クイズ
5.2　文字を中心に語彙学習を進める活動案
　5.2.1　連想ゲーム
　5.2.2　辞書引き
　5.2.3　単語カード作り
　5.2.4　Spelling Puzzle
5.3　文法学習を進める活動案
　5.3.1　文法事項を取り入れたチャンツの利用
　5.3.2　語順を教える活動（1）
　5.3.3　語順を教える活動（2）
　5.3.4　語順を教える活動（3）

5.1 音声中心の語彙学習を進める活動案
5.1.1 カルタ取り
目標： 語彙を増やす。

教材： 絵カード，もしくは写真等を用意する。

進め方： 1グループ5〜6名にし，それぞれのグループにカードを渡し，カルタ取りを始める。

1．クラスを5人（もしくは6人）のグループにわけ，円座させる。
Make a group of five (or six). Make a circle and sit down.
（5人1グループになってください。 円を作って座ってください。）
2．カードを床に並べ，先生が言ったカードを取るように指示する。
Spread the cards on the floor. Please take the card that I say.
（床の上にカードを広げなさい。 私が言うカードを取りなさい。）

5.1.2 ジェスチャーゲーム
目標： 動詞を増やす。

教材： 絵カード（動詞カード）

進め方： カードで使う単語は予め，授業で教えておく。1人子どもを指名し，その子どもにカードに書かれている動作をしてもらい，他の子どもがそれを英語で答える。時間内に何人行うことができるかなどを競う。これは本文5.5.1.2で紹介した語彙学習とチャンク学習を合わせた活動である。子どものレベルに合わせて，絵カードか文字カードを使う。

1．1人子どもを指名し，前に出てくるように指示する。その子どもにカードを見せる。
○○さん，Please come here. Please take a look at this card.
（○○さん，ここに来て下さい。このカードを見てください。）
2．Please do a gesture, ○○さん。What is he/she doing?
Please answer in English, everyone.
（○○さん，ジェスチャーをして下さい。何をしているのでしょう？みなさん，答えを英語で言って下さい）

(使用する単語例：Stand up. /Sit down. /Sing a song. /Dance. /Jump. /Walk. /Turn around. /Make a line. /Pick up a pencil. /Open a book. /Close a book. /Raise your hand. /Count the girls. /Look at the blackboard. /Put your pencil down. /Touch your head. /Write your name. /Point to the door. 等）

5.1.3 絵あてゲーム（Picture Dictionary）

目標： 動詞を含めて語彙をふやす。

教材： 絵カード（動詞カード）

進め方： カードで使う単語は予め，授業で教えておく。子どもを一人選び，その子どもがカードに書かれている言葉を絵で描く。黒板に描かれる絵を見ている子どもは答えが分かった段階で答えを言う。グループ対抗，もしくは男女対抗にすると面白い。これも本文5.5.1.2で紹介した語彙学習とチャンク学習を合わせた活動である。子どものレベルに合わせて，絵カードか文字カードを使う。

1．1人子どもを指名し，前に出てくるように指示する。その子どもにカードを見せる。

○○さん，Please come here. Please take a look at this card.

（○○さん，ここに来て下さい。このカードを見てください。）

2．カードを見た子どもは，黒板にその絵を描き始める。絵が分かったところで答えさせる。

○○さん，Please draw a picture. What's this? Please answer in English, everyone.

（○○さん，絵を描いて下さい。何でしょう？ みなさん，答えを英語で言ってください）

（使用する語句例：playing baseball, washing my face, writing a letter, talking on the phone, watching TV, going shopping, drinking some juice, eating hamburgers, cooking curry and rice, brushing my teeth, taking a bath, climbing a tree, cutting a tree, doing a math problem, cleaning a room等）

5.1.4　Word Fight（ことば試合）
目標：　語彙をふやす。語彙を定着させる。
教材：　絵カード
進め方：　クラスを2チームに分け，選定したトピックに関する単語を交互に言わせる。先に言う単語がなくなったほうが負けになる。それぞれの持ち時間を設定する。クラスの人数により，3～4チーム作ることもできる。

1．クラスを2つのチームに分ける。
　Group 1, 2, 3, and 4 will be Team A and group 5, 6, 7, and 8 will be Team B today.
　（今日は1．2．3．4班はAチームで，5．6．7．8班はBチームです）
2．スポーツに関する単語を交互に言うように指示する。
　Let's play Word Fight. First, say the names of the sports. Please take turns.
　（Word Fightをしましょう。最初はスポーツの名前を言ってください。交互に言ってください。）
3．それぞれの持ち時間は5秒，一度言われた単語は使えない。
　Each team has five seconds. You can't use the same name twice. You'll lose if you have no more words.
　（それぞれのチームの持ち時間は5秒。同じ名前は2度使えません。言う単語がなくなったら負けです。）
　（使用する他のトピック例：　赤いもの，白いもの，肉食獣，ペット，家の中のもの，教室の中のもの等）

5.1.5　Odd-man Out（違うのは誰？）
目標：　語彙を定着させる。
教材：　絵カード（必要であれば。単語を十分に知っている場合はカード無しで進めることもできる）
進め方：　3～4つの単語を1セットとし，それぞれのセットには1つだけ

他とは異なる性質の単語を含める。生徒たちにはペア，もしくは小グループでその「仲間はずれ」の単語を聞き分け，答えさせる。高学年になるとなぜ「仲間はずれ」なのかを英語で答えるように指導すること自体，定型表現を教えるレッスンになる。下の例のように1つのセットに，理由によっては異なる「仲間はずれ」が出てくるものも面白い。

例： butterfly, dog, bird, airplane （共通項が「生物」とすると仲間はずれは「airplane」であるが，共通項を「空を飛ぶ」とすると，仲間はずれは「dog」となる）

1．クラスを5人ぐらいのグループに分ける。
Please make a group of five. Let's play the Odd-Man Out game. Let's practice first.
（1グループ5人になってください。「違うのは誰？」ゲームをしましょう。最初は練習です。）

2．4つの単語を言うからよく聞くように指示をする。
Listen to the four words I say; bird, tiger, desk, mouse. Once again, bird, tiger, desk, mouse.
（4つの言葉をよく聞いてください：鳥，虎，机，ねずみ。もう一度鳥，虎，机，ねずみ。）

3．4つの言葉の中から1つ違う単語を，答えるように指示を出し，本番に入る。
Please find one word, which is different from the others. Yes, the answer is "desk." Let's start.
（他と違う言葉を1つ選んでください。そうですね「机」が違います。それでは始めましょう。）

5.1.6　I'm going to go on a picnic.

目標： 語彙を定着させる。

教材： 絵カード（必要であれば。単語を十分に知っている場合はカード無しで進めることもできる）

進め方： 必要ならば，ゲームの前にゲームに出てくる可能性のある単語を復習する。子どもたちを7～8人のグループに分けて，円座させる。ピクニックに持っていくものを各自考えさせる。先生が最初に"I'm going to go on a picnic. I will take an apple." という。先生の右隣の人が自分の考えたものを追加する。例えばオレンジだったとすると，"I'm going to go on a picnic. I will take an apple and an orange." と続ける。3番目の人がbreadを考えたとすると，"I'm going to go on a picnic. I will take an apple, an orange, and bread." と続ける。
このルールを応用して下の例のように他のカテゴリーの単語で楽しむ方法もある。また，時制に関しては現在，過去，未来，子どもたちの状況に合わせ使うことができる。

1．クラスを1グループ5人に分ける。ピクニックに行くという想定で何を持っていきたいかを考えさせる。
Please make a group of five. Let's go on a picnic. What would you like to take?
（1グループ5人になってください。ピクニックに行きましょう。何を持っていきたいですか？）

2．自分が持っていくものを言い，子どもの決めたものを聞く。
I will take an apple. How about you? Oh, you will take an orange. OK.
（私はりんごを持っていくけれど，あなたは？　そう。オレンジをもっていくのね。OK）

3．ゲームのやり方を説明する。
I say, "I'm going to go on a picnic. I will take an apple." Next, you'll say, "I'm going to go on a picnic. I will take an apple and an orange." Yes, you add what you'll bring.
（私は「I'm going to go on a picnic. I will take an apple.」と言います。次の人は「I'm going to go on a picnic. I will take an apple and an orange.」と自分のものを足してください。）

（使用するトピック例：　For a Christmas present I want　（ほしいもの）
　　　　　　　　　　　　I went to the town and I saw（町で出会った人，もの，

もしくは動物など)

5.1.7 クイズ
目標： 語彙を定着させる。
教材： 絵カード
進め方： 　下の例のように先生が用意したヒントを頼りに単語を想像するゲームである。子どもたちのレベルに合わせて，リスニングもしくはリーディング活動とする。最後に答え合わせとして絵を見せる。

例1：(簡単なクイズ)　This is an animal.
　　　　　　　　　　It has a long neck.
　　　　　　　　　　It has brown spots on its skin.　　(答：giraffe)
例2：(難しいクイズ)　They are large mammals. They live in forests, on top of mountains, and by oceans and streams. They hibernate in the winter. They sleep in caves or in dens dug under trees.
　　　　　　　　　　(答：　bear)

5.2　文字を中心に語彙学習を進める活動案
5.2.1　連想ゲーム
目標： 語彙を増やす。語彙を定着させる。
教材： 下のようなウェブ型のワークシート
進め方： 　子どもはグループに分かれて設定された時間内に，設定されたトピックに合わせて，できるだけ多くの単語を書く。年齢の低い子どもや，まだ英単語のスペルを知らない子どもは，絵またはカタカナで書いてもいいことにする。
　　　　　設定された時間が過ぎると，順番にそれぞれのグループで自分たちが書いたものを英語で発表させる。発表されたものと同じものを持っていた場合は発表しているグループおよびそれを書いたグループ全てで，そのアイテムを削除していく。これを一回りか二回り，適当な回数行い，それぞれのグループで残ったアイテムを確認する。

たくさんアイテムが残ったチームが勝ちである。その反対にルールを変えてアイテムが一番少ないチームを勝ちにすることもできる。

(ワークシート例)

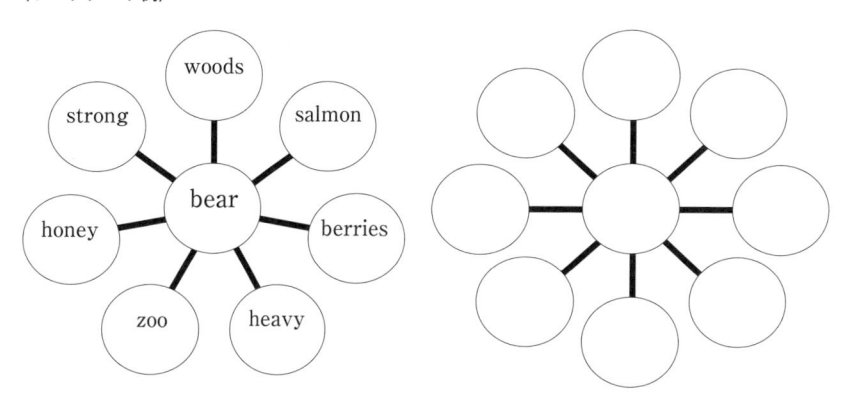

bear を中心に woods, salmon, berries, heavy, zoo, honey, strong が結ばれた図と、空欄の同様の図

5.2.2　辞書引き

目標：　語彙を増やす。

教材：　辞書

進め方：　辞書を引くように促し，みんなで辞書に書いてある情報——発音記号，品詞の説明，単複形の説明，動詞の活用等——を学習していく。辞書がいかに役に立つものであるかを強調するが，私は，中学校以降の英語学習の中で辞書を有効に使用してほしいという思いもあり，わりと多めの時間を使って指導している。

5.2.3　単語カード作り

目標：　語彙を増やす。

教材：　単語カードと辞書

進め方：　子どもが辞書引きに慣れた頃から単語カード作りを指導する。私はNation（2001）の指導法を参考に，下のようなカードの作り方を子どもに勧めている。まずカードの表には①単語を大きく書き，また裏には②品詞，と③辞書に書いてある単語の意味を2～3書き，④絵で表せるものであったら絵を描き，最後に⑤辞書に出ている例

文を写させるが，その際学習している単語には下線を引き，単語自体は書かないように指示する。

　カードの使い方については，同じくNationに従い，英語の単語を言ってそのスペルを書かせたり，または日本語で訳を言わせたり，反対に日本語を言って，英語を言わせたり，書かれた英語を見せて，日本語の訳を言わせたりする。また，単語のカードの順番は変えるように，またなるべく分からない単語を前に置くように指示する。指導の際は特に音声化に時間を割いて練習する。

カードの表	カードの裏
① **suddenly**	②副詞 ③突然，急に，不意に ④できれば絵を描く ⑤The train stopped＿＿＿．

　このような単語カード作成は，かなり読む力をつけ，抽象的な学習が可能な高学年の子どもを対象としているが，中学にあがっても語彙学習を厭わず，実力をつけていくための1つのストラテジーとして教えている。

5.2.4　Spelling Puzzle

目標：　語彙のスペルを定着させる。
教材：　下のように文字がばらばらに置かれているワークシート

gdo　　act knase　　rtegi　　hickcne　　rhsoe

＿＿＿＿＿＿＿＿＿＿＿＿＿＿＿＿＿＿＿＿＿＿＿＿＿＿

進め方：　子どもたちはばらばらの文字を正しく並べ，正しいスペルをワークシートに書く。

5.3 文法学習を進める活動案
5.3.1 文法事項を取り入れたチャンツの利用
目標： 文法項目についてまずは音声から慣れ，理解する。
教材： 文法項目が挿入されたチャンツを2つ[1]ここで紹介する。

(1) **I like ice cream.**（一般動詞の疑問文，否定文および三人称単数sとその否定文）

I like ice cream, but I don't like cheese.
I like carrots, but I don't like peas.
Do you like pizza? Yes, I do.
I like apples and bananas, too.
My mom likes coffee,
　　but she doesn't like tea.
My dad likes doughnuts just like me.
My brother likes bread,
　　and my sister likes toast.
My kitty cat likes warm milk the most.

(2) **Do you want to dance?**（助動詞 can とその否定文，不定詞 want to）

Do you want to dance? Yes, I do.
Yes, I want to dance with you.
I can dance and I can sing.
I can do almost anything.
I can walk and I can run.
I can jump. It's so much fun.
Yes, I want to dance with you.

1　小学校英語・国際理解CD-ROM『Say, Hello.』（アレン玉井光江監修，2007，東京書籍）に収録されている。

I can dance all day.　Can you?
Do you want to dance?　No, I can't.
I can't sing and I can't dance.
I can't swim and I can't fly.
I can't do it.　So, Good Bye.

5.3.2　語順を教える活動（1）

目標：　基礎的な語順を教える。主語と目的語の関係を教える。

教材：　下のようにスライド式のカード。2つのスライドを黒板にはり，その間に動詞を書く。（例では is eating と現在進行形になっている）図1で灰色になっている枠のところに縦長の紙を通して，スライドできるようにしている。

進め方：　子どもは1人ずつ前に出て，黒板に貼られたスライドを動かしながら，自分たちが作りたい文章になるとスライドを固定し，その文章を書き取る。下の例だと，A dog is eating eggs. A dinosaur is eating a desk. A truck is eating a butterfly. Ms. Allen is eating Mike. など作ることができる。子どもたちは慣れると，なるべく奇妙な文

A dinosaur Ms. Allen		a desk tomatoes
A dog	is eating	**eggs**
A truck A rock	visiting, cooking など）	a butterfly Mike

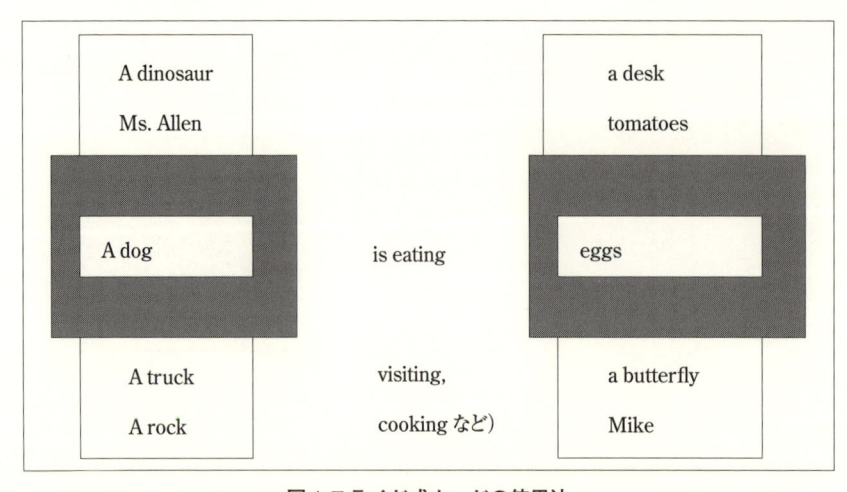

図1 スライド式カードの使用法

を作るように競い合うようになる。最初は文を作り，それを表す絵なども描かせているが，この活動を通し，子どもたちは主語＋動詞＋目的語という語順を学び，最終的にはオリジナルの文を書くようになる。

　　　大人数の場合は，グループに分けて，グループのリーダーが代表して文を作り，他の者はその文を写す。

5.3.3　語順を教える活動（2）

目標：　語順についての知識を更に深める。名詞句と動詞句を認識する。
教材：　プリント
進め方：　読む力がかなりついた子どもたちを対象にリーディングで取り扱っている文を，S（Subject）とV（Verb）に分ける活動を行う。リーディングの資料として渡しているプリントの文章に下線を引きながらSとVを書き込んでいく。子どもたちは低学年から国語で主部，述部，または語句に関する類別の理解を深めるように指導されている。英語でも文をS＋Vに分けることで，文章の構造や品詞を意識することができるようになる。

5.3.4　語順を教える活動　（3）

目標：　語順について知識を更に深める。
教材：　プリント
進め方：　時間を設定して次のようにばらばらになっている単語を適当な順番に並び変えて文を作り，下線に正解を書く。

(1) [like] [of] [animals] [do] [what] [kind] [you]

(2) [am] [this] [to] [I] [baseball] [play] [going] [weekend]

(3) [under] [was] [a] [bed] [there] [book] [the]

(4) [doesn't] [aunt] [tea] [my] [drink] [any]

(5) [very] [hard] [studies] [my] [sister] [English]

第 6 章

子どもの外国語学習の目標，測定，評価

この章では改めて子どもの外国語学習の目標，そしてその評価について考えていきたい。子どもたちがどれだけ授業内容を理解し，設定された目標を達成できたのか，またカリキュラム，授業，教材などが適切であったかなどを点検，評価することは大切である。評価に関してはassessment[1]とevaluation[2]という言葉があり，混同しやすいので最初にこの2つの言葉について説明する。

　assessmentは学習者がある期間に達成した成果を測り，分析することで，この章では測定という言葉を使用する。測定には通常の客観的な筆記テストだけではなく，学習者の態度，関心，意欲などを評価する主観的なものも含まれる。一方，evaluationはassessmentより広範囲の評価になり，教授法の成果や学習者の学習過程について全体的に評価する。従って，assessmentはevaluationで使うデータの一部である。ここでは日々の授業における子どもたちの英語学習や授業評価を主に扱うので，測定（assessment）を中心に話をすすめていく。

　Cameron（2001）は，言語習得は積み木を積み上げるようなものとしてではなく，花が育つようなもので，有機的な成長と捉えるべきだとしている。花の成長が花の大きさ，数，茎の長さ，種の多さ，根の太さなど様々な形で現されるように，第二言語の成長も様々な形で現れる。それゆえ，その成長を正しく測定することが必要であり，その測定方法が花の成長を止めてしまうようなものでは困る。間違っても苗木を引き抜いて成長度合いを調べるような測定は避けるべきである。つまり，子どもの伸びる力を損なうような，また彼らの学びを邪魔するような測定は避けなければならない。

　この章ではこれらの考え方に基づき，日本人の子どもを対象にどのような英語能力の獲得を目指すべきであるかを考え，次にその測定方法について検討していくこととする。

1　人の能力や教育課程などの特性や達成度の測定。評価はテスト，面接，アンケート，観察などによる。
2　一般に，意思決定の目的のために情報を体系的に収集すること。評価においては，量的方法，質的方法，および価値判断を用いる。

6.1 小学生を対象とした英語教育の目標

　評価をするためには明らかな学習目標を持っていることが大切である。目標を達成させるために，教師は授業を進め，子どもの学習を定着させていく。よって，肝心の目標設定がしっかりしていなければ評価はできない。

6.1.1 英語学習の目標

　英語学習の到達目標に関してはそれぞれの教育機関において様々なものが出されていると思うが，ここでは私が関わっている幼児から成人までの一貫した英語教育のための枠組みであるECF（English Curriculum Framework）に基づいて考えた目標（ARCLE編集委員会，2005）を紹介する。

　次ページ以降の表6-1に示しているカリキュラムでは日本人の子どもの3歳～6歳をステージ1，6歳～8歳をステージ2，8歳～12歳をステージ3として，幼稚園から小学6年生までを3つのステージに分けて到達目標を設定している。それぞれの言語スキルはL＝リスニング，S＝スピーキング，R＝リーディング，W＝ライティングと表され，さらにV＝語彙，G＝文法を付け加えている。

　これらの到達目標は週1回1時間程度，専科の先生の指導を受け英語を学習する子どもたちを対象に考えたものであるが，クラスの形態，また子どもたちの人数等により進み具合は多少異なるであろう。また，それぞれのステージで取り扱っている年齢にはおおよそ3年の違いがあるので，子どもの認知的，身体的，そして精神的な発達段階を加味した書き方にしてある。

　ここにある到達目標の記述は抽象的であることに気づかれたであろう。それはそれぞれの教育機関で使用されている教科書やコースブックなどの影響を受けない形での到達目標を考えたからである。EFL環境で英語を学ぶ子どもにとっては，教室で使用される教科書やコースブックに出てくる英語が唯一のインプットになる場合がほとんどである。従って彼らの英語教育の具体的な到達目標は教科書や教材にあわせて設定されるであろう。ここで提示している到達目標は，そのような個々の教科書に合わせて作られたものではなく，具体的に顕在化される力の土台を成している潜在的なスキル能力の発達を考えて設定されている。

表6-1　英語学習の到達目標

ステージ1（3歳から6歳）

L	簡単な指示に動作で反応できる。　（例：Sit down. Stand up.）
L	身近な単語（食べ物，動物など）を聞いて，理解できる。
L	英語と日本語の基本的な音の違いやリズムの違いに気づく。
L	短い話を絵などを手がかりに理解することができる。
L	昔話程度の長さのものを絵などを手がかりに理解できる。
L	連続した指示を聞いて，理解し，行動できる。　（例：Pick up your pencil and color the fish blue.）
L	簡単な質問を聞いて理解できる。　（例：What's your name? Do you like lions?）
S	簡単な挨拶ができる。
S	簡単な単語を真似ることができる。（例：green pepper, horse　等）
S	やさしい歌やチャンツを聞いて真似ることができる。
S	簡単な質問に答えることができる。（例：My name is ○○）
S	アルファベットの歌を歌うことができる。
R	音を聞いていくつかのアルファベットを認識することができる。
R	アルファベットの大文字を正しく理解し，言うことができる。
W	自分の名前を書くことができる。
W	大文字で単語を書き写すことができる。
V	名詞を中心に身近な単語を理解し，さらに言うことができる。

ステージ2（6歳から8歳）

L	教室内で使われる指示を聞いて理解し，行動することができる。　（例：Put it on your desk.　Make a pair.）
L	コンテクストの前後関係がはっきりした短い話を聞いて，簡単な絵などがあると理解できる。
L	コンテクストの前後関係がはっきりした短い話を聞いて，絵などがなくても理解できる。
L	英語の音（音素）についての気づきが高まり，単語を読む準備ができる。
S	簡単なモデル文を理解し，それを使って自分のことが言える。　（例：I want to get ～. I have ～. He gets up at ～.）
S	ルーティン化した形で許可を得ることができる。　（May I ～?）
S	ルーティン化した形で依頼することができる。　（Can you ～?）
R	アルファベットの大文字と小文字を早く，正確に理解できる。
R	アルファベット文字と音素の関係（phonics）の簡単なルールが理解できる。

第6章 子どもの外国語学習の目標，測定，評価 255

R	自分の知っている単語を中心にかなりの単語が読めるようになる。
R	文を読み始める。
W	アルファベットの大文字と小文字を早く，正確に書くことができる。
W	小文字の高さ，大きさを整えて，単語を早く写すことができる。
W	簡単な単語であれば，それを何も見ないで指示に従って書くことができる。
V	名詞，動詞，形容詞など聞いて理解できる単語が増える。
V	読んで理解できる単語が増える。
G	言語の単位としての単語の認識が始まる。

ステージ3（8歳から12歳）

L	3～4の短いパラグラフからなるまとまりのある英語を理解できる。
L	未知の単語があっても前後のテキストから推測して正しく内容を把握することができる。
L	まとまった量のリスニングから重要な情報を聞き取ることができる。
S	質問文に単語だけではなく，文で答えることができるようになる。
S	モデル文が与えられると理解が早く，それを応用して自分のことを表現することができる。
S	自分や回りの人について簡単に紹介できる。
S	モデルを示せば，重文，複文でも話すことができる。
R	3～4の短いパラグラフからなるまとまりのある英語を理解できる。
R	未知の単語があっても前後のテキストから推測して正しく内容を把握することができる。
R	まとまった量のリーディングから重要な情報を読み取ることができる。
W	アドバイスを基に自分で簡単な英文を5～6文ぐらい書くことができる。
V	読む力を通して語彙力が増加する。
V	単語の品詞について気づきが高まる。
G	文の構造について理解し始める。
G	疑問文，否定文の意味が理解でき，それらを作ることができる。
G	メタ言語的な理解がすすむ。

6.1.2 外国語（英語）活動の目標

　1章で述べたように，平成23年度より完全実施される公立小学校での「外国語活動」の目標は「外国語を通じて，言語や文化について体験的に理解を深め，積極的にコミュニケーションを図ろうとする態度の育成を図り，外国語の音声や基本的な表現に慣れ親しませながら，コミュニケーション能力の素地を養う」である。この目標を基に制作された『英語ノート指導資料』では表6-2が示すように，各レッスンごとに目標が設定されている。

　英語教育の到達目標（表6-1）と外国語（英語）活動の目標（表6-2）には大きな違いがあることは一目瞭然である。それは，「英語活動のねらいは，言語習得を主な目的にするのではなく，音声によるコミュニケーション活動を通して，興味・関心や意欲の育成を図ること」（松川・大城，2008. p. 44）にあるからだろう。しかし，海外の方に日本の「外国語活動」の主旨，またはその目標を説明することは難しい。それは「外国語活動」という必修科目を設け，2年間もの長い間，外国語体験を主目的にした時間を設置している国は他にないからである。1章で述べたように日本では「スキル」と「コミュニケーション能力」の育成を分けて考え，小学校段階では「コミュニケーション能力」の育成が主目的であり，スキル育成は二義的なものとされている。それゆえ「英語教育」ではなく「英語活動」と呼ばれてきた。

　それでは海外で行われている英語教育はスキルを伸ばすだけの目的で行われているのだろうか。私が出会った台湾，中国，韓国の先生方は異口同音に英語教育の目標は英語をコミュニケーションの道具として使いこなせる人材を育成することだと強調された。これらの国々では子どもが将来必ず生活の中で，また仕事場で，英語でコミュニケーションが取れるようにと，多大なお金とエネルギーをかけて小学校から本格的な英語教育を始めている。繰り返すが，その最終目標は「将来英語でコミュニケーションが取れるようになること」であり，実際小学校で行われているのは英語教育なのである。

6.2　小学生を対象とした英語能力の測定（Assessment）

　中学生以上の学習者の英語能力を測定するには，通常pencil-and-paperの筆記試験が使われる。小学生を対象とした場合は，リスニング能力の測定で

表6-2 英語活動の目標 ※この部分に関しては平成23年度の外国語活動に対応した表現となっている。

5年生

課	目　標
1	世界には様々な言語があることを知る。
	挨拶のマナーを知り，友達や初対面の人と積極的に挨拶する。
	名刺交換などの活動を通して英語で自分の名前を相手に伝える。
2	表情やジェスチャーなどの言葉によらないコミュニケーションの大切さを知る。
	表情やジェスチャーを交えて相手に感情や状態を積極的に伝える。
	感情や状態を尋ね合う。
3	世界の数の数え方や遊びに興味をもつ。
	積極的に数を使ったゲームをしようとする。
	1～20の数を使っていろいろなゲームをする。
4	日本語には様々な英語が起源の言葉（外来語）があることに気付く。
	友だちと積極的に好き嫌いを確認し合う。
	英語で自分の好き嫌いを相手に伝える。
5	世界の衣服に興味をもつ。
	積極的に買い物の擬似体験をする。
	英語を使って好きな衣服を紹介する。
6	身近な外来語に興味をもつ。
	積極的に好きなものを尋ねたり，注文したりする。
	日本語と英語の発音の違いに気付く。
7	英語にも日本語の二字熟語と同じような言葉があることを知る。
	積極的に相手にこれは何かと質問したり，尋ねられた時に答えたりする。
	「これは何」という表現に慣れる。
8	世界の小学校の学校生活に興味を持つ。
	積極的に自分たちの作った夢の時間割を伝えようとする。
	英語で自分たちが作った夢の時間割を伝える。
9	世界の料理に興味を持つ。
	丁寧な言い方で欲しいものを尋ねたり，質問に対して自分の欲しいものを伝えたりする。
	積極的にオリジナル・ランチ・メニューを発表しようとする。

6年生

課	目　標
1	アルファベットの大文字に興味を持つ。
	積極的にアルファベットの大文字を見つけて，読む。
	アルファベットの大文字の読み方を聞いて，それがどの文字かわかる。
2	世界の様々な文字に興味を持つ。
	アルファベットの小文字を見て，その文字の名前を言ったり，その大文字を一致させる。
	21から100までの数の言い方に親しむ。
3	世界の祭りや日本の行事に興味を持つ。
	積極的に友達に誕生日を尋ねたり，自分の誕生日を答えたりする。
	英語での月の言い方や，誕生日の言い方に慣れ親しむ。
4	ショー・アンド・テルで発表することに興味を持つ。
	積極的に友達に「できること」を尋ねたり、自分の「できること」や「できないこと」を答えたりする。
	「できる」「できない」という表現に慣れ親しむ。
5	英語で道案内することに興味を持つ。
	積極的に道案内しようとする。
	建物の名前や道案内の表現に慣れ親しむ。
6	世界ではいろいろな英語が話されていることに興味を持つ。
	自分の思いがはっきり伝わるようにスピーチをしたり，積極的に友だちのスピーチを聞いたりしようとする。
	理由を含めて，自分が行ってみたい国を発表する。
7	世界に時差があることに興味を持つ。
	積極的に自分の1日を紹介したり，友だちの1日を聞き取ったりしようとする。
	自分の1日の生活を紹介する。
8	英語でオリジナル物語をつくることに興味を持つ。
	積極的に英語を使ってオリジナル物語づくりをする。
	まとまった英語の話を聞いて，内容を理解する。
9	様々な職業の言い方に興味を持つ。
	積極的に自分の将来の夢について，理由を含めて紹介したり，友達の夢を聞き取ったりする。
	どんな職業につきたいかを尋ねたり，答えたりする表現に親しむ。

は筆記試験が行われる場合もあるが，それは語彙や簡単な会話表現などを問う問題に限られている。ここではそのような筆記テスト以外の方法も含めて，小学生の英語力を測定するにはどのような方法があるのか考えていく。

6.2.1　テストによる測定

　測定には学習者の到達度，つまり何ができるようになったのかを測るテストとして，achievement assessment（到達度測定）があるが，定期テストなどはこれにあたる。一方，何ができて，なにがまだできないのかを測定するdiagnostic assessment（診断測定）というものもある。このようなテストで子どもの英語の知識やスキルの習熟度を測り，得意なところと不得意なところを見極めることができる。特に診断テストからは子どもの不得意なところを見つけ，そこを補強し，彼らがつまずかないように指導することができる。

　どちらにしても，教師は学習者がどのように学習を進め，何を学習し，何が定着したのかを測定し，把握しておかなければ正しく授業プランを立てることはできない。教師が教えたつもりになっていても，子どもが教師の意図していたこと，または目標としていたことを学ぶとは限らない。到達目標を明らかにし，それに合わせて適切な時期に達成度測定や診断測定を行うことが大切である。

　また，測定に使うテストには，従来2種類のテストがあると言われている。1つはNorm-Referenced Test（集団基準準拠テスト：NRT）であり，もう1つはCriterion-Referenced Test（目標基準準拠テスト：CRT）である。表6-3にその特徴をまとめたので参考にしていただきたい。例えば，ストーリーテリングを中心にした授業を行い，そこに出てきた単語について子どもたちがどれくらい理解し，またその知識が定着したのかを測定したい場合は，通常CRTを作成する。正解率8割以上という目標設定のもと，単語を10個選定し，絵を使っての4択問題を作成したとする。テストの結果，最初に設定していた8割以上正解した子どもは目標に到達したとみなす。一方，子どもの相対的な英語力を測定するため，学校の統一英語テストや業者の標準テストなどを実施したとすると，そのテストはNRTである。NRTのテストでは合格，不合格ではなく，点数と順位，つまり何番目，もしくは平均と比較してどの

くらいの位置にいるのかを示す標準偏差が重要になる。全国統一学力テストなどもこれに相当する。これら2種類のテストは互いに補い合うものであり，あるプログラムの全体評価をする場合など，評価目標に合わせて使い分けることが大切である。

表6-3　Norm-Referenced TestとCriterion-Referenced Testの比較

名前	Norm-Referenced Test (集団基準準拠テスト/規範参照テスト)	Criterion-Referenced Test (目標基準準拠テスト/基準参照テスト)
評価方法	相対評価 他の受験生の得点と比較して相対的な位置関係を調べる	絶対評価 特定の基準，標準に合わせて絶対的な能力を調べる
テストの例	TOEIC (Test of English for International Communication)	The Cambridge Young Learners English Tests
	TOEFL (Test of English as a Foreign Language)	実用技能英語検定　(英検)
	学力テスト，大学入試，高校入試	クラスで行われる基準点がある小テストなど

6.2.2　観察による測定（Observation）と課題に基づく測定

　子どもを対象とした言語能力測定は紙ベースの客観テストよりも，子どもの活動を観察し，彼らの学びを読み取る方法のほうがより現実的で，はるかに有効である。教師は授業を組み立て，実行し，反省する際，観察から得られた多くの情報を役立てることができる。

　観察による測定には目的を絞り，観察を通して子どもの能力を測定するという方法もあるが，予め決めた課題を与え，それを解決する子どもの言動を観察して彼らの能力を測る方法もある。後者の例として，4章で紹介したアルファベットを教える時の活動があげられる。通常AからZの順番でアルファベットの歌を歌うが，子どもが慣れてくるとZからAに反対に歌う活動を行う。そうすることで教師はどれだけ子どもたちがアルファベットの文字を認識しているのかを見取ることができる。子どもたちは歌として覚えているだけではなかなか反対からアルファベットを言うことはできない。子どもの活

動状況を見ながら，どの文字の認識ができていないのか，また個々の子どもがどの文字でつまずいているのかなどを把握することができる。他にフラッシュカードや普通のカードを使って，ゲームをしながら子どもたちの語彙知識の定着を確認する方法もある。教師は観察から得た有益な資料を基に授業を組み立てたり，立て直したりすることができる。

　観察による子どもの英語能力測定の最も素晴らしいところは，子どもたちを通常のクラスの中で，つまり仲間や教師とのかかわりの中で彼らの能力を測定しているところにある。私は以前子どもたちの知能を測定するために個別のテストを行ったことがあるが，子どもを1人ずつ別室によび，インタビューをする形で，試験用具を使いながら測定をした。私はテストに参加した子どもたち全員を知っていたので，子どももそれなりにリラックスしてテストを受けてくれたが，他の研究員と子どもは初対面であったため，子どもたちの中には緊張のあまり何も答えられなかったケースもあった。これでは子どもの本当の知能を測ったことにはならない。

　子どもの能力を「仲間や先生の助けを得て到達できるレベル」で読み取ることの重要性を説いたのはヴィゴーツキー[3]である。彼は「子どもが単独で問題解決ができるレベル」と「仲間や先生の助けを得て到達できるレベル」には隔たりがあり，子どもの能力は「仲間や先生の助けを得て到達できるレベル」で測定されるべきだと考えた（章末を参照）。英語の授業の中で育っている力は往々にして子どもが慣れている教室で，先生や友達と交わっている時に発現する。授業の中で育っている彼らの英語力は先生や友達とともに作り上げられているもので，まだ内面化されておらず，自分の力になっていないものが多い。だからこそ内面化していく過程を含めて測定することがとても重要になってくる。

6.2.3　子どもからの授業評価

　学校現場では「振り返りの時間」などと呼ばれ児童が授業を評価する時間

3　ヴィゴーツキー（Lev Semenovich Vygotsky, 1896–1934）ユダヤ系ロシア人。発達心理学者。

があるが，子どもは授業を評価することで，自分の学習過程を意識し，自分の学習に責任を持とうと考えるようになる。また同時に教師にとっても授業に対する子どもからのフィードバックを得ることができる。Phillips（1997）は，小さな子どもにもできる評価法を紹介しているが，私はそれを参考に図6-1のような自己評価表を作って使用している。

この評価表では，「面白い」ことと「役に立つ」ことという少なくとも2つの観点で授業を評価することになっている。「英語活動」となるといわゆるゲームが中心になり，楽しい時間であることが重要視されるが，特に高学年の子どもは，学校で行われている授業に対して，自分の好き嫌い，または楽しい，楽しくないに拘わらず，「役に立つ」という観点で評価することができる。

低学年の子どもは，最初から適切に自己評価ができるわけではないが，何回か行っていくうちに少しずつ慣れていく。次第に自分の思いや考えが授業に反映され，授業作りに貢献していると感じるようになってくると更に役立つ評価をするようになる。高学年になると彼らの評価の的確さ，また教師が目標としていることを読み取る力などについて驚くことが多いが，彼らの鋭い反応から授業構成について多くの示唆を得ることができる。

---

(1) 今やったお買い物ごっこはどうでしたか？自分の気もちをあらわしている絵に丸をつけてください。

（顔のイラスト4つ）

(2) 今日行った単語ゲームは役に立つと思いますか？
　　とても役に立つ ☺ |--------|--------|--------|--------| ☹ 全然役に立たない

(3) 今日行った単語ゲームは面白かったですか？
　　とても面白い ☺ |--------|--------|--------|--------| ☹ 全然面白くない

(4) 教科書やフォルダーを見てもいいので，今日の授業で3つ役に立ったことを書いてください。言葉の勉強以外のことを書いてもいいです。

図6-1　子どもによる評価表

6.2.4 ポートフォリオ (Portfolio)

　ポートフォリオはもともと紙ばさみや折かばん，書類入れやファイルなどを意味しているが，教育関係では学習の過程で作成した様々なものを集めたものを指す。イギリスで生まれ，アメリカへ伝わり，日本でも「総合的な学習の時間」の導入とともに広まってきた。子どもが自分の学習過程や成果に関する資料，つまり自分が作成した作文，レポート，作品，テスト，課題，そして写真やVTRまで含めてファイルに入れて保存する。したがって，ポートフォリオを見れば，一人ひとりの子どもの学習の歩みや現在の学習状況，さらにこれからの方向性も見えてくるので，教師はその都度適切な支援をすることが可能になる。

　私のクラスでは教科書を使用しないので，一人ひとり自分のファイルを用意し，それに授業で使う全てのプリント，作成したもの等をまとめている。ポートフォリオほど徹底したものではないが，その中にはみんなで演じた劇を収録したビデオや写真，また個人で録音させた英文の音読テープも含まれている。

6.2.5 外国語（英語）活動の評価規準

　公立小学校で行われる予定の「外国語活動」の目標はすでに述べたが，その評価に関しては下記のような3つの柱となる目標に基づいて行動観察を中心に行われることとされている。ここで，『英語ノート指導資料』に出されている評価規準の例を見ていく。

〈外国語活動の目標〉
1．外国語を通じて，言語や文化について体験的に理解を深める。
2．外国語を通じて，積極的にコミュニケーションを図ろうとする態度の育成を図る。
3．外国語を通じて，外国語の音声や基本的な表現に慣れ親しませる。

　第6学年では，「第5学年で培った友達とのかかわりを大切にしながら，国際理解にかかわる交流等を含んだ体験的なコミュニケーション活動へと発展的に進めたい」(p.8) という目標が設定されている。

表6-4　5年生の評価規準例[4]

1．外国語を通じて，言語や文化について体験的に理解を深める。

	評価規準	課	評価法
1	マナーを守り，積極的に挨拶をする。	1	行動観察
2	様々な数え方のジェスチャーがあることに興味をもって指導者の話を聞こうとする。	3	行動観察
3	漢字を使って英語を学ぶ学習を通して，世界には多様な言語があることに気付く。	3	行動観察
4	様々な数え方があることに興味を持ち，進んで指導者の話を聞く。	3	行動観察
5	世界には様々な衣服があることを理解する。	5	行動観察
6	漢字の読み方を考える活動を通して，漢字のなりたちの面白さに気付く。	7	行動観察
7	ALTの母国や，中国，オーストラリアなど日本以外の国の小学校で，どのような教科が学習されているのかを興味を持って聞く。	8	行動観察
8	朝食の主な食べ物の違いを知ることを通して，世界には多様な食文化があることに気付く。	9	行動観察

2．外国語を通じて，積極的にコミュニケーションを図ろうとする態度の育成を図る。

	評価規準	課	評価法
1	積極的に様々な挨拶を言おうとしている。	1	行動観察
2	名刺を交換する活動を通して，人と人とが知り合い，親しくなっていく喜びを実感する。	1	行動観察
3	進んでジェスチャーを付けて挨拶をしようとする。	2	行動観察
4	自分の様子をジェスチャーを付けて相手に伝える。	2	行動観察
5	自分の好きなものを含めて自己紹介をしようとする。	4	行動観察
6	好みをはっきり言い，自分の欲しい衣服をもらう。	5	行動＋ノート[5]
7	1対1で質問された際に自分の思いを伝えようとしている。	5	行動観察
8	欲しいものを尋ねたり答えたりして，自分のフルーツ・パフェを作る。	6	行動観察
9	作成した時間割をもとにオリジナル時間割を伝える。	8	行動観察

4　『英語ノート指導資料』第5学年（試作版）p.8より抜粋。
5　行動＋ノートとは行動観察と英語ノート点検をさす。

3. 外国語を通じて，外国語の音声や基本的な表現に慣れ親しませる。

	評価規準	課	評価法
1	1から10までの数字をしっかりいいながら，進んで歌おうとする。	3	行動観察
2	20までの数字を聞いたり言ったりして，積極的にゲームに参加している。	3	行動観察
3	外来語のもとである英語を実際に発話してみることにより，外来語との違いを実感し，言語の多様性に気付く。	4	行動観察
4	指導者の話を興味を持って聞き，様々な衣服の言い方を理解しようとしている。	5	行動観察
5	相手が気持ちよく買い物ができるような声かけをしようとしている。	5	行動観察
6	自分の買った衣服を紹介する。	5	行動観察
7	外来語とそのもとの英語との音の違いに気付き，英語の音を意識して発音しようとする。	6	行動観察
8	自分の欲しい食べ物をメニューから選んで答える。	6	発表観察
9	自分の作ったパフェをクイズ形式で紹介する。	6	発表観察

表6-5　6年生の評価規準[6]

1. 外国語を通じて，言語や文化について体験的に理解を深める。

	評価規準	課	評価法
1	様々な文字を見て，それがどの言語の文字であるかを進んで考えようとする。	2	行動観察
2	様々な英語があることを知る。	6	発表観察
3	国旗の由来を知ることで国旗の持つ意味を理解する。	6	発表観察
4	自分たちの知っている物語には，外国で作られたものも多くあることに気付き，世界への関心を高める。	8	行動観察
5	生活の周辺で見かける職業を推測し，その英語名を知る活動を通して英語への関心を高める。	9	行動観察
6	将来の夢やその根拠を考えることで，論理的に物事を考えたり発表したりすることを学ぶ。	9	行動＋ノート

6　『英語ノート指導資料』第6学年（試作版）p.8より抜粋。

| 7 | 友達の発表を聞き，いろいろな夢があることに気付き，自らも積極的に夢を発表する。 | 9 | 発表観察 |

2．外国語を通じて，積極的にコミュニケーションを図ろうとする態度の育成を図る。

	評価規準	課	評価法
1	互いに誕生日を尋ねあい，表を完成する。	3	行動＋ノート
2	あることができるかどうかを尋ねたり答えたりする。	4	行動観察
3	方向や動きを指示する英語を聞き取って，目的地に到着する。	5	行動観察
4	相手を意識，わかりやすく伝えるプレゼンテーション力を高める。	6	発表観察
5	グループ・プレゼンテーションの楽しさを感得させ，多用な表現手法を習得する。	8	発表観察
6	将来つきたい職業について，相手に尋ねたり答えたりする。	9	行動＋ノート
7	英語が伝わる喜びを体験し，英語で会話する楽しさを存分に味わう。	9	行動＋ノート

3．外国語を通じて，外国語の音声や基本的な表現に慣れ親しませる。

	評価規準	課	評価法
1	英語には独特の発音や強弱アクセントなどがあることに気付く。	1	行動観察
2	アルファベットの読み方と文字とを一致させる。	1	行動観察
3	指導者の後について月を表す単語を言う。	3	行動観察
4	まとまった話を聞いて，誰がどんなことができるのか聞き取る。	4	行動＋ノート
5	自分の行きたい国について，理由とともに発表する。	6	行動＋発表
6	興味を持って世界のことを聞く。	7	行動観察
7	時刻を聞いて何時かを理解する。	7	行動＋ノート
8	グループで作成したオリジナルの物語を発表し，他のグループの発表を理解する。	8	行動＋ノート

　どちらの『指導資料』でも表現の定着やいわゆるスキルのみの評価にならないように注意することとされている。したがって表6-4，5でわかるように外国語活動では児童が「～（しようと）している」状態やプロセスを評価することに重きがおかれている。

＊

　ここまで，授業の効果を検証するために評価の問題について考えてきた。

評価をするためには明確な目標を持つことが大切であり，目標に合わせて言語スキルの伸びを客観的，かつ主観的に測定すること，また「外国語活動」においては「外国語（英語）を通じてコミュニケーションの素地を育てる」という観点から評価を行うことが大切である。

どのような方法を取ろうとも得られた結果をよく分析して，学習者の状態を把握し，彼らの学習動機が高まるように，また効果的に授業を行うことができるように，測定結果を反映させていくことが大切である。

6.3 これからの小学校英語教育

最後になるが，ここで今一度小学校英語教育のあるべき姿について，教育全体の中で考えた私の意見を述べる。小学校の英語教育の将来について考える時，現在日本が抱えている教育問題を無視することはできない。日本の子どもの学力が低下したと大きく報道されたのは2004年12月，経済協力開発機構（OECD）が行った国際学力到達度調査（PISA）[7]の結果が公表された時であった。文部科学省はこの結果を受け「我が国の学力は国際的に見て上位にあるが，読解力の低下など，世界トップレベルとは言えない」との認識を初めて示し，読解力の向上を緊急課題と認識し，学習指導要領の抜本的な見直しを行った。このような時期，どのような英語教育がなされるべきなのかを考えてみたい。

6.3.1 学びについて

学力低下を客観的に示すとされた今回のPISAの調査結果は，2002年度から完全実施された週5日制に伴い，大幅に学習内容を削減したことに対する根強い批判に拍車をかけるものとなった。危機感を強めた文部科学省は，平成19年（2007年）4月，43年ぶりに小学校6年生と中学校3年生，計約240万人を対象にした全国学力・学習状況調査（全国学力テスト）を実施した（参加者実数は220万人強）。小学校6年生に対して実施された科目は，国語と算

---

[7] Programme for International Student Assessmentの略。身につけた知識や技能をどの程度実生活に生かせるかを試す調査。

数の2科目で「知識」と「活用」の2面を問うものであった。新聞等の報道によると，出題が基礎的な内容に限られたためか，正答率は高く，全体的によくでき，低下どころか過去との同一問題での正答率は上昇していたことがわかった。しかし，現代の格差社会を投影してか，都道府県の格差，また私立・国立と公立の学校格差があることが裏付けられた結果となった。

教育学関係の専門家たちは学力低下問題よりもむしろ，急増している「学習を嫌い，避ける子どもたち」のほうが大きな問題だと指摘している。PISAのテストと同時に調査されたアンケートからも，日本の子どもたちが抱える深刻な問題が浮かび上がってくる。アンケートによると，通常の授業以外に日本人の子どもたちが勉強や宿題をする時間は，週平均で6.5時間。これは加盟国平均の8.9時間よりかなり短く，今や日本の子どもたちは世界でも勉強をしない子どもたちになってしまった。新学習指導要領の基本方針を「ゆとりの教育」から「確かな学力の向上」に転換したことも，このことへの対処であろう。

それではなぜ「世界に誇る勤勉な日本の子どもたち」が勉強をしなくなってしまったのであろうか。佐藤（2002, 2004, 2007）はそれを「圧縮された近代化」を成し遂げている東アジアに共通の問題だと指摘している。つまり，西洋に比べ短期間に近代化を進めているアジアでは，教育が産業を支える機関となり，多くの人材を輩出してきた。学歴があれば将来の糧が保障されるとして，教育は社会の流動性を高めてきた。しかし，1980年代に入り，日本では右肩上がりの成長が終焉を迎え，産業形態は「モノ作り」を中心とした第二次産業からサービス業を中心とした第三次産業に移行し，1990年代のバブルの崩壊後，IT化も進む中，社会では高い技能を持った人材が必要になり，適当な学歴さえあれば親よりも豊かな生活を営めるという時代は終わった。つまり「預金型の教育」[8]は終わったのである。解雇，倒産など厳しい現実の中，ローンを抱え路頭に迷い，離婚で崩壊する家庭が増え，早い段階から人生の辛酸を経験する子どもたちも増加している。また，最近では「ワーキングプアー」[9]という言葉も出てきたように，いくら働いても豊かにならない層が確実に広がり，生活の格差，それに伴う教育の格差が子どもたちを襲っている。このような状況において子どもたちはニヒリスティックな考えを持ち

始めている。「どうせ，勉強したって，何にも変わらない」「勉強して何になるの」という非常に冷めた考えが子どもたちの間に広がり，しかもそういう無気力化する子どもが低年齢化していると言われている。佐藤は，今マスコミを賑わしている「登校拒否」，「いじめ」，「少年犯罪」などはそれぞれ大変な問題ではあるが，より深刻で早急に対処しなければならない問題が，この子どもたちの「学びからの逃走」であると指摘する。産業社会を形成するために，競争原理に基づき，やみくもに行われてきた私たちの教育を今こそ根本的に見直し，早急に必要な変革，真の意味での改革を行わなければ，日本の子どもたちは知的に窒息した状況になっていくと指摘している。

　それではどのような授業がこれからの日本の子どもたちに必要となってくるのだろうか。すでに新しい教育を求めて動きだしている教師たちがいる。佐藤はこれを「静かな改革」と呼びその特徴を「学びの様式においては，座学の学びから活動的な学びへ，個人的な学びから協同的な学びへ，獲得し，記憶し，定着する学びから探求し，反省し，表現する学びへの転換として表現され，授業の様式においては，伝達し，説明し，評価する授業から触発し，交流し，共有する授業への転換」としている（2003, p.7）。

6.3.2　学びが中心の授業（Learning-centered Class）

　英語教育においても少しずつ改革が行われてきた。1980年代，中学校以降の英語教育において少しずつ授業の中心が教師から学習者へと移り，いわゆる教師中心（teacher-centered）から学習者中心（learner-centered）へと変わっていった。つまり，学習者自身が学びを起こす主役であることが確認された。教室の前に先生が立ち，生徒に向かって一方的に話しながら授業を進めるスタイルではなく，先生は「授業をデザイン」し，「学びの補助者（サポーター）」として存在しなくてはならないと言われるようになったのである。
　しかし，子ども中心の授業作りだけで問題は解決するのであろうか。私は

8　今のためではなく，明日のため，将来のために勉強をするという考え方。
9　米国で生まれた言葉で働いているにも拘わらず，収入が少なく，生活が困窮している人たちを指す。

今まで訪問した小学校の教室で,学習者中心 (learner-centered) ではあるが,「学び」が起こっていない授業を見ることが度々あった。キャメロン(2001)は, learner-centered (学習者中心) に対し, learning-centered (学び中心) という言葉を使い,「学び」の重要性を説いている。彼女は,子どもたちは教えられないから学ぶことができないのだと言い,色,数字,歌やライム,または自分のことを説明するための簡単な英語しか教えない授業を厳しく批判する。現代の子どもたちはテレビやコンピュータを使って世界的な規模で英語コミュニティーに参加することができる。そのような彼らは単純なトピックで扱われている単純な言葉を学ぶより,もっと複雑で,難しく,また抽象的なことに興味を持っており,それをうまく授業に引き出し,育てるのが教師の役目であると彼女は強調する。

> But children can always do more than we think they can; they have huge learning potential, and the foreign language classroom does them a disservice if we do not exploit that potential. (p. xii)
> (子どもたちは私たちが考える以上にもっと多くのことができる。彼らは莫大な学習能力をもっているのだが,それを引き出さないのであれば私たちは教師として十分に機能していないことになる。)

キャメロンは,「子ども中心のアプローチ (child-centered approach)」という言葉に対し,敢えて「学習中心のアプローチ (learning-centered approach)」という言葉を使い,子どもの興味・関心に大人が勝手に境界線を引き,簡単な言葉しか教えず,表面上の楽しさだけを追う風潮に反対し,子どもたちの学びを確保したいと考えている。

私はこの指摘に強く賛同する。一見子ども中心のクラスで,子どもたちは楽しそうに活動に参加しているように見えるが,実は,彼らはほとんど「学び」を体験しておらず,知的にはとても退屈しているような風景を見ることがよくある。この傾向は高学年のクラスで顕著に現れてくる。

大村・苅谷&苅谷 (2003) はこのような傾向の原因として,先生が一方的に教え込む従前の指導法はやめるべきであり,先生は補助者 (サポーター) としての役割に徹するべきであるという考え方が強調されすぎ,教師の介入

をすべて「教え込み」だと嫌う風潮が広まりすぎたからではないかと分析した。大村は，さらに「あと一押しの教えがないために，子どもが自分で考える力も中途半端に終わってしまう。(中略) 教師が教えることを差し控えてまで，子どもが自分で気づくことが，「自ら考える力」につながるといった主体性信仰のワナである」(pp. 186-187) と「教えること」の必要性を説いている。子ども中心のクラスでは，一見子どもの自主性を尊重しているように見えるが，実は，子どもの学びをもう一段高いところに持っていくせっかくのチャンスを捨てていることがある。佐藤 (2006) は，キャメロンの指摘するlearning-centeredのクラスの特徴を「学びは背伸びとジャンプ」と表現している。つまり子どもがすでにわかっていることを与えても「学び」は起らない。彼は「学びを中心とする授業とは，通常の一斉授業よりも高く設定された内容レベルと教室で最もわからない子どもの問いのレベルとの間の大きなギャップを，教師と子どもたちとが協働で埋めていく実践に他ならない」(p. 38) と提唱している。現在の子どものレベルには少し難しいと思えるレベルのものを与え，解決できるように先生または仲間がお互いに導いていくことで初めて「学び」は起こるのである。

　学び (learning) が起こるためには，学習者 (learner) が授業の主役 (中心) であることは必須条件である。しかし，学習者が表面上はクラスの中心にいるように見えながらも，学びが起こっていなかったとすると，結局そのようなクラスにおいては，学習者は不在である。前述したように「学びから逃走する」子どもたちを相手に，学びを体感できる授業を作ることは大変な作業であることは十分に理解できる。ましてや，第二言語である英語を教える教室の中で「学びを起こす」ためには多くの困難が予想される。しかし，子どもはそれを求めて学校へ来るのである。本当の意味での学びが起こる英語の授業を作りあげること，これがこれからの英語教育の追求すべき道であると考える。

<Glossary>

achievement assessment（到達度測定）：学習者の到達度を測るテスト。

diagnostic assessment（診断測定）：学習者がどこでつまずいているのかを明らかにするテスト。

Norm-Referenced Test（集団基準準拠テスト）：他の受験生の得点と比較する相対的評価テスト。

Criterion-Referenced Test（目標基準準拠テスト）：特定の基準に合わせて絶対的な能力を測るテスト。

portfolio（ポートフォリオ）：学習の過程で作成した様々なものをファイルしたもの。

<Discussion>

＊具体的な活動を想定し，その目標を考えましょう。

＊具体的な活動を想定し，それに合わせた測定法を考えましょう。

＊具体的な活動を想定し，それに合わせた語彙テスト（10問）を作成しましょう。

＊日本の学校教育が抱えている問題について話し合いましょう。

＊learning-centered と learner-centered の違いについて話し合いましょう。

＊「学び」を引き起こす授業にするため，具体的にどのように授業を進めればいいのでしょうか。

Further Reading 3（理論解説3）

学力の見取り——ヴィゴーツキーの理論から

ここではこの章で触れたヴィゴーツキーの学力観を含め，彼の理論について少し触れたい。ヴィゴーツキー（Lev Semenovich Vygotsky: 1896-1934）は西ロシアの港町Gomelで生まれたユダヤ系のロシア人であった。彼は当時広く浸透していたマルクス理論に影響を受け，精神もしくは認知発達を文化的学習もしくは文化的獲得と考え，文化や社会体制が子どもたちの精神発達に大きな影響を与えると考えた。

1．最近接発達の領域（Zone of Proximal Development）——教えることの重要性

ヴィゴーツキーが提唱した最近接発達の領域とは下の図のように，(1)「子どもが自力で問題を解決できる水準」（実線）と (2)「(同じ子どもが) 大人や友達の助けを得て解決できる水準」（点線）の隔たりを指す。

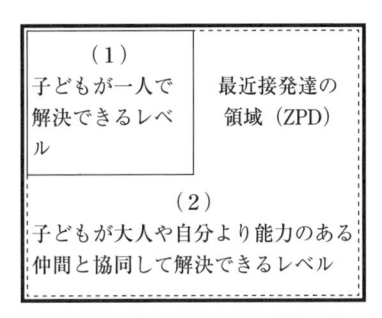

```
┌─────────────────────────────────┐
│ ┌──────────┐                    │
│ │  (1)     │  最近接発達の      │
│ │子どもが一人で│  領域（ZPD）    │
│ │解決できるレベル│                │
│ │  ル      │                    │
│ └──────────┘                    │
│      (2)                        │
│ 子どもが大人や自分より能力のある │
│ 仲間と協同して解決できるレベル   │
└─────────────────────────────────┘
```

図1　ヴィゴーツキーの最近接発達の領域

この「最近接発達の領域」という用語を「次に続く発達の領域」と訳した学者もおり（中村，2006），この訳のほうがわかりやすい。なぜならば上の図の (1) から (2) の隔たりは，はじめは自分一人の力では解決できないため大人や仲間の援助を必要とするが，やがては自分だけでできるようになるという可能性を秘めた領域で，「次に続く発達の領域」という訳の方が適切である。最初は人の助けなしでは解決できなかった課題を自分一人で解決できるようになるが，その過程を内面化とよぶ。図1では細い実線だったものが太い実線になる形で，内面化を表している。問題解決方法を内面化し，自分のものにすると，次の段階に進み，同じ過程を踏み，徐々に問題解決能力，つまり認知力をつけていくのである。

ヴィゴーツキーはこのような過程を通し，子どもたちは文化的学習，もしくは文化的獲得を成していき，そのためには子どもたちの発達の可能性がある最近接発達の領域での働きかけ，つまり教育が必要だと主張した。「ヴィゴーツキーは，子どもの知的発達を促す教育はすでに成熟を終えた発達の後に従うのではなく，今まさに成熟しつつある可能性の領域の前を行き，そこ

にこそ働きかけるべきである」という教育の主導性を提起した（中村，2006，p. 17）。教育は発達の一歩手前で子どもたちに働きかけ，子どもはそれを自分のものとして内面化させていく。子どもが分かっていることを教えても学びは起こらない。その子どもが次に伸びていく領域で働きかけることが重要であり，子どもの学びが起こるように彼らの「今の状態」を正しく読み取ることが肝要である。

2．ZPDから見た子どもたちの学ぶ力とは

　ヴィゴーツキーは，最近接発達の領域の理論を提唱して教育の重要性を述べただけではなく，子どもの学力の測定についても，本章で述べているような意見を提唱した。通常のテストは「子どもが単独で問題解決ができるレベル」の能力を測るだけであるが，このようなテスト結果からは子どもが今後どれだけ伸びるのかを予測することは難しい。ヴィゴーツキーは知能テストで8歳程度と診断された男の子2人に，彼らのレベルより難しい問題を出した。子どもは自分1人では解答できないが，少しのサポートをもらうことで，1人の男の子は9歳レベルの問題を，またもう1人の子どもは12歳レベルの問題を解くことができたと報告している（Crain, 2000. p. 236）。このような研究から，ヴィゴーツキーは子どもたちの能力を個人レベルでのテストだけで測定するのではなく，先生や友達と協同作業をする中でどれだけ問題解決ができるのかを測定するべきであると主張している。

　また前述の2人の男の子の実験例から分かるように，子どもの最近接発達の領域には個人差があることを十分に理解する必要がある。例えば，進行形Lisa is swimming.を教えると，Tom is running.とすぐ応用して新しい文を作ることができる子どももいれば，Lisa is swimming.の意味を理解しそれをリピートするのが精一杯の子どももいる。またはそれさえも難しいと感じる子どももいるかもしれない。それぞれの子どもがもつ最近接発達の領域が違うのである。子どもの英語環境，学習能力，日本語能力など，背景となる要因が異なるため，同じような教え方をしても結果は異なる。個々に応じた対応が望まれるところである。私は大人または仲間と協同で解決できるレベルにはこのように個人差があるが，何よりも大切なことは，子どもが大人や仲間

と協同することが自分に役立つことであると経験することだと考える。仲間と学び合うことが大切だと思える教室作りが必要になる。

参考文献

Adams, M. J. (1990). *Beginning to read / thinking and learning about print.* Cambridge, MA: The MIT Press.
Aitchison, J. (2003). *Words in the mind: An introduction to the mental lexicon, 3rd edition.* London: Blackwell.
Allen-Tamai, M. (2000). *Phonological awareness and reading development of young Japanese English learners.* Unpublished Ed. D. dissertation. Temple University.
Allen-Tamai, M. (2004). Cross-linguistic transfer of phonological awareness from Japanese to English. *ALAK (Applied Linguistic Association of Korea) Proceeding,* 138 - 142.
Allen-Tamai, M. (2006). Development of phonological awareness in a foreign language among young Japanese learners. *A report of National Research Fund* (C) No. 16520348.
Anthony, E. M. (1963). Approach, method and technique. *English Language Teaching, 17,* 63-67.
Asher, J., & Price, B. (1967). The learning strategy of the total physical response: some age differences. *Child Development, 38,* 1219 - 1227.
Bailey, K. M., Long, M., & Peck, S. (Eds.) (1983). *Second language acquisition studies.* Rowley, MA.: Newbury House.
Ball, E., & Blachman, B. (1991). Does phoneme awareness training in kindergarten make a difference in early word recognition and developmental spelling? *Reading Research Quarterly, 26,* 49 - 66.
Beall, P. C. & Nipp, S. H. (2002). *Wee sing: children's songs and fingerplays.* New York: Price Stern Sloan.
Berk, L. E. (1994). Why children talk to themselves. *Scientific American, November,* 54 - 58.
Bohannon, J. N., & Stanowicz, L. (1988). The issue of negative evidence: Adult responses to children's language errors. *Developmental Psychology, 24,* 684 - 689.
Bryant, P., & Bradley, L. (1985a). *Children's reading problems—Psychology and education.* Cambridge: Blackwell Publishers.
Bryant, P., & Bradley, L. (1985b). Phonetic analysis capacity and learning to read. *Nature, 313,* 73-74.
Bryant, P., Bradley, L., MacLean, M., & Crossland, J. (1989). Nursery rhymes, phonological skills and reading. *Journal of Child Language, 16,* 407 - 428.
Brown, J. D. (1995). *The elements of language curriculum: A systematic approach to program development.* Boston, Mass: Heinle & Heinle Publishers.
Brown, J. D. (1996). *Testing in language program.* Upper Saddle River, NJ. : Prentice - Hall, Inc.
Burstall, C., Jamieson, M., Cohen, S., & Hargreaves, M. (1974). *Primary French in the*

balance: *A report of the national foundation for educational research in England and wales*. London: NFER Publishing Company.

Cameron, L. (2001). *Teaching languages to young learners*. Cambridge: Cambridge University Press.

Canale, M., & Swain, M. (1980). Theoretical bases of communicative approaches to second language teaching and testing. *Applied Linguistics, 1(1)*, 1 - 47.

Carrell, P. L., Devine, J., & Eskey, D. E. (1988). *Interactive approaches to second language reading*. Cambridge: Cambridge University Press.

Celce-Murcia, M. (2001). *Teaching English as a second or foreign language, 3rd edition*. Boston, MA: Heinle & Heinle.

Chomsky, N. (1965). *Aspect of the theory of syntax*. Cambridge, MA: MIT Press.

Cisero, C. A., & Royer, J. M. (1995). The development and cross - language transfer of phonological awareness. *Contemporary Educational Psychology, 20*, 275-303.

Claire, E. (1998). *ESL teacher's activities kit*. Paramus, NJ: Prentice Hall.

Clay, M. M. (1972). *The early detection of reading difficulties: A diagnostic survey*. Auckland, New Zealand: Heinemann.

Corder, S. P. (1981). *Error analysis and interlanguage*. Oxford: Oxford University Press.

Cummins, J., & Swain, M. (1986). *Bilingualism in education*. New York: Longman.

Crain, W. (2000). *Theories of development: concepts and applications, 4th edition*. New Jersey: Prentice - Hall, Inc.

Dale, E., & O'Rourke, J. (1986). *Vocabulary building*. Columbus, OH: Zaner-Bloser.

Decarrico, J. E. (2001). Vocabulary learning and teaching. In Celce - Murcia, M. (Ed.). *Teaching English as a second or foreign language, 3rd Edition* (pp.285 - 299). Boston, MA: Heinle & Heinle.

Dulay, H. C., & Burt, M. K. (1973). Should we teach children syntax? *Language Learning, 23, 2*, 245-258.

Dulay, H. C., & Burt, M. K. (1974). Natural sequence in child second language acquisition. *Language Learning, 24, 1*, 37 - 53.

Echevarria, J., Vogt, M., & Short, D. J. (2000). *Making content comprehensible for English language learners: The SIOP model*. Needlham Heights, MA.: Allyn & Bacon

Ediger, A. (2001) Teaching children literacy skills in a second language. In Celce-Murcia, M. (Ed.). *Teaching English as a second or foreign language 3rd edition*. (pp.153 - 169). Boston, MA: Heinle & Heinle.

Ehri, L. C., Nune, S. R., Willows, D. M., Schuster, B. V., Yaghoub-Zadeh, Z., & Shanahan, T. (2001). Phonemic awareness instruction helps children learn to read: Evidence from the National Reading Panel's meta-analysis. *Reading Research Quarterly, 36, 3*, 250-287.

Engle, T. L., & Snellgrove, L. (1989). *Psychology: Its principles and applications 9th edition*. Orland: Harcourt Brace Jovanovich, Publishers.

Elley, W. B. (1989). Vocabulary acquisition from listening to stories. *Reading Research*

Quarterly, 24, 174 - 187.
Fillmore, C., Kemper, D., & Wang, W. (1979). *Individual differences in language ability and language behavior.* New York: Academic Press.
Fogarty, R., & Bellanca, J. (1995). *Multiple intelligences: A collection.* Arlington Heights, IL: IRI/Skylight Training and Publishing, Inc.
Freeman, Y. S., & Freeman D. E. (1992). *Whole language for second language learners.* Portsmouth, NH: Heineman.
Frith, M. K. (1973). *I'll teach my dog 100 words.* New York: Random House.
Garton, A., & Pratt, C. (1989). *Learning to be literate—The development of spoken & written language.* NY: Basil Blackwell Inc.
Genesee, F. (Ed.) (1994). *Educating second language children: the whole child, the whole curriculum, the whole community.* Cambridge: Cambridge University Press.
Global Research (2004). Available at http://web.archive.org
Goodman, K. S. (1971). Psycholinguistic universals in the reading process. In Pimsleur, P. & Quinn, T. (Eds.) *The Psychology of second language learning* (pp.135 - 142). Cambridge: Cambridge University Press.
Goodwin, J. (2001). Teaching pronunciation. In Celce-Murcia, M. (Ed) *Teaching English as a second or foreign language, 3rd edition* (pp.117 - 137). Boston, MA: Heinle & Heinle.
Goswami, U., & East, M. (2000). Rhyme and analogy in beginning reading: Conceptual and methodological issues, *Applied Psycholinguistics, 21,* 163 - 193.
Grabe, W., & Stoller, F. L. (1997). Content-based instruction: Research foundations. In Snow, M. A. & Brinton, D. M. (Eds.) *Content-based classroom, perspectives on integrating language and content* (pp.5 - 21). NY: Addison Wesley Longman Publishing Company.
Graham, C. (1979). *Jazz chants for children.* Oxford: Oxford University Press.
Graham, C. (1988). *Jazz chant fairy tales.* Oxford: Oxford University Press.
Graham, C. (2006). *Creating chants and songs.* Oxford: Oxford University Press.
Hatcher, P. J., Hulme, C., & Ellis, A. W. (1994). Ameliorating early reading failure by integrating the teaching of reading and phonological skills: The phonological linkage hypothesis. *Child Development, 65,* 41-57.
Harley, B., Hart, D., & Lapkin, S. (1986). The effect of early bilingual schooling on first language skills. *Applied Psycholinguistics, 7,* 29 - 322.
Harley, B. (1997). Researching age in language acquisition and use. In Hornberger, N. H. & Corson, D. (Eds.) *Encyclopedia of Language and Education. Vol. 8,* 101 - 109.
Hymes, D. (1972). On communicative competence. In Pride, J. B. and Holmes, J. (Eds.) *Sociolinguistics:* (pp. 263 - 293). Harmondsworth: Penguin Books.
Hu, Chieh-Fang. (2003). Phonological memory, phonological awareness, and foreign language word learning. *Language Learning, 53:3,* 429 - 462.
Keenan, T. (2002). *An Introduction to child development.* London: SAGE Publications.
Karmiloff - Smith, A. (1992). "Beyond modularity: A developmental perspective on cognitive

science." *Behavioral and Brain Science, 17,* 693 - 745.

Kirtley, C., Bryant, P., Maclean, M., & Bradley, L. (1989). Rhyme, rime, and the onset of reading. *Journal of Experimental Child Psychology, 48,* 224 - 245.

Krashen, S. D. (1973). Lateralization, language learning, and the critical period: some new evidence. *Language Learning, 23, 1,* 63 - 74.

Krashen, S. D. (1977). The monitor for adult second language performance. In Burt, M. (Ed.) *Viewpoints on English as a second language.* New York: Regents.

Krashen, S.D. Dulay, H., & Burt, M. (1982). *Language two.* New York: Oxford University Press.

Krashen, S.D. & Terrell, T. D. (1983). *The natural approach—language acquisition in the classroom.* New York: Pergamon.

Ladefoged, P. (1982). *A course in phonetics 2nd edition.* New York; Harcout Brace Jovanovich Publication.

Lenneberg, E. (1967). *Biological foundation of language.* New York: John Wiley & Sons, Inc.

Lightbown, P., & Spada, N. (1999). *How languages are learned.* Oxford: Oxford University Press.

Mackay, D. (1972). The structure of words and syllables: Evidence from errors in speech. *Cognitive Psychology, 3,* 210 - 227.

Maclean, M., Bryant, P., & Bradley, L. (1987). Rhymes, nursery rhymes, and reading in early childhood. *Merrill-Palmer Quarterly, 3(33),* 255 - 281.

McBridge-Chang, C. (1995). What is phonological awareness? *Journal of Educational Psychology, 87(2),* 179 - 192.

Mooney, C. G. (2000). *Theories of childhood: an introduction to Dewey, Montessori, Erickson, Piaget & Vygotsky.* St. Paul, MN: Redleaf Press.

Naigles, L. G., & Gelman, S. A. (1995). Overextensions in comprehension and production revisited: Preferential-looking in a study of dog, cat, and cow. *Journal of Child Language, 22,* 19 - 46.

Nation, I. S. P.(2000). Learning vocabulary in lexical sets: Dangers and guidelines. *TESOL Journal 9,* 6 - 10.

Nation, I. S. P.(2001). *Learning vocabulary in another language.* Cambridge; Cambridge University Press.

Neuman, S. B., & Dickinson, D. K.(Eds.)(2002). *Handbook of early literacy research.* New York: The Guilford Publications, Inc.

Ochs, E., & Schieffelin, B. (1979). *Developmental pragmatics.* New York: Academic Press.

Peck, S. (2001). Developing children's listening and speaking. In Celce-Murcia, M. (Ed.) *Teaching English as a second or foreign language, 3rd edition* (pp.139 - 149). Boston, MA: Heinle & Heinle.

Phillips S. (1993). *Young learners.* Oxford: Oxford University Press.

Phillips S. (1999). *Drama with children.* Oxford: Oxford University Press.

Piaget, J. (1952). *The origins of intelligence in children*. New York: International University Press.
Reilly, J., & Reilly, V. (2005). *Writing with children*. Oxford: Oxford University Press.
Sawyer, D. J., & Fox, B. J. (1991). *Phonological awareness in reading*. New York; Springer-Verlag New York Inc.
Savignon, S. J. (2001). Communicative language teaching for the twenty-first century. In Celce-Murcia, M. (ed). *Teaching English as a second or foreign language, 3rd edition* (pp.13 - 28). Boston, MA: Heinle & Heinle.
Selinker, L. (1972). Interlanguage. *International Review of Applied Linguistics, 10*, 209-231.
Selinker, L. (1974). Interlanguage. In Richards, J. (Ed.) *Error analysis perspectives on second language acquisition* (pp. 275 - 298). London: Longman.
Schlosser, K. (1994). *Thematic units for kindergarten*. New York: Scholastic.
Scholastic. (1998). *PHONICS K*. New York: Scholastic.
Share, D., Jorm, A., Maclean, R., & Matthews, R. (1984). Sources of individual differences in reading acquisition. *Journal of Educational Psychology, 76*, 1309 - 1324.
Singleton, D. (1999). *Exploring the second language mental lexicon*. Cambridge: Cambridge University Press.
Skehan, P. (1989). *Individual differences in second language learning*. London: Edward Arnold.
Slobin, D. I. (1985). *The cross-linguistic study of language and acquisition. Vol.2 : Theoretical issues*. Hillsdale, NJ: Lawrence Erlbaum Associates.
Smith, F. (Ed.) *Psycholinguistics and reading*. New York: Holt, Rinehart & Winston.
Smith, P. K., Cowie, H., & Blades, M. (2003). *Understanding children's development 4th edition*. Malden, MA: Blackwell Publishing.
Snow, M. A., & Brinton, D. M. (1996). *The content-based classroom perspectives on integrating language and content*. White Plains, New York.: Addison Wesley Longman Publishing Company.
Snow, M. A. (2001). Content - based and immersion models for second language and foreign language teaching. In Celce-Murcia, M. (Ed). *Teaching English as a second or foreign language 3rd edition* (pp.303 - 318). Boston, MA: Heinle & Heinle.
Snow, C. E. (1977). The development of conversation between mothers and babies. In Franklin, M. B. and Barten, S. S. *Child language/A reader* (pp. 20 - 35). Oxford University Press.
Snow, C. E., & Hoefnagel-Höhle, M. (1978). The critical period hypothesis: Evidence from second language learning. *Child Development, 49*, 1114 - 1128.
Snow, C., & Ferguson, C. (Eds.) (1977). *Talking to children/Language input and acquisition*. Cambridge: Cambridge University Press.
Stahl, S. A. (1999). *Vocabulary development*. Brookline, MA: Brookline Books.
Stahl, S. A. (2002). Teaching phonics and phonological Awareness. In Neuman, S. B. &

Dickinson, D. K. (Eds.) *Handbook of early literacy research* (pp. 333 - 347). New York; The Guilford Press.

Stahl, S. A., & Nagy, W. E. (2006). *Teaching word meanings*. Mahwah, NJ.: Lawrence Erlbaum Associates, Inc.

Stanovich, K. E. (1991). The psychology of reading; Evolutionary and revolutionary developments, *Annual Review of Applied Linguistics, 12,* 3 - 30.

Swain, M. (1985). Communicative competence: Some roles of comprehensible input and comprehensible output in its development. In Gass, S. M. & Madden, C. G. (Eds.), *Input in second language acquisition* (pp. 235 - 253). Rowley, MA: Newbury House.

Swain, M. (1993). The output hypothesis: Just speaking and writing aren't enough. *The Canadian Modern Language Review 50,* 158 - 164.

Swain, M. (1995). Three functions of output in second language learning. In Cook, G. & Seidlhofer, B. (Eds.) *Principle and practice in applied linguistics* (pp. 125 - 144). Cambridge: Cambridge University Press.

Swain, M., & Lapkin, S. (1995). Problems in output and the cognitive processes they generate: A step towards second language learning. *Applied Linguistics, 16, 3,* 371-391

Tabors, P. O., & Snow, C. E. (1994). English as a second language in preschool programs. in Genesee, F. (Ed.) *Educating second language children: the whole child, the whole curriculum, the whole community* (pp. 103 - 125). Cambridge, MA: Cambridge University Press.

Tomasello, M. (2003). *Constructing a language*. Cambridge, MA: Harvard University Press.

Toth, M. (1995). *Children's games*. Oxford: MacMillan Publishers Limited.

Treiman, R., Tincoff, R., & Rashotte, C. A. (1994). Beyond zebra: Preschoolers' knowledge about letters. *Applied Psycholinguistics 18,* 391-409

Wagner, R. K., & Torgesen, J. K. (1987). The nature of phonological processing and its causal role in the acquisition of reading skills. *Psychological Bulletin, 101 (2),* 192 - 212.

Vale, D., & Feunteun, A. (1995). *Teaching children English: a training course for teachers of English to children*. Cambridge: Cambridge University Press.

Vygotsky, L. S. (1962). *Thought and language*. Cambridge, MA: MIT Press.

Werner, L. A., & Marean, G. C. (1996). *Human auditory development*. Boulder, CO: Westview Press.

Wood, D. J., Bruner, J. S., & Ross, G. (1976). The role of tutoring in problem-solving. *Journal of Child Psychology and Psychiatry, 17,* 89 - 100.

Wright, A. (1995). *Storytelling with children*. Oxford: Oxford University Press.

Wright, A. (1997) *Creating stories with children*. Oxford: Oxford University Press.

World Fact Book.
Available at 〈https://www.cia.gov/library/publications/the-world-factbook/〉.

ARCLE編集委員会 (2005)『幼児から成人まで一貫した英語教育のための枠組み―ECF：

English Iurriculum Framework』リーベル出版

アレン玉井光江（2003）『Little Readers 1, 2, & 3』小学館プロダクション

アレン玉井光江（2004）「幼児および児童の音韻認識能力の発達について―日本語音韻認識能力と英語音韻認識能力―」科学研究費補助金研究成果報告書（課題番号：14510163) pp. 25 - 43

アレン玉井光江（2006）「小学生のアルファベット知識について」『ARCLE REVIEW』1巻pp. 72 - 81.

アレン玉井光江（2007）「小学生のアルファベット知識の発達と音韻認識能力の関連性について」『ARCLE REVIEW』2巻pp. 112 - 123.

アレン玉井光江(2008)「公立小学校におけるリタラシー指導―2年間の実践記録と評価―」科学研究費補助金研究成果報告書（課題番号：18520450）pp. 44 - 78.

アレン玉井光江（2011）『ストーリーと活動を中心にした小学校英語』小学館集英社プロダクション

池田謙一（2008）「共有を意図的に進めるコミュニケーション」『BERD』11号, pp. 2 - 6, Benesse教育開発センター

伊藤克敏（1990）『こどものことば―習得と創造』勁草書房

伊藤克敏（2005）『ことばの習得と喪失―心理言語学への招待』勁草書房

伊村元道, 茂住實男, 木村松雄（2001）『新しい英語科教育法―小・中・高校の連携を視座に』学文社

内田伸子（1999）『発達心理学』岩波書店

梅本堯夫（1999）『こどもと音楽』東京大学出版会

大久保愛（1993）『幼児のことばと大人』三省堂

大津由紀雄（編著）（1995）『認知心理学3 言語』東京大学出版会

大村はま, 苅谷剛彦, 苅谷夏子（2003）『教えることの復権』筑摩書房

岡秀夫, 金森強（2007）『小学校英語教育の進め方―「ことばの教育」として』成美堂

岡本夏木（1982）『子どもとことば』岩波書店

岡本夏木（編著）（1988）『認識とことばの発達心理学』ミネルヴァ書房

小野博（1994）『バイリンガルの科学』講談社

垣田直巳（監修）（1983）『早期英語教育』大修館書店

門田修平（編著）（2004）『英語のメンタルレキシコン 語彙の獲得・処理・学習（第2版）』松柏社

門田修平『第二言語理解の認知メカニズム―英語の書き言葉の処理と音韻の役割』くろしお出版

河合優年（2001）「運動の発達」乾敏郎＆安西祐一郎（編）『認知発達と進化』岩波書店

河合隼雄（1977）『昔話の深層』福音館書店

河合隼雄（1982）『昔話と日本人の心』岩波書店

河合隼雄（1998）『河合隼雄著作集第5巻 昔話の世界（第二版）』岩波書店

川越いつえ（1999）『英語の音声を科学する』大修館書店

窪薗晴夫, 太田聡（2001）『音韻構造とアクセント』研究社出版

窪薗晴夫, 本間猛（2002）『音節とモーラ』研究社出版
桑原隆（1992）『ホール・ランゲージ―言葉と子どもと学習　米国の言語教育運動』国土社
小池生夫（監修）（1994）『第二言語習得研究に基づく最新の英語教育』大修館書店
小池生夫（編）（2004）『第二言語習得研究の現在』大修館書店
小西友七・南出康世（主幹）（2006）『ジーニアス英和辞典　第4版』大修館書店
酒井邦嘉（2007）『言語の脳科学』中央公論新社
坂本一郎（1977）『絵本の研究』東京：日本文化科学社
佐藤学（2002）『「学び」から逃走する子どもたち』岩波ブックレットNo.524, 岩波書店
佐藤学（2003）『教師たちの挑戦―授業を創る　学びが変わる』小学館
佐藤学（2004）『習熟度別指導の何が問題か』岩波ブックレットNo.612, 岩波書店
佐藤学（2006）『学校の挑戦―学びの共同体を創る』小学館
佐藤学（2007）『学力を問い直す』岩波ブックレットNo.548, 岩波書店
白畑知彦, 若林茂則, 須田孝司（2004）『英語習得の「常識」「非常識」第二言語習得研究からの検証』大修館書店
高木貞敬（1986）『子育ての大脳生理学』朝日新聞社
トマセロ・マイケル（2006）『心とことばの起源を探る』大堀壽・中澤恒子・西村義樹・本多啓（訳）勁草書房
津田塾大学言語文化研究所読解研究グループ（編）（1992）『学習者中心の英語読解指導』大修館書店
寺内正典（1994）「形態素の習得」小池生夫（編）『第二言語習得研究に基づく最新の英語教育』（pp. 24 - 48）大修館書店
中尾俊夫, 寺島迪子（1988）『図説　英語史入門』大修館書店
中島平三, 外池慈生（2000）『言語学への招待』大修館書店
中村和夫（1998）『ヴィゴーツキーの発達論：文化－歴史的理論の形成と展開』東京大学出版会
中村和夫（2006）『ヴィゴーツキー心理学　完全読本』新読社
新村出（1998）『広辞苑　第5版』岩波書店
萩原裕子（1995）「文法の障害」『認知心理学3　言語』（pp. 109 - 127）東京大学出版会
八田武志（1992）『教育心理学』培風館
羽鳥博愛（2000）『新訂版・学研英語ずかん（ABCあそび）』太洋社
平田隆一（2004）「アルファベットってどんな文字？」『英語教育』1月号 15 - 17
平野敬一（1972）『マザーグースの唄』中央公論社
樋口忠彦（1987）『児童英語教育の常識―子どもに教えるために』杏文堂
藤田耕司（2005）「言語を言語たらしめるもの―ミニマリスト・プログラムの視点」『言語』34巻5号 pp. 30 - 37
藤永保（1992）「養育を受けなかった子どもの言語獲得」『言語・子どもたちの言語獲得・ヒトはどのようにコトバを手に入れるか』21巻4号 pp. 71 - 76
藤永保（2001）『ことばはどこで育つのか』大修館書店
古武弥正（訳）（1975）『アヴェロンの野生児』福村出版

ベネッセ教育研究開発センター（2007）『第1回小学校英語に関する基本調査（教員調査）報告書』，『第1回小学校英語に関する基本調査（保護者調査）報告書』ベネッセコーポレーション
本名信行（1990）『アジアの英語』くろしお出版
前田明（1991）「太陽が笑っている―認知発達I 児童期の認知発達」川島一夫（編）『図で読む心理学 発達』福村出版
正高信男（1992）「声が言葉に変わるとき」『言語―子どもたちの言語獲得』21巻4号, pp. 22 - 29
正高信男（1993）「くちびるは赤ちゃんの心の窓である」『言語―ことば以前のことば』22巻4号, pp. 28 - 37.
正高信男（2001）『子どもはことばをからだで覚える―メロディから意味の世界へ』中央公論新社
松川禮子・大城賢（2008）『小学校外国語活動 実践マニュアル』旺文社
松村明（監修）（2006）『デジタル大辞泉』小学館
望月昭彦（編著）（2001）『新学習指導要領にもとづく英語科教育法』大修館書店
守屋慶子（1994）『子どもとファンタジー：絵本による子どもの「自己」の発見』新曜社
文部科学省（2001）『小学校英語活動実践の手引き』開隆堂
文部科学省（2006a）「小学校における英語教育について（外国語専門部会）参考資料」Available at http://www.mext.go.jp/b_menu/shingi/chukyo/chukyo3/004/siryo/
文部科学省（2006b）「平成19年度小学校英語活動実施状況調査及び英語教育改善実施状況調査」Available at http://www.mext.go.jp/b_menu/houdou/20/03/
文部科学省（2008）『中学校学習指導要領解説外国語編』開隆堂
文部科学省（2009a）『英語ノート1』『英語ノート2』開隆堂
文部科学省（2009b）『小学校外国語活動 研修ガイドブック』旺文社
文部科学省（2012）『Hi, Friends! 1』，『Hi, Friends! 2』東京書籍
やまだようこ（1993）「ことばの始まり」『言語：ことば以前のことば・コミュニケーションの始源を探る』22巻4号 大修館 pp. 69 - 76
依田新, 東洋（1985）『児童心理学』新曜社
山住正己（1987）『日本教育小史』岩波書店
山鳥重（1985）『脳からみた心』日本放送出版協会
山鳥重, 辻幸夫（2006）『心とことばの脳科学』大修館書店
山梨正明, 有馬道子（2003）『現代言語学の潮流』勁草書房
リーパー・すみ子（2008）『アメリカの小学校ではこうやって英語を教えている―英語が話せない子どものための英語習得プログラム ライミング編』径書房
リチャーズ, J., プラット, J., ウェーバー, H.（1985）『ロングマン応用言語学辞典』（訳）山崎真稔, 高橋貞雄, 佐藤久美子, 日野信行, 南風堂
脇明子（2005）『読む力は生きる力』岩波書店
脇明子（2008）『物語が生きる力を育てる』岩波書店
UNESCO統計（2007） Available at 〈http://stats.uis.unesco.org〉

索 引

あ 行

アウトプット仮説 52
足場作り 23
アニミズム 106
アルファベット・チャート 177
誤り分析 29
意図的学習 218
意味のある文脈 45, 49, 79
イントネーション 92
インド・ヨーロッパ言語 5
インプット仮説 26
ヴィゴーツキー 28, 261, 272
英語ノート指導資料 256, 263
MI理論 68, 70
オーディオリンガル・アプローチ 40
オペラント条件付け 40
音韻認識能力 141, 145, 216
音節 89, 141
音節核 148
音素 89, 143
音素認識活動 189
音素認識能力 145

か 行

ガードナー 68
開音節 142
外国語活動 11, 13, 256
下位水準 214
階層的ネットワーク 214
概念・機能シラバス 56
学習 26
学習中心のアプローチ 272
学力低下問題 268
過小拡張 211, 237
過剰拡張 211, 237
可塑性 31
活動を中心とした教授法 48
観察学習 19
基礎水準 214

機能語 225
技能を統合 161
脚韻 93
強化子 18
教室運営 59
クラッシェン 25, 229
クリオール 34
形態素 229
言語習得支援システム 23
言語習得装置 21, 34
言語選択 64
言語体験アプローチ 132
言語中心アプローチ 48
コーパス言語学 204
語彙獲得 209
語彙サイズ 205, 206
語彙増加期 209
語彙知識の広さ 205
語彙知識の深さ 205, 208
語彙ネットワーク 217
構造言語学 204
構造シラバス 55
拘束形態素 229
国際学力到達度調査 269
国際理解教育 10
子ども中心のアプローチ 270
コミュニカティブ・アプローチ 40
コミュニケーション能力 11, 14, 41
コンテント 44
コンテントシラバス 56
コンテントを中心にしたアプローチ 44

さ 行

最近接発達の領域 273
最近接発達領域説 28
サイト・ワード 154
サイト・ワード指導 130
子音 90
自己中心性 75, 105
刺激の貧困性 21

索引 287

自然習得順序仮説　26, 229
自尊感情　63
実念論　106
ジャーゴン　74
習得　25
習得順序　229
集団基準準拠テスト　259, 272
授業活動　56
ジョイント・ストーリーテリング　52, 101
情意フィルター仮説　26
上位水準　214
初語　74
シラバス　54
シンタクス　226
シンタグマティックなネットワーク　232
シンタグマティック知識　212, 237
診断測定　259, 272
スキーマ　129
スキナー　18
ストーリーテリング　52, 83
生得論　20
制約説　210
全イマージョン　45
全身反応教授法　79
総合的な学習の時間　10
相互作用論　23
測定　252

た　行

第二言語習得　80
確かな学力の向上　11, 268
タスクシラバス　55
チャンク学習　228, 232
チャンツ　97
中間言語　30, 34
中間言語仮説　29
超分節的特徴　91
直接教授法　39
チョムスキー　21, 41
電報文　225
道具的条件付け　18, 34
頭子音　147
到達度測定　259, 272
トータルイマージョンプログラム　46

特殊モーラ　142
トップダウン・アプローチ　128, 156, 172

な　行

内容語　225
喃語　73, 104
2語文　74

は　行

母親語　23
場面シラバス　55
パラダイグマティックなネットワーク　232
パラダイグマティック知識　212, 237
ピアジェ　104
尾子音　148
ピジン　34
ピジン英語　5
敏感期　33
フォニックス　151, 172, 198
フォニックス指導　130
複合的知性論　68
複語文　74
付随的学習　223
部分イマージョン　45
普遍文法　21
フリーズ　204
振り返りの時間　261
文法獲得　225
文法・訳読法　38
閉音節　142
ベーセル・リーダー指導　130
弁別特徴　134
母音　90
ポートフォリオ　263, 272
ホール・ランゲージ・アプローチ　131, 158, 172
保存のテスト　106
ボトムアップ・アプローチ　128, 133, 172

ま　行

マザーグース　93
マザーリーズ　76
マッピング　67
学びが中心の授業　269
命名行為　209

メンタルレキシコン 213
モーラ 141
目標基準準拠テスト 259, 272
モニターモデル 34
モニター仮説 26
物語を中心とした教授法 49

や 行

ゆとりの教育 11, 268

ら 行

ライム 93, 147
ラベリング 209
ランゲージ・エクスピリエンス・アプローチ 165
理解可能なインプット 29
リズム 92
リタラシー・カリキュラム 167
リタラシー能力 126
臨界期仮説 30, 34
リンガフランカ 5
連結する発音 91
ローマ字学習 188

わ 行

話題中心シラバス 56

A

achievement assessment 259, 272
acquisition 25
activity-based approach 48
Affective Filter Hypothesis 26
assessment 252
audiolingual approach 40
authentic 131, 159

B

basal readers 130, 172
bottom-up approach 128, 172

C

child-centered approach 270
chunk learning 228

classroom management 59
coda 150
communicative approach 40
communicative competence 41, 204
comprehensible input 29
content word 227
content-based 162
content-based approach 44
content-based syllabuses 56
criterion-referenced test 259, 272
Critical Period Hypothesis 30
CRT 259

D

diagnostic assessment 259, 272
direct approach 39
distinctive features 134

E

ECF 253
EFL 38
Egocentrism 75, 105
English as a Foreign Language 38
English as a Second Language 9, 25, 38
English Curriculum Framework 253
error analysis 29
ESL 9, 25, 38, 78
evaluation 252
expansion 24
exposure 63

F

FLES 4
Foreign Languages in the Elementary Schools 4
function word 227

G

graded readers 172
grammar translation approach 38

I

incidental learning 223, 237
Input Hypothesis 26

intentional learning 218, 237
interactionist theory 23
interlanguage 26, 30

J

joint storytelling 101

K

Krashen 25

L

LAD 21, 23
language acquisition assisting system 34
language acquisition device 21, 34
language acquisition support system 23
language experience approach 132, 165
language-based approach 48
LASS 23
learner-centered 269
learning 26, 271
learning-centered 270
learning-centered approach 270
learning-centered class 269
linking 91
look-say 172

M

Mapping 46
mental lexicon 213
mentalese 51
monitor 26
mora 150, 172
motherese 23, 76
Multiple Intelligences 68, 70
multiple word sentence 74

N

naming explosion 74, 209
Natural Order Hypothesis 26
New Englishes 6, 88
Noam Chomsky 21
Norm-Referenced Test 259, 272
notional-functional syllabuses 55
NRT 259

O

observation 260
onset 147
open ending story 85, 113
operant conditioning 18, 34
overextension 211, 237

P

paradigmatic knowledge 212
partial immersion 46
phonemic awareness 145, 148
Phonics 130
phonological awareness 141, 145, 172, 216
PISA 267
portfolio 263, 272
poverty of the stimulus 21

R

recast 24
rhyme 93, 147
rime 147

S

scaffolding 23, 34
schema 129
Second Language Acquisition 24
self-esteem 63
sight word method 130, 172
situational syllabuses 55
SLA 24
story-based approach 49
storytelling 83
stress-timed rhythm 92
structural syllabuses 55
suprasegmental features 91
syllable 172
syntagmatic knowledge 212

T

task-based syllabuses 55
telegraphic speech 225
the natural order hypothesis 229
top-down approach 128, 172

topic/theme-based syllabuses 56
total immersion program 46
Total Physical Response 39, 79, 108
TPR 79
TPR Story 84, 111

U

underextension 211, 237
Universal Grammar 21

V

Vygotsky 261

W

Web 46
whole language approach 131
World Englishes 88

Z

Zone of Proximal Development 28, 273
ZPD 28, 274

[著者略歴]

アレン玉井光江（あれんたまいみつえ）

広島県広島市生まれ。Notre Dame de Namur Universityを卒業後、サンフランシスコ州立大学英語学部外国語教授法研究科で修士号を取得。その後テンプル大学で教育学博士号を取得。千葉大学教育学部・教育学研究科教授を経て、現在青山学院大学文学部英米文学科・文学部研究科教授。専門は幼児・児童英語教育と第二言語習得。主な著書に『小学校英語の文字指導：リタラシー指導の理論と実践』（東京書籍）、『小学校外国語科用文部科学省検定教科書New Horizon Elementary 5 & 6』（東京書籍：編集代表）、『中学校外国語科用文部科学省検定教科書New Horizon 1, 2, & 3』（東京書籍：編集委員）、『新しい時代の英語科教育法：小中高を一貫した理論と実践』（学文社：共著）、『Story Trees 1 & 2』（小学館集英社プロダクション）、『リテラシーを育てる英語教育の創造』（学文社：共著）、『０さいからのドラえもんえいごえほん』（小学館：文、監修）、『英語ことば図鑑5000』（小学館：監修）など。児童英語教育学会会長。

小学校英語の教育法
──理論と実践

ⒸALLENTAMAI Mitsue, 2010　　　　　NDC 375 / xii, 290p / 21cm

初版第1刷	2010年2月10日
第6刷	2022年9月1日

著　者	アレン玉井光江
発行者	鈴木一行
発行所	株式会社大修館書店
	〒113-8541　東京都文京区湯島2-1-1
	電話03-3868-2651（販売部）/ 03-3868-2292（編集部）
	振替00190-7-40504
	[出版情報] https://www.taishukan.co.jp

装丁者	加藤光太郎
本文イラスト	野上沙織
印刷所	文唱堂印刷
製本所	牧製本印刷

ISBN978-4-469-24548-6　Printed in Japan

Ⓡ本書のコピー、スキャン、デジタル化等の無断複製は著作権法上での例外を除き禁じられています。本書を代行業者等の第三者に依頼してスキャンやデジタル化することは、たとえ個人や家庭内での利用であっても著作権法上認められておりません。

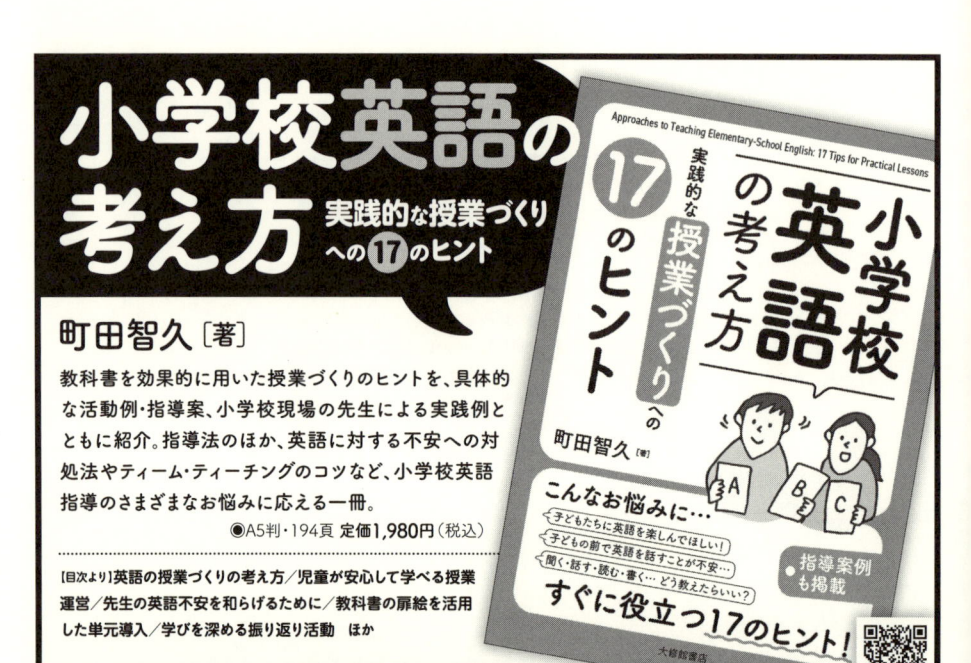

小学校英語の考え方
実践的な授業づくりへの17のヒント

町田智久[著]

教科書を効果的に用いた授業づくりのヒントを、具体的な活動例・指導案、小学校現場の先生による実践例とともに紹介。指導法のほか、英語に対する不安への対処法やティーム・ティーチングのコツなど、小学校英語指導のさまざまなお悩みに応える一冊。

●A5判・194頁 定価1,980円（税込）

【目次より】英語の授業づくりの考え方／児童が安心して学べる授業運営／先生の英語不安を和らげるために／教科書の扉絵を活用した単元導入／学びを深める振り返り活動　ほか

大修館書店

お求めは書店または小社HPへ。詳しい情報はこちら▶

小学校英語 ALTとのティーム・ティーチング入門
"協育"するための「ルール」と「コツ」

もうティーム・ティーチングに悩まない！

小学校に本格導入された英語の授業。言葉も文化も違うALTと協働してより良いティーム・ティーチングを実現するには、「ルール」と「コツ」があります。それらをうまく活用して、日本人教師とALT、そして児童が一緒に成長する"協育"を目指しましょう！ 使える授業の教案（"TT協育指導案"）を多数用意しました。

岡秀夫【監修】
祁答院惠古・高野のぞみ・蒲原順子【著】

◆A5判・186頁 定価2,200円（税込）

大修館書店

お求めは書店または小社HPへ。詳しい情報はこちら▶

※定価は（消費）税10%込み